THÉORIES DE LA COMMUNICATION
Histoire, contexte, pouvoir

THÉORIES DE LA COMMUNICATION
Histoire, contexte, pouvoir

Paul Attallah

Université TÉLUQ
Université du Québec
Québec (Québec) Canada
2019

Collection COMMUNICATION ET SOCIÉTÉ

dirigée par Kevin Wilson, professeur à la Télé-université.

Ouvrages déjà parus

UNE INTRODUCTION À LA COMMUNICATION
Danielle Charron

THÉORIES DE LA COMMUNICATION Sens, sujets, savoirs
Paul Attallah

LA COMMUNICATION MASS-MÉDIATIQUE AU CANADA ET AU QUÉBEC
Un cadre socio-politique
Alain Laramée

UNE HISTOIRE DES MÉDIAS DE COMMUNICATION
Sylvie Douzou et Kevin Wilson

COMMUNICATION ET MÉDIAS DE MASSE
Culture, domination et opposition
Michèle Martin

COMMUNICATION INFORMATISÉE ET SOCIÉTÉ
Michèle Martin

UNE TÉLÉVISION MISE AUX ENCHÈRES
Programmations, programmes, publics
Michèle Martin et Serge Proulx

MÉDIAS, TECHNOLOGIES ET RÉSEAUX
de la camera obscura aux balises de l'inforoute
Michel Sénécal

Ce document est utilisé dans le cadre du cours
Théories de la communication 1 (COM 1001)
offert par l'Université TÉLUQ.

© Télé-université, 1989, 1993

ISBN 978-2-7624-0578-1 (2e édition, réimpression 2019)

Dépôt légal – Bibliothèque et Archives nationales du Québec, 1993
Dépôt légal – Bibliothèque et Archives Canada, 1993

Édité par :
Université TÉLUQ
Université du Québec
455, rue du Parvis
Québec (Québec) G1K 9H6
Canada

Distribué par :
Presses de l'Université du Québec
Édifice Delta I
2875, boul. Laurier, bureau 500
Québec (Québec) G1V 2M2
Tél. : (418) 657-4399
Télécopieur : (418) 657-2096

REMERCIEMENTS

Il convient de remercier un grand nombre de personnes. Puissent toutes celles que je ne pourrai mentionner trouver ici l'expression de mes remerciements. Je tiens, toutefois, à remercier plus particulièrement Jean-François Thuot et Daniel Villeneuve, agents de recherche; Kevin Wilson et Paul Bleton, professeurs; Chantal Fournier, réviseuse-correctrice; Bernard Lépine, concepteur graphiste; Sylvie Bernard, conceptrice de la page couverture; Thérèse Lamy, spécialiste à l'enseignement; et Céline Lebel, spécialiste à l'encadrement.

Paul Attallah
professeur

TABLE DES MATIÈRES

LISTE DES TABLEAUX ET DES FIGURES

INTRODUCTION GÉNÉRALE

Les pages qui suivent ont une double fonction. Elles introduisent d'abord le lecteur aux théories classiques de la communication. Ensuite, et de façon parallèle, elles dessinent une grille analytique permettant de situer les théories les unes par rapport aux autres. Ainsi, elles n'exposent pas seulement le contenu des diverses théories mais tentent aussi d'expliquer la logique profonde de chacune d'elles, d'expliciter comment et pourquoi les théories de la communication naissent, évoluent et se succèdent.

Or, deux thèmes fondamentaux parcourent ce texte : celui de la modernité et celui du lien unissant la subjectivité humaine aux formes d'organisation sociale.

La modernité

En effet, la communication ne devient un problème, une difficulté, une interrogation, voire un objet légitime d'étude que dans les sociétés modernes. La raison en est fort simple. Les sociétés traditionnelles qui précédèrent aux sociétés modernes se concevaient essentiellement comme gouvernées par la volonté divine. En d'autres mots, pour les sociétés traditionnelles, l'ordre social était d'abord et avant tout un ordre divin. Ainsi, les hiérarchies, les inégalités, l'autorité exprimaient la volonté divine. Bref, l'ensemble des relations et des règles sociales dérivaient directement de Dieu. Les sociétés traditionnelles sont donc régies par ce que l'on appelle la transcendance divine.

Les sociétés modernes, cependant, sont précisément celles qui, émergeant entre les 16e et 18e siècles, refusent la transcendance divine. Elles ne croient plus que les règles et relations sociales soient déterminées par un ailleurs divin et transcendantal. Elles croient, au contraire, que l'ordre social est déterminé par l'exercice de la raison humaine confrontée aux difficultés et contradictions du monde empirique. En d'autres mots, elles affirment que l'ordre social est d'abord et avant tout un ordre humain. Et voilà très précisément le lieu de surgissement de la communication dans la société moderne.

Si, dans la société traditionnelle, l'ordre social est un ordre divin, il en résulte naturellement que cet ordre ne peut être questionné et qu'il est inviolable. En effet, toute contestation de l'ordre social se traduit immédiatement en contestation de l'ordre et de la sagesse de Dieu. Les sociétés traditionnelles acquièrent donc le caractère de fixité et d'immuabilité propre à l'ordre divin lui-même.

Or, ce fait fondamental que l'ordre social traditionnel soit déterminé par un ailleurs divin et transcendantal signifie que les membres de la société n'ont pas à débattre de ses fondements, de ses origines ou de ses fins. Tout cela, le sens et la signification de la vie humaine et sociale, est donné par Dieu.

Toutefois, qu'arrive-t-il lorsque les sociétés cessent de croire à la transcendance divine? D'où viennent alors leurs valeurs, leurs règles, leurs relations? Qui peut ou doit déterminer le sens de la vie sociale et humaine? Or, puisque le sens ne peut plus provenir de Dieu, il doit désormais provenir de l'exercice de la raison humaine. Les sociétés modernes substituent donc à la transcendance divine l'exercice de la raison humaine.

Mais voilà également ce qui oblige les sociétés modernes à interroger la communication. En effet, la raison ne peut s'exercer, les humains ne peuvent déterminer le sens de la vie humaine et sociale, ne peuvent fixer leurs propres règles et relations sociales, que s'ils sont libres de communiquer de façon ouverte, égalitaire et réciproque.

L'ordre social moderne dépend de la communication tout comme la communication se trouve au coeur des sociétés modernes. Ainsi, la société moderne se dote d'institutions et de moyens de communication inédits. Les parlements, l'opinion publique, la liberté d'expression, le suffrage universel sont autant de moyens par lesquels se déterminent et se fixent les règles de la vie sociale et humaine tout en garantissant et en appelant la communication, l'expression, l'exercice de la raison, de chacun.

La subjectivité humaine
et les formes d'organisation sociale

Or, si l'ordre social dépend de la volonté humaine et non plus divine, il est évident qu'il faudra désormais interroger cette volonté humaine, c'est-à-dire l'individu. Y a-t-il des règles ou relations sociales plus conformes à sa nature profonde? L'individu est-il régi par certaines lois ou tendances? Certaines formes d'organisation sociale lui sont-elles plus propices ou néfastes que d'autres? Ainsi, avec la société moderne naît la panoplie des sciences qui prennent pour objet l'humain et dont le propre est d'expliquer sa nature secrète : la psychologie, la sociologie, la criminologie, l'anthropologie, etc.

Or, les théories de la communication s'inscrivent très précisément dans cette optique. Non seulement sont-elles le résultat de la profonde mutation sociale qu'est l'avènement de la modernité mais elles s'adressent aussi à la question des liens unissant la subjectivité humaine aux formes d'organisation sociale. Chaque théorie de la communication — que ce soit en interrogeant les médias, leurs effets, la circulation des messages, la simulation, la structure sociale, etc. — propose en réalité une double compréhension de la nature de la subjectivité humaine et de l'ordre social.

En effet, puisque la société moderne dépend de la communication libre, ouverte et réciproque afin de déterminer le sens et la nature de son ordre, il convient d'interroger les institutions, les moyens et les dispositifs de la communication moderne. Ces modalités affectent-elles la subjectivité humaine et l'ordre social? Et si oui, en quel sens, de quelle façon, jusqu'à quel degré? Ou au contraire, la subjectivité humaine résiste-t-elle? Mais alors, pourquoi et comment résiste-t-elle? Comment convient-il donc d'envisager la nature de l'ordre social et de la subjectivité humaine à la lumière des transformations des institutions, moyens et dispositifs de la communication moderne? Toute théorie de la communication pose ces questions et leur répond en avançant des modèles de la subjectivité humaine et de l'ordre social.

Ce livre présente les théories classiques de la communication de façon essentiellement chronologique. Il commence par l'émergence du problème de la société moderne et de ses traits les plus caractéristiques. Ensuite, il suit les réactions successives à cette nouvelle forme de société à travers les diverses théories de la communication. À chaque étape, il tente d'expliquer le contexte social et intellectuel dans lequel surgit une théorie; il en expose le contenu, la méthode, les preuves et les conséquences; puis il montre les critiques que l'on peut leur adresser.

Il n'a pas, cependant, la prétention de vider ou d'épuiser le sujet de la communication. Au contraire, la communication reste, presque malgré les efforts des théoriciens, un phénomène toujours vivant et muable, un point névralgique de la société moderne et l'objet des plus vifs débats. Ses formes, effets et contenus futurs nous sont inconnus et ses manifestations actuelles résistent souvent à notre compréhension immédiate. Il convient donc, pour des raisons d'honnêteté intellectuelle, de nous limiter aux seules théories classiques, c'est-à-dire aux théories qui ont le plus contribuer, pour le bien et pour le mal, à l'avancement de notre compréhension de la communication et de celle-ci en tant que discipline.

PREMIÈRE
PARTIE

LES CONCEPTS DE BASE

COMMUNICATION, MÉDIAS ET MASSE

INTRODUCTION

Trois termes préoccupent les théoriciens modernes de la communication : *communication, médias* et *masse.*

Or, on pourrait facilement croire que ces trois termes qui reviennent inlassablement dans toutes les théories modernes de la communication se passent d'explication tellement ils sont évidents. D'ailleurs, ne sommes-nous pas tous communicateurs, ne fréquentons-nous pas tous les médias, ne faisons-nous pas tous partie de la société de masse?

Cependant, dès qu'on s'y attarde, on s'aperçoit qu'ils prêtent à une extrême confusion et que la raison du débat interminable à leur sujet est intimement liée à la nature de la société moderne et de ceux qui la composent.

Par exemple, la *communication* n'a pas toujours et partout été la même. Bref, la communication a varié historiquement. C'est–à–dire que non seulement la définition du terme mais la chose elle-même n'ont pas toujours été ce qu'ils sont pour nous. Et de nos jours encore la définition du concept de *communication* demeure extrêmement variable. Ainsi donc, la communication peut être personnelle, inégalitaire ou médiatisée. Parfois elle désigne le canal de communication, parfois son contenu et parfois la forme de la communication. Elle peut mettre en situation des traits psychologiques, sociologiques, économiques ou autres. Tantôt elle mobilise la parole, tantôt l'écriture, tantôt le geste. Elle peut aussi bien s'incarner dans des technologies comme la télévision ou le téléphone que dans un regard ou un sourire.

Vraisemblablement, nous sommes plongés quotidiennement au milieu d'un phénomène appelé la communication que nous n'arrivons pas aisément à cerner ou à définir et qui s'offre à nous sous une myriade de formes.

Les *médias* non plus ne se laissent pas définir aisément. Par exemple, de nos jours, nous croyons volontiers que les *médias* désignent essentiellement les technologies électroniques comme la télévision ou la radio et qu'ils jouissent d'un pouvoir certain sur la vie des hommes et des femmes. Pourtant, pendant des millénaires, le seul média à la disposition des êtres humains fut la voix humaine. Or, il n'arrive presque plus à personne d'imputer à la seule voix humaine le pouvoir énorme que nous sommes prêts à attribuer aux médias modernes.

D'ailleurs, il faut se poser la question suivante : pourquoi attribuons-nous si spontanément aux médias modernes une force persuasive? Leur puissance est-elle un trait inné empiriquement vérifiable ou est-elle simplement imaginaire? Cette puissance tient-elle aux caractéristiques fondamentales des médias ou aux conditions de leur utilisation?

Visiblement, notre façon d'aborder les médias est truffée de présuppositions et de préjugés qu'il faut savoir remettre en question. Par exemple, quand les chercheurs étudient la télévision, il leur arrive fréquemment de vouloir en mesurer les effets psycho-physiologiques. Par contre, personne ne songe à mesurer de la même façon les effets de l'opéra ou de la poésie dont le but avoué est de provoquer un effet.

Il semblerait donc que notre rapport aux médias, dès avant leur utilisation, soit imprégné de certains présupposés tacites et pour le moins idéologiques. Nous n'appliquons pas les mêmes formes d'étude à tous les médias. En outre, nous portons souvent des jugements sur eux qui colorent profondément notre recherche. Par exemple, nous jugeons souvent les médias en fonction de leurs utilisateurs ou de leurs publics. Ainsi donc, le théâtre et la peinture qui ont des publics restreints et bourgeois sont jugés nobles et ne sont donc pas soumis à des mesures empiriques. Cependant, la télévision et la publicité, qui ont des publics vastes et sans distinction de classe sociale, sont jugés vulgaires et suspects et doivent donc être soumis à des mesures empiriques.

Quant à la *masse*, force nous est de reconnaître qu'il s'agit d'un phénomène extrêmement récent. Sans doute y a-t-il toujours eu au cours de l'histoire des agglomérations plus ou moins nombreuses de personnes mais on n'a jamais vraiment parlé de *masse* avant le 19ᵉ siècle. Pourquoi? D'où vient cette figure moderne que nous appelons la *masse*? Pourquoi lui associons-nous spontanément les traits de passivité, de « manipulabilité », d'irrationalité et de violence? Ces traits viennent certainement de quelque part mais d'où? D'ailleurs, appartenons-nous à cette masse, à la foule brute et brutale, ou avons-nous réussi à y échapper? Alors, comment?

C'est donc dire que ces trois termes — communication, médias et masse — désignent des phénomènes qui posent problème. Ces termes ne sont guère évidents. Ils ne vont pas de soi. Ils exigent une explication. D'ailleurs, l'acceptation de leur évidence nous induit facilement en erreur.

Notre première tâche doit donc être de décortiquer ces termes. D'où viennent-ils, que présupposent-ils, comment ont-ils déterminé le champ de la recherche communicationnelle?

LA SOCIÉTÉ MODERNE

Afin de comprendre la substance et la nature de ces trois termes, il faut d'abord comprendre la spécificité de la société moderne et les conditions de son émergence. Or, nous pouvons mieux saisir sa spécificité si nous la comparons à la société dite traditionnelle. D'ailleurs, ces deux formes de société, la moderne et l'ancienne, possèdent des désignations consacrées qui leur ont été données au 19ᵉ siècle par le sociologue allemand Ferdinand Toennies. Il a donné à la société traditionnelle ou ancienne le nom de *Gemeinschaft* et à la société moderne le nom de *Gesellschaft*.

Qu'est-ce qui distingue donc la *Gesellschaft* (société moderne) de la *Gemeinschaft* (société ancienne)? Premièrement, contrairement à toutes les sociétés antérieures, la société moderne est fortement *urbanisée*. C'est-à-dire qu'il s'agit d'une société de la ville et non plus de la campagne. En effet, c'est vers le milieu du 19ᵉ siècle que se produit un déplacement démographique décisif dans la plupart des sociétés européennes et nord-américaines. À partir de cette date approximativement, on découvre que la vaste majorité des sociétés modernes habite désormais *à la ville*. En effet, la *Gesellschaft* est la première forme de société de l'histoire à concentrer la majorité de ses habitants dans des centres urbains.

La question se pose donc évidemment à savoir pourquoi les campagnes se sont dépeuplées. Plusieurs facteurs contribuent à expliquer le dépeuplement des campagnes européennes et nord-américaines à partir de la deuxième moitié du 19ᵉ siècle, mais on peut dire *grosso modo* que le facteur le plus important est l'arrivée d'un mode de production capitaliste et des rapports de productivité et de propriété qu'il instaure.

Essentiellement, cela veut dire que dans la société ancienne, la terre est tenue par un propriétaire foncier qui la fait travailler par d'autres. La paysannerie travaille la terre au profit du propriétaire mais se nourrit aussi à même ses propres labeurs. Le capitalisme, par contre, introduit de nouvelles formes d'exploitation foncière. Contrairement aux propriétaires fonciers traditionnels, les propriétaires capitalistes envisagent la terre comme un bien dont il faut retirer le maximum de bénéfices. Ils détourneront donc la terre vers ses usages les plus rentables. Ainsi donc, au lieu de se servir de la terre comme grand jardin collectif dont se nourrissent propriétaires et paysans, les propriétaires capitalistes s'en servent comme pâturage car l'élevage des bêtes qui y paissent est plus utile aux filatures de laine et plus rentable que l'agriculture.

Un grand nombre de paysans devient donc inutile pour l'entretien de la terre. En plus, sur les terres qui restent vouées à l'agriculture, les nouvelles techniques permettent à un nombre restreint de paysans de cultiver une terre énorme. Donc, encore une fois, un grand nombre de paysans devient inutile. Le phénomène est particulièrement frappant en Grande-Bretagne où la prise de possession des anciennes terres par les nouveaux propriétaires capitalistes s'appelle le mouvement des *enclosures* (parce que les nouveaux propriétaires élevaient des enclos autour des terres où naguère tout le monde pouvait passer).

Une grande masse de paysans afflue donc vers le seul endroit où elle peut trouver un emploi pour survivre, c'est-à-dire dans les usines des grandes villes. Les paysans deviennent donc ce que Marx appelle *le prolétariat urbain*, c'est-à-dire les travailleurs de la ville.

Deuxièmement, la société moderne est une société *industrialisée*. C'est une de ses spécificités que de reposer sur l'industrie et la technique, mais pas sur n'importe quelle technique. Elle repose sur les techniques les plus rentables et s'en débarrasse dès qu'elles en trouvent de meilleures ou de nouvelles. Le prolétariat urbain devient donc également un *prolétariat industriel*. Où jadis les paysans produisaient des biens pour leur propre consommation sur une base strictement locale, les prolétaires industriels produisent désormais des biens pour la consommation nationale et internationale. D'ailleurs, les prolétaires, puisqu'ils ne se nourrissent plus à même leurs propres labeurs mais sont désormais salariés de l'industrie, sont eux-mêmes appelés à devenir les premiers consommateurs des biens de la société moderne.

Troisièmement, en concentrant la majorité de ses habitants dans les villes, la société moderne tend inévitablement à encourager la *massification*. En d'autres mots, avec l'urbanisation et l'industrialisation, la population se trouve concentrée en masse. Il en résulte une gamme de phénomènes dans lesquels la masse est présupposée. Par exemple, les partis politiques modernes sont des organisations de masse qui impliquent la massification autant dans leur composition interne qui se doit d'être aussi nombreuse que possible que dans leur mode d'accession au pouvoir qui nécessite l'appui massif. Les syndicats ouvriers ont une vocation nettement *collective* qui présuppose les ouvriers en tant que masse moderne. D'ailleurs, tout le discours de la collectivité, très développé par les mouvements de gauche, n'est bien souvent qu'une autre façon de parler de la masse. Les spectacles et les sports (cinéma, football, etc.) qui attirent des publics massifs dont le rôle n'est pas de participer au jeu mais bel et bien de se constituer en masse de spectateurs, développent leur popularité. En outre, on se met à découvrir l'existence de droits qui appartiennent à la *collectivité* ou à la *masse* plutôt qu'à l'individu. Les associations de protection des consommateurs en sont un exemple récent.

Mais aussi, de nouvelles formes de contact social prennent la relève des formes traditionnelles. Par exemple, des médias tels que le cinéma et la grande presse dépendent précisément pour leur réussite de grandes concentrations démographiques. Par ailleurs, le besoin de ces nouvelles formes de contact se fait d'autant plus sentir que les formes traditionnelles ont disparu. À la campagne, par exemple, on pouvait se réunir en face à face mais à la ville, personne ne se connaît. Même les voisins peuvent rester de parfaits étrangers. Une des grandes fonctions des nouveaux médias est donc de fournir des lieux de rencontre métaphoriques, des informations et des distractions communes, de briser l'isolement de la ville, bref de tenter de recréer les liens personnels de la communauté traditionnelle.

Quatrièmement, la société moderne est aussi une société de la *spécialisation*. D'ailleurs, le succès de l'industrie moderne dépend précisément de la spécialisation poussée jusqu'à son plus haut degré. À la campagne, un seul paysan pouvait à la fois cultiver son jardin, élever du bétail, confectionner ses vêtements, chasser son gibier, et ainsi de suite. À l'usine, cependant, chaque ouvrier n'accomplit qu'une seule tâche, généralement la plus spécialisée possible. La *spécialisation* permet certes d'augmenter la productivité mais elle a aussi pour effet d'infléchir les associations de masse autour des spécialisations. Ainsi, les ouvriers de l'automobile ne vont pas se syndiquer avec ceux du textile, et ainsi de suite.

Mais les rôles sociaux aussi se spécialisent. Dans la société traditionnelle, le cumul des fonctions constitue la règle. C'est ainsi que l'on pouvait être à la fois père de famille, juge, commerçant, éleveur, etc. Et c'était précisément parce qu'on était bon père de famille qu'on était habilité à devenir juge et parce qu'on était juge qu'on exerçait une autorité accrue dans le commerce, et ainsi de suite. Chaque personne était l'amalgame de ses multiples rôles sociaux et la compétence dévolue à un rôle déteignait sur tous les autres.

Dans la société moderne, par contre, c'est le contraire qui est vrai. Nous admettons beaucoup plus difficilement que la compétence dans un domaine se reporte sur d'autres. Désormais, les fonctions de juge et de père de famille sont entièrement disjointes. Nous acceptons aisément qu'un mauvais père puisse être bon juge et nous nous mettons même en garde contre ce que nous appelons les stéréotypes. Nous avons donc tendance à séparer les rôles sociaux et à tracer une nette distinction entre vie publique et vie privée.

La spécialisation rejoint aussi les habitudes personnelles. Puisqu'il n'existe aucune communauté traditionnelle d'intérêts qui ferait partager à tout le monde les mêmes histoires, les mêmes chansons, les mêmes danses, et ainsi de suite, chacun est rejeté sur ses propres intérêts personnels. Les habitants de la ville tendent à se regrouper autour de certains intérêts particuliers : les amateurs de jazz ou les utilisateurs de tel micro-ordinateur vont se rencontrer afin de fonder un cercle ou lancer un bulletin dont le but, encore une fois, est de recréer une communauté d'intérêts. Dans la société traditionnelle, les goûts ne pouvaient pas ainsi se spécialiser puisque tout le monde partageait de toute façon la même vie.

Un exemple contemporain de spécialisation des goûts se trouve dans la musique populaire. D'abord, de nos jours, les parents détestent la musique de leurs enfants et inversement alors que dans les générations antérieures tout le monde pouvait prendre goût à la même musique. Mais parmi les amateurs de musique populaire, il y a aussi une spécialisation intense. Les uns aiment le « heavy metal », les autres n'écoutent que le « new wave », et ainsi de suite. Cette musique devient l'exemple même de l'association moderne constituée autour d'intérêts particuliers déclarés sous la pression de l'anonymat social.

Cinquièmement, la spécialisation à tous les niveaux fait donc dépérir les liens traditionnels et fait naître la nécessité du *contrat*. Dans la société traditionnelle il n'était pas question de lier les personnes à leurs obligations par des règles contractuelles externes. Le simple fait de vivre en société intime garantissait l'accomplissement des obligations et le respect des autres.

Dans la société moderne, par contre, nous avons besoin de preuves ou de garanties des bonnes intentions des autres. Par conséquent, tout le monde sent le besoin de se faire reconnaître par un établissement ou diplômer par une université. Nos obligations réciproques prennent donc la forme d'un contrat formel qui prévoit jusqu'aux punitions pour la non-exécution des clauses ou promesses.

Par exemple, le rapport moderne au travail est gouverné entièrement par des contrats, accords, conventions collectives, etc. Le mariage moderne constitue un autre exemple du rôle du contrat. Le mariage moderne est un contrat qui stipule les conditions de son achèvement car pour nous le divorce n'est pas impensable et doit donc être prévu. D'ailleurs, nous imaginons les conjoints comme partenaires autonomes n'ayant d'engagement l'un envers l'autre que l'intérêt de leur propre sentiment amoureux. En effet, le fait que le mariage moderne soit commandé par l'amour plutôt que par l'alliance de deux grandes fortunes familiales comme c'était le cas jadis est en soi intéressant. Dès qu'il n'existe plus de structure sociale pour indiquer à qui l'on doit se marier (la coutume, les intérêts parentaux, l'origine sociale, etc.), on est obligé de trouver un autre guide. Hors de tout système social, l'individu — considéré précisément en tant qu'individu et non en tant que membre d'une communauté — n'a d'autre recours que ses sentiments et intérêts personnels. Mais en l'absence de facteurs contraignants, tous ceux qui sont guidés par leur intérêt personnel ont besoin de garanties que l'intérêt des autres n'enfreigne pas le leur.

RAPPEL

La société moderne (*Gesellschaft*) se caractérise donc par les traits suivants :
– urbanisation,
– industrialisation,
– massification,
– spécialisation,
– contrat.

Ces traits aboutissent à une société où personne ne se connaît mais où tout le monde, de ce fait même, jouit d'une grande liberté d'action personnelle. Dans la société traditionnelle (*Gemeinschaft*), l'individu est constamment côtoyé et surveillé par l'ensemble de la communauté qui détermine le sens et les limites de l'action personnelle.

Les deux systèmes comportent des avantages et des désavantages. La société traditionnelle est certes très contraignante mais elle est aussi très sécurisante car elle fournit constamment des repères de bonne conduite personnelle et sociale. La société moderne accroît incontestablement la liberté personnelle mais elle accroît aussi l'isolement et la désorientation.

On peut dire que certaines contradictions traversent irréductiblement la société moderne. En accroissant la liberté d'action personnelle, elle tend à abolir la possibilité du consensus social. Bref, en faisant de chacun un individu gouverné par son intérêt personnel, elle rend difficile la découverte d'intérêts communs. En outre, liberté et intérêt personnels sont toujours socialement donnés. L'homme est un être social dont la liberté, le sentiment d'individualisme et d'autonomie et les intérêts personnels sont une construction sociale.

Dans une société marquée par une grande liberté d'action la question qui se pose est donc la suivante : Comment créer un accord commun — un contrat social — qui préserve la liberté de chacun et ne brime la liberté de personne?

TABLEAU 1.1   **Société traditionnelle vs société moderne**

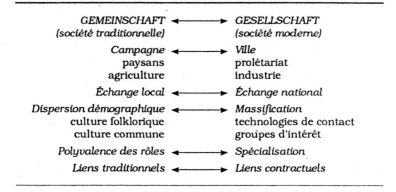

GEMEINSCHAFT (société traditionnelle)		GESELLSCHAFT (société moderne)
Campagne paysans agriculture	←——→	Ville prolétariat industrie
Échange local	←——→	Échange national
Dispersion démographique culture folklorique culture commune	←——→	Massification technologies de contact groupes d'intérêt
Polyvalence des rôles	←——→	Spécialisation
Liens traditionnels	←——→	Liens contractuels

SOCIÉTÉ ANCIENNE ET MODERNE : THÉORIES DU PASSAGE DE L'UNE À L'AUTRE

INTRODUCTION

La mutation profonde de civilisation qu'entraîne le passage de la *Gemeinschaft* à la *Gesellschaft* soulève une question importante : pourquoi la société traditionnelle a-t-elle disparu? Pourquoi la société moderne l'a-t-elle remplacée?

On ne peut répondre facilement à cette question. D'abord, il est impossible de fixer avec précision la date du passage d'une forme de société à l'autre. Il s'agit d'un processus qui s'étend sur plusieurs siècles et qui progresse différemment selon les secteurs sociaux. Ainsi, dans le secteur économique, on voit apparaître certains traits de l'échange économique moderne dès le 13ᵉ siècle, tandis que certaines coutumes proprement féodales persistent jusqu'à la fin du 19ᵉ siècle.

Cela signifie que nous sommes toujours confrontés à des sociétés qui ressemblent *plus ou moins* à la *Gemeinschaft* ou à la *Gesellschaft*. Il faut alors reconnaître que ces formes sociales n'ont jamais existé à l'état pur. Il y a toujours eu des sociétés qui mêlaient les traits de l'une et de l'autre.

Gemeinschaft et *Gesellschaft* désignent donc des *types-idéaux*, c'est-à-dire des formes de société sans existence pure. La *Gemeinschaft* et la *Gesellschaft* pures sont des fictions sociologiques qui facilitent néanmoins la compréhension en offrant des modèles nets et clairs qui permettent aux chercheurs de manipuler des concepts précis.

Évidemment, de nos jours, ce sont les *relations contractuelles*[1] qui l'emportent sur les *liens traditionnels* tandis que dans les

---

1. Comme exemple d'une relation contractuelle à l'époque ancienne, citons la Grande Charte d'Angleterre signée par le roi et les aristocrates en 1215. Il s'agit ni plus ni moins d'un contrat portant sur le partage des pouvoirs. La manumission romaine par laquelle un esclave acquérait sa liberté constitue aussi un exemple de contrat à l'époque ancienne. Finalement, l'accession au statut de citoyens par les jeunes Romains était également un contrat, c'est-à-dire un engagement formel pris devant l'ensemble de la cité.

sociétés anciennes, c'étaient surtout les liens traditionnels[2] qui l'emportaient sur les fonctions contractuelles.

Gemeinschaft et *Gesellschaft* constituent donc une façon de conceptualiser le passage de la société ancienne à la société moderne. Elles forment une théorie du changement social. Or, elles ne sont pas la seule théorie. En effet, elles comportent même certaines lacunes majeures. Par exemple, quoique *Gemeinschaft* et *Gesellschaft* permettent de dégager un ensemble incontestable de traits propres à chaque forme de société, elles ne permettent toutefois pas d'expliquer pourquoi les traits ont changé. Elles constatent sans expliquer.

En outre, ces termes tendent à idéaliser le passé précisément parce qu'ils sont incapables d'en expliquer la mutation. Le passé surgit généralement comme le lieu d'avant le changement où tous les rapports humains se nouaient sous les signes de la chaleur personnelle et de la convivialité. Le présent n'est donc que la prolongation dégradée du passé. Cela devient une façon d'inscrire le changement social dans la continuité d'une déchéance et de justifier le dégoût de l'époque moderne.

D'autres théories n'idéalisent pas le passé et n'inscrivent pas le changement dans la continuité. Elles tentent au contraire de cerner au plus près les raisons qui expliquent le changement. Les deux théories les plus importantes furent énoncées par Karl Marx et Max Weber.

---

2. Comme exemple d'un lien traditionnel qui persiste à l'époque moderne, citons l'autorité des parents sur leurs enfants. Celle-ci ne dérive pas du contrat mais de liens purement traditionnels. Par ailleurs, le respect et l'admiration que nous vouons spontanément aux vedettes et aux hommes politiques comportent aussi un relent de lien traditionnel dans la mesure où c'est le statut privilégié de la personne qui commande notre respect plutôt que le mérite de ses actes.

KARL MARX ET LE MARXISME

La théorie de Karl Marx (1818-1883), nommée marxisme après sa mort, est une approche économico-politique qui n'insiste pas sur l'idéalité du passé mais sur la continuité de la lutte. En effet, Marx voit dans le passé le lieu d'une lutte acharnée débouchant sur d'autres luttes acharnées. Toutes les sociétés, même les plus anciennes, ont toujours été divisées autour d'intérêts divergents. D'ailleurs, si les intérêts ne divergeaient pas, comment expliquerait-on le changement des sociétés? Si le passé avait réellement été un monde idéal où chacun trouvait son compte, pourquoi l'aurait-on transformé, pourquoi les communautés traditionnelles et chaleureuses auraient-elles disparu? Par quelle démence aurait-on souhaité leur remplacement par une société moderne dégradée?

Marx situe donc le moteur de la transformation sociale dans la lutte des classes assise sur les intérêts contradictoires des diverses classes sociales qui sont de nature principalement économiques. Il offre comme exemples de la pérennité des luttes sociales, les nombreuses révoltes d'esclaves dans les sociétés esclavagistes, les nombreuses *jacqueries* (révoltes paysannes) qui ont traversé tout le Moyen Âge européen ainsi que la Révolution française qui montre bien l'existence d'antagonismes de classe profonds. Les classes opprimées des sociétés traditionnelles se sont toujours soulevées contre leurs oppresseurs : l'idéalité de la *Gemeinschaft* n'a donc jamais existé.

Par ailleurs, puisque Marx n'attribue pas au passé une supériorité sur le présent, il se montre capable d'apprécier les bienfaits de la société moderne : le développement des goûts personnels, l'amélioration de la santé, l'universalisation de l'éducation, l'expansion économique (qui permet de répondre à plus de besoins et d'en développer de nouveaux), l'allègement du travail humain, l'expansion de la démocratie, etc.

Pour Marx, le monde moderne est meilleur que le monde ancien. Il lui reproche de n'être pas encore aussi bon qu'il pourrait le devenir, de maintenir d'autres contradictions et antagonismes de classe qui vont à leur tour conduire à sa chute. Il en conclut que les nouveaux antagonismes conduiront éventuellement à la disparition du capitalisme et à son remplacement par une société sans classes. Bien entendu, il faut se demander pourquoi ces événements ne se sont pas produits dans les sociétés occidentales et s'il est même possible qu'ils se produisent.

MAX WEBER ET LA RATIONALITÉ MODERNE

Max Weber (1864-1920) était un sociologue allemand post-marxiste qui fut néanmoins très influencé par la pensée de Marx. Il s'en distingue, cependant, par l'importance qu'il accorde aux facteurs non économiques de la transformation sociale. Selon Weber, l'économie reste importante mais n'est pas toujours déterminante. Il affirme que les formes de rationalité peuvent jouer un rôle tout aussi déterminant que les contradictions économiques. Une forme de rationalité est l'ensemble des raisons que se donne une société pour justifier son organisation.

Les sociétés se sont toujours caractérisées par la prédominance de certaines formes de rationalité — la rationalité magique, la rationalité religieuse, la rationalité charismatique, et ainsi de suite. Ce qui caractérise la société moderne, c'est la prédominance de la *rationalité bureaucratique.*

Cette rationalité est liée à l'expansion de l'État. Plus l'État moderne prend de l'importance — autant pour des raisons purement administratives qu'économiques — plus cette nouvelle forme de rationalité tend à s'imposer.

On passe donc du monde ancien, gouverné par une rationalité de type religieux, au monde moderne, gouverné par une rationalité de type bureaucratique, lorsque l'État atteint un point critique d'expansion. Les grands exemples de la rationalité bureaucratique sont : le service militaire qui assujettit tous les hommes également, la bureaucratie étatique elle-même qui applique les mêmes règles à tous, les grands organismes de masse qui transforment tous les citoyens en éléments strictement formels et interchangeables.

D'ailleurs, n'est-ce pas le propre des bureaucraties de n'admettre aucune exception en établissant précisément l'égalité formelle de tous? L'égalité formelle s'incarne concrètement dans des critères externes et objectifs tels le mérite ou l'ancienneté. Ces transformations sont évidemment très lentes et très profondes et la plupart des sociétés sont des mélanges de plusieurs types de rationalité.

Or, la puissance incontestable de la vision weberienne ne débouche sur aucun programme d'action politique précis. En d'autres mots, même si on rejette les projections prolétariennes de Marx, on reconnaît néanmoins la nécessité et la possibilité d'une action sociale. Marx indique les points sur lesquels il faut agir. Chez Weber, cependant, on se demande d'où viennent les rationalités. Quelles sont leurs assises et comment se transforment-elles? D'ailleurs, leurs assises sont-elles tellement diffuses et dispersées qu'il est impossible de les transformer?

RÉSUMÉ DES THÉORIES DE LA TRANSFORMATION SOCIALE

Il existe donc trois grandes théories du passage de la société ancienne à la société moderne. La théorie sociologique de Toennies, que l'on peut appeler simplement la théorie de la *Gemeinschaft* et de la *Gesellschaft*, décrit les traits propres à chaque forme de société sans pouvoir expliquer le passage de l'une à l'autre. La théorie économico-politique de Marx, appelée le marxisme, situe le changement sur le plan des contradictions sociales qui se manifestent au niveau de l'économie. Finalement, la théorie de Weber, que l'on peut appeler la théorie des rationalités ou des organisations bureaucratiques situe le changement au niveau des transformations de rationalité liée à des phénomènes vastes et souterrains comme l'expansion séculaire et lente de l'État.

Les trois théories comportent certains avantages. La théorie de Toennies (*Gemeinschaft* et *Gesellschaft*) a l'avantage incontestable de fournir des concepts nets et clairs qui organisent bien la matière mais le désavantage de ne pouvoir expliquer le passage de l'un à l'autre. La théorie de Marx a l'avantage certain de jeter un nouvel éclairage sur le passé qui permet d'indiquer la source des transformations sociales majeures mais laisse ouverte la questions de la validité de ses prédictions. La théorie de Weber a l'avantage de rendre encore plus complexe le modèle marxiste mais ne débouche sur aucun programme d'action politique nettement défini.

Nous allons maintenant nous tourner vers un ordre légèrement différent d'idées en traitant le changement social sous un aspect plus philosophique.

LA TRANSCENDANCE DIVINE ET SA DISPARITION

Un élément ressort clairement de ces trois théories : le monde ancien est régi par des liens traditionnels dont le fondement est essentiellement religieux. Cela veut dire que le monde ancien croit spontanément que l'ordre social et humain est gouverné et fixé d'avance par une volonté ou une intervention divines. C'est d'ailleurs la *transcendance divine* qui distribue les rôles sociaux et garantit la justesse de l'ordre humain.

L'exemple le plus marquant de la croyance en la transcendance divine est le concept du *roi de droit divin*. On croit que le roi règne parce que Dieu l'a choisi. Dans cette forme de société, les rois sont généralement les défenseurs de la religion et l'Église jouit d'habitude d'une grande autorité.

Mais *tous* les rôles sociaux sont déterminés par la volonté divine : le roi est roi de droit divin et le paysan aussi. L'ordre social est incontestable parce que voulu par Dieu. Le bonheur humain consiste donc à assumer pleinement le rôle social dévolu à chacun. Il ne s'agit pas de chercher à comprendre *pourquoi* le monde est ainsi fait — cela relève d'une volonté divine incompréhensible — il s'agit au contraire de savoir *comment* on peut s'y intégrer. Le monde lui-même n'est pas un domaine à connaître et à explorer mais un objet mystérieux et enchanté, portant la marque de Dieu. C'est-à-dire que non seulement l'ordre social est incontestable et immuable mais aussi que l'attitude psychologique qu'il convient d'adopter ne cherche pas à comprendre mais à se conformer.

Dans le monde moderne, par contre, la croyance en la transcendance divine n'emporte plus spontanément les volontés humaines. C'est certainement ce que Marx découvre lorsqu'il situe le moteur de l'histoire dans la lutte sociale : l'ordre social et humain n'est plus donné par la volonté divine mais par l'action humaine. C'est également ce que souligne Weber avec le concept de *rationalité* : l'ordre religieux n'est désormais plus qu'une façon parmi d'autres d'organiser l'ordre social.

Or, qu'arrive-t-il lorsqu'une société perd ou met de côté sa transcendance, lorsqu'elle rejette cela même qui en fondait la cohésion ainsi que les inégalités? Il en résulte la société moderne. L'absence d'une transcendance généralement admise provoque des changements d'une profondeur et d'une amplitude telles que c'est la possibilité même de toute organisation sociale qui est remise en cause.

Nous pouvons retracer les enjeux de cette remise en cause à plusieurs niveaux. Considérons d'abord le fait que, dans la société ancienne, le rôle social de chacun soit fixé d'avance par la transcendance divine. L'immuabilité des rôles signifie non seulement qu'ils ne peuvent être légitimement contestés mais aussi qu'un comportement bien précis s'impose. Ainsi, il appartient au roi d'agir *royalement*, au serf d'agir *servilement*, à l'homme d'agir *virilement* et à la femme d'agir *fémininement*. Le comportement social propre à la société ancienne en est un d'*assomption* totale du rôle social.

Le monde moderne, cependant, ne croit plus à la transcendance divine. L'ancien système a complètement craqué. Il faut le remplacer. Mais comment et avec quoi?

La société moderne développe trois stratégies pour maîtriser l'absence de transcendance divine :
1. le consensus politique,
2. la philosophie moderne,
3. la méthode scientifique.

Ces trois stratégies se fondent sur ce que nous pouvons appeler le postulat de la raison. Sans ces trois stratégies, on ne peut pas se prétendre en présence d'une société moderne.

1. Le consensus politique

Le premier problème à confronter le monde moderne est celui de son organisation politique. En l'absence d'une transcendance divine qui puisse indiquer aux hommes et aux femmes la voie à suivre pour organiser le monde social, d'où peuvent venir les règles de la bonne société? Si nous ne croyons plus que le droit divin soit la meilleure ou la seule forme d'organisation sociale, comment pouvons-nous la déterminer?

La société moderne a donné à cette question la réponse suivante : seul l'accord de tous les hommes et de toutes les femmes entre eux peut permettre de constituer une société. Cet accord ou consensus constituera la base à partir de laquelle la société énoncera ses lois et ses règles. C'est la notion même de ce que Rousseau (1712-1778), philosophe suisse du 18e siècle qui inspira la Révolution française, appelle le *contrat social*.

Or, pour en arriver au consensus, pour établir le contrat social, il faut qu'il y ait préalablement un débat libre et ouvert de tous les membres de la société. On crée donc des institutions et des procédures qui permettent d'instaurer le débat et de dégager le consensus social afin de construire la bonne société. Ces institutions et procédures sont : le vote universel, le parlement, l'institutionnalisation du débat politique dans la presse et ainsi de suite.

Ainsi, les premiers parlements naissent précisément au moment où les formes de société féodales sont de plus en plus contestées et ils atteignent leur sommet lorsque ces formes anciennes ont entièrement disparu. En outre, l'extension du droit de vote est contemporain du recul des formes et des logiques anciennes comme l'est d'ailleurs l'émergence de la presse moderne et l'institutionnalisation de l'idéologie de la liberté d'expression.

Notons immédiatement que la seule raison d'être de toutes ces institutions est la *communication*. Par exemple, les seules règles du parlement sont celles qui précisément gouvernent le droit et la façon de parler. Le vote est une incitation à la libre expression et la presse doit être le lieu où toutes les voix sociales se rencontrent et se débattent.

On voit donc que la société moderne a un intérêt particulier pour la communication puisque son fondement même en dépend. Sans communication libre et dénuée de contrainte, la société moderne ne pourrait dégager ses règles d'organisation sociale. Elle se dote donc de moyens — la presse et ensuite les autres médias — qui puissent élargir la communication sociale et elle institue des lois, procédures et institutions dont c'est le rôle de protéger, d'appeler et d'inciter la communication. C'est très précisément dans ce contexte donc que naît la préoccupation moderne de la communication. La communication devient l'enjeu des sociétés modernes parce qu'elle en constitue la condition même d'existence.

Très concrètement, la nécessité du consensus signifie que dans une conversation, par exemple, chacun des interlocuteurs a le droit égal d'intervenir. C'est la règle de la réciprocité car elle seule permet de dégager le consensus. Sous le régime royal, par contre, l'accord était imposé par le statut social de l'interlocuteur le plus puissant. Ainsi une chose se faisait ou ne se faisait pas, en dernière instance, si le roi le voulait.

La réciprocité signifie aussi que dans tout débat, quel qu'il soit, chacun est autorisé à mettre en doute les énoncés de l'autre, à obliger l'autre à fournir la preuve de la véracité et de la sincérité de ses propos. Le vrai (la véracité) et le juste (la sincérité) deviennent donc des enjeux de la communication. Ils ne sont plus donnés d'avance par une transcendance divine. D'ailleurs, sous le régime royal le vrai et le juste n'étaient pas discutables. Ils découlaient de la volonté divine. Si le roi affirmait qu'une chose était vraie (ex. : « Je suis le roi parce que Dieu m'a choisi »), personne n'avait le droit de lui demander des preuves. D'ailleurs, une telle interrogation eût été qualifiée d'insubordination et de crime punissable.

2. La philosophie moderne

Or, puisque tout interlocuteur est désormais autorisé à mettre en doute les énoncés de l'autre ou à exiger des preuves, cela signifie que tout le monde est également doué de raison. Ce postulat de la raison universelle comporte deux conséquences majeures.

D'abord, puisque tout le monde est doué de raison, personne n'a le monopole de la vérité. La vérité ou la justesse d'un énoncé ou d'une situation ne se découvrent que par la discussion et l'accord commun, c'est-à-dire par le procédé consensuel. Le jury moderne est sans doute l'exemple le plus frappant de la vérité consensuelle : une personne est déclarée coupable ou non si les autres en arrivent à un consensus. Sous le régime royal, la vérité découlait de l'ordre établi. Une chose était considérée vraie si une personne considérable — le roi, par exemple — l'affirmait. Ainsi, dans les causes criminelles, on croyait que la transcendance divine désignerait les coupables après certaines épreuves telles que l'ordalie. En d'autres mots, sous le régime royal, la vérité est donnée depuis l'extérieur. Elle est transcendante et les hommes n'ont pas à en débattre tandis que dans la société moderne, la vérité vient de l'intérieur, d'un consensus humain.

Le postulat de la raison comporte aussi des répercussions profondes pour la philosophie moderne. En effet, la philosophie découvre que puisque la vérité n'est plus donnée par une transcendance et n'appartient plus à personne en propre, il faut désormais lui trouver d'autres bases. Elle se concentre donc sur les règles de la raison elle-même (la logique) afin de montrer ce que serait un bon raisonnement.

Le postulat de la raison entraîne, en outre, certaines conséquences sociales. D'abord, l'homme raisonnable doit constamment faire preuve de sincérité car, s'il est réellement raisonnable, il doit se montrer prêt à s'incliner devant un argument supérieur ou à suivre ses propres conseils. Par ailleurs, l'homme raisonnable ne doit pas seulement produire des énoncés vrais et sincères mais encore faut-il qu'ils soient justes. En d'autres mots, l'homme raisonnable ne parle pas de ce qu'il ignore. Et en plus, s'il lui arrive de formuler un énoncé dans un domaine qu'il connaît très bien, encore doit-il se montrer prêt à démontrer sa connaissance, à prouver en quoi il est fondé à formuler cet énoncé. En termes concrets, cela signifie que chacun doit constamment donner la preuve de son accréditation universitaire ou autre afin de justifier le bien-fondé de ses énoncés.

3. La méthode scientifique

La deuxième conséquence du postulat de la raison, cependant, est allée en sens inverse de la première. Si personne n'a le monopole de la vérité et que pourtant tous sont doués de raison, il faut donc découvrir des méthodes objectives qui nous permettent de connaître le vrai.

La philosophie moderne est certes une tentative de connaissance du vrai mais elle ne donne bien souvent pas de prise directe sur le réel. La méthode scientifique émerge donc comme méthode de découverte du vrai.

Contrairement au consensus et à la philosophie qui reconnaissent et qui célèbrent avec enthousiasme l'individualisme humain, la méthode scientifique se veut un procédé apparemment dénué de tout subjectivisme devant lequel s'inclinerait tout homme raisonnable. D'ailleurs, la méthode scientifique est absolument contemporaine de la fin de la société ancienne fondée sur la transcendance divine et du début de la société moderne fondée sur le consensus politique.

La société moderne développe donc trois stratégies pour maîtriser l'absence de transcendance divine :

1. le *consensus politique* qui reconnaît l'individualisme et l'incite à s'exprimer afin qu'il produise le vrai et la bonne société;

2. la *philosophie moderne* qui reconnaît aussi l'individualisme et qui tente de fonder son expression pour que le vrai conduise nécessairement à la bonne société;

3. la *méthode scientifique* qui exclut l'individualisme afin que se révèlent certaines règles objectives qui constitueront le fondement objectif du vrai.

Le consensus politique se traduit par la figure de la Loi. La philosophie moderne se traduit par la figure du Savoir ou de la Raison. La méthode scientifique se traduit par la figure de la Science.

UN EXEMPLE DE COMMUNICATION À L'ÉPOQUE ANCIENNE ET DANS LA SOCIÉTÉ MODERNE

Si la société ancienne se caractérise par la domination des liens traditionnels et la société moderne par la domination du contrat, comment ces deux formes d'organisation sociale se manifestent-elles concrètement dans la communication de tous les jours?

Nous pouvons en donner un exemple explicatif si nous pensons d'abord aux traits qui caractérisent *tout acte de communication humaine*.

L'acte de communication le plus élémentaire est *la conversation*. Or, que se passe-t-il lorsque deux personnes conversent? D'abord, deux interlocuteurs se trouvent face à face et échangent des propos. Une partie de l'échange est linguistique mais une autre partie est gestuelle et contextuelle.

Toutefois, pour échanger quelque propos que ce soit, les deux interlocuteurs doivent partager *le même code*, c'est-à-dire qu'ils doivent parler la même langue. Mais le fait de partager un code ne règle pas tout. Deux personnes peuvent parler la même langue mais, pour des raisons liées à l'origine sociale, aux expériences personnelles, aux formations professionnelles, ne pas attribuer le même sens aux mots. En plus du code, donc, les interlocuteurs doivent partager la même *compréhensibilité* : bref, ils doivent interpréter les mots de la même façon.

Mais pour que des interlocuteurs partagent une compréhensibilité commune, il faut qu'ils partagent aussi *un contexte commun*. En d'autres mots, des interlocuteurs n'attribueront le même sens aux mots que s'ils ont des raisons d'attribuer ce sens et ces raisons ne peuvent provenir que d'un contexte commun.

Finalement, même si deux interlocuteurs partagent code, compréhensibilité et contexte, il reste qu'ils doivent aussi respecter les conventions sociales de la communication appropriée. En d'autres mots, ils doivent reconnaître qu'il n'est pas permis de dire n'importe quoi en toute circonstance. Il faut respecter les normes de la situation. Concrètement, donc, si la conversation doit continuer, les interlocuteurs ne peuvent s'insulter l'un l'autre. Ou encore, dans certaines situations, comme devant un tribunal, dans un lieu sacré, devant des figures d'autorité, il faut toujours adopter le ton approprié. En outre, chaque situation conversationnelle et communicationnelle comporte son ton approprié.

On constate donc qu'il n'y a aucune communication *a-contextuelle*. Tout acte de communication est toujours enraciné dans des codes, des compréhensions, des contextes et des conventions.

La figure 2.1 indique clairement les éléments contextuels indispensables à tout acte de communication humaine. Mais elle n'explique pas les conditions *psychologiques* de tout acte de communication humaine.

FIGURE 2.1   **Les éléments de la communication humaine**

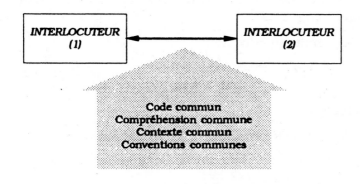

Les interlocuteurs, afin de se comprendre, sont obligés non seulement de respecter chacun des éléments décrits ci-haut, mais encore doivent-ils s'assurer continuellement qu'ils sont effectivement compris et ajuster continuellement leur discours *en fonction de la compréhension probable de l'autre.*

Il y a plusieurs façons de vérifier la compréhension de l'autre. La plus directe est de demander : « M'avez-vous compris? » On peut aussi parsemer son discours de pauses du genre « N'est-ce pas? » ou « Vous savez » afin d'inviter l'autre à manifester sa compréhension. Il le fait généralement en hochant la tête, en établissant le contact visuel, en se penchant un peu vers son interlocuteur, et ainsi de suite.

Mais la façon la plus sophistiquée et la plus constante de vérification de la compréhension de l'autre est *l'image intériorisée de l'autre.* En d'autres mots, chaque interlocuteur est obligé de s'imaginer ce que l'autre comprend. Lorsque l'on parle à quelqu'un, l'on se fait constamment une idée de ce que l'autre peut bien penser à chaque instant.

On module son discours en fonction de cette image intériorisée de l'autre. On reprend certaines phrases, on s'explique autrement, on fait appel à la bonne volonté, on met l'accent sur certains mots, on se regarde dans les yeux, on gesticule, on hausse le ton, et ainsi de suite.

Bref, une conversation entre deux personnes est une *communication à quatre termes* (voir figure 2.2) :

1. le premier interlocuteur,

2. le second interlocuteur,

3. l'image intériorisée de l'autre propre au premier interlocuteur,

4. l'image intériorisée de l'autre propre au second interlocuteur.

FIGURE 2.2   La communication humaine est un processus à quatre termes

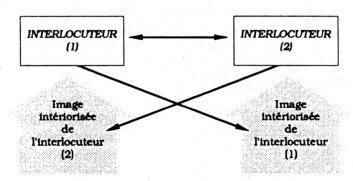

L'interlocuteur (1) parle donc en fonction de son image intériorisée de l'interlocuteur (2) qu'il espère faire coïncider autant
que possible avec l'interlocuteur (2) empirique. Bien entendu,
l'interlocuteur (2) procédera de la même façon vis-à-vis de
l'interlocuteur (1).

Dans la société traditionnelle, les échanges entre interlocuteurs sont gouvernés par les liens traditionnels. D'abord,
tout le monde ne peut pas devenir l'interlocuteur de n'importe
qui. Les actes de communication sont donc restreints aux
interlocuteurs de même origine sociale.

Néanmoins, prenons un exemple extrêmement simplifié. Que
se passe-t-il lorsque le roi parle à un paysan? Premièrement,
chacun se fait une image très précise de l'autre gouvernée
entièrement par leurs statuts sociaux respectifs. Ces images
dérivent donc entièrement du contexte social et elles déterminent l'ensemble de la conversation.

Dans une telle situation, il n'est pas permis de dire n'importe quoi et il n'est pas permis à n'importe qui de parler. En principe, le roi a le droit de parler et le paysan a l'obligation d'écouter. Il y a absence de réciprocité entre eux. Ils n'ont pas un droit égal pour intervenir dans la conversation. La situation donne aux paroles du roi une importance démesurée. Par conséquent, ce sont le langage et les préoccupations du roi qui deviendront la norme et l'objet de la conversation. Il s'agit donc d'une situation de *communication hiérarchisée*.

Le paysan n'interrompt pas le roi et ne met pas en doute ses énoncés. La vérité est donc produite du point de vue du roi. On présuppose que le paysan partage la langue du roi et non l'inverse et aussi que le paysan accédera à la compréhensibilité du roi et non l'inverse. D'ailleurs, la langue elle-même reflète l'inégalité communicationnelle. Le roi se nomme *nous* et le paysan lui dit *vous*. Le paysan s'adresse au roi par des formules de politesse et essaie de s'exprimer avec un langage digne de la personne royale tandis que le roi ne fait aucun effort analogue pour communiquer avec le paysan.

L'essentiel de cette situation tient en ceci : le statut social, c'est-à-dire les liens traditionnels, détermine la communication. En outre, il est impossible dans une société traditionnelle de contester ou de mettre en doute cette distribution inégalitaire de la communication. Elle constitue l'ordre naturel de la société. Puisque les rôles sociaux sont fixés d'avance, la communication est hiérarchisée.

Or, puisque dans la société moderne les rôles ne sont pas fixés d'avance, la communication procède autrement. Les interlocuteurs partagent, certes, le même code mais plusieurs différences s'y glissent désormais.

Chaque interlocuteur de la société moderne possède un droit égal d'intervenir dans la conversation. La réciprocité absolue constitue le seul moyen pour eux d'arriver à un accord. Sous le régime royal, l'accord est imposé par le statut social.

La réciprocité signifie aussi que les interlocuteurs peuvent mettre en doute les énoncés de l'autre. Désormais, on peut toujours sommer l'autre de s'expliquer, de donner des preuves, d'étayer son raisonnement.

Cela nous conduit donc évidemment au postulat de la rationalité. Les interlocuteurs de la société moderne sont constamment obligés de faire preuve de rationalité et de bonne volonté. Il ne suffit plus, comme dans la société ancienne, d'affirmer qu'une chose est vraie en fonction du statut social de celui ou celle qui l'affirme. Au contraire, les interlocuteurs de la société moderne doivent constamment donner des preuves de la rationalité, de la véracité, de la sincérité et de la justesse de leurs propos.

Bien entendu, dans un régime royal, la sincérité des interlocuteurs, par exemple, importe peu en comparaison du poids du statut social. La société moderne complique donc l'acte de communication de base qu'est la conversation en enjoignant les interlocuteurs modernes à adopter des styles de communication plus ouverts, moins hiérarchisés, plus adaptables et spontanés. L'interlocuteur moderne doit être prêt à changer de registre à tout moment — à passer de l'exposé de ses idées à la preuve de leur fondement ainsi qu'à la démonstration de sa sincérité et de sa bonne volonté. Évidemment, de tels problèmes ne se posent pas dans une société où le statut social détermine le bien-fondé d'un énoncé.

RAPPEL

1. La *Gemeinschaft* et la *Gesellschaft* constituent une façon seulement de décrire la différence entre la société ancienne et la société moderne. Cette façon repère des distinctions importantes mais elle idéalise le passé au détriment du présent et ne permet pas d'expliquer le passage d'une forme de société à l'autre.

2. D'autres théories, notamment celles de Marx et de Weber, tentent aussi d'expliquer la différence entre les formes de société et le passage de l'une à l'autre.

3. Marx explique le passage de la société ancienne à la société moderne en repérant des luttes de classe et des

contradictions économiques qui sont le moteur de la transformation sociale. La reconnaissance des contradictions économiques correspond exactement à la disparition de la transcendance divine.

4. Weber, sans rejeter l'explication marxiste, ajoute aussi l'existence de formes de rationalité tout aussi déterminantes que les luttes et les contradictions. En effet, selon Weber, la transcendance divine n'était ni plus ni moins qu'une rationalité religieuse, c'est-à-dire une façon d'organiser la société en fonction de préceptes religieux. Nous serions désormais entrés dans une ère de rationalité bureaucratique : la société moderne serait organisée en fonction d'une logique de la régularité et de l'égalité.

5. Néanmoins, les trois théories (*Gemeinschaft-Gesellschaft*, Marx, Weber) reconnaissent toutes la disparition de la transcendance divine propre à la société ancienne et son remplacement par le débat public propre à la société moderne. Les uns regrettent ce remplacement, les autres souhaitent l'intensifier, et d'autres encore se contentent de le constater.

6. Les sociétés anciennes gouvernées par la volonté divine se caractérisent par la fixité des rôles sociaux, le caractère incontestable du pouvoir et de l'organisation sociale et la communication hiérarchisée.

7. Les sociétés modernes, cependant, qui ne se soumettent plus à l'autorité divine, déterminent leurs règles sociales par le débat public. Or, ce débat présuppose nécessairement que tous les hommes et toutes les femmes partagent également la raison et que personne ne détient le monopole de la vérité.

8. Bref, l'énonciation des règles de la société est ramenée au sein de la société elle-même et ne dérive plus d'une transcendance divine. Cette transformation monumentale qui caractérise le plus profondément la société moderne se répercute à plusieurs niveaux.

9. Au niveau social, le débat public se traduit par des institutions telles que le parlement, le suffrage universel,

la liberté d'expression, etc. En effet, ces institutions garantissent le débat et débouchent sur le consensus, c'est-à-dire l'accord commun sur les règles de la vie sociale.

10. Au niveau du savoir, le débat public provoque la philosophie moderne à interroger les fondements mêmes du savoir afin de déterminer un savoir qui serait juste, équitable et universel et ne dépendrait donc pas des aléas de la subjectivité personnelle.

11. L'énonciation des règles de la vie sociale par la société elle-même provoque aussi la naissance de la science moderne qui élabore des stratégies dont le but est également de découvrir des faits indépendants de la subjectivité personnelle.

12. Au niveau personnel, le débat public et ses doubles postulats de raison universelle et de détermination consensuelle de la vérité détermine un ensemble de comportements propres à la société moderne. L'être humain moderne doit en effet faire preuve de sincérité, doit se montrer prêt à s'incliner devant des arguments supérieurs, doit présumer l'autre aussi raisonnable que lui-même, doit constamment prouver en quoi il est justifié de prendre la parole, et doit constamment s'imaginer à la place de l'autre.

13. Ainsi, comme le montre la comparaison de la communication dans la société ancienne et la société moderne, la société ancienne se caractérise par la communication unidirectionnelle fortement hiérarchisée tandis que la société moderne se caractérise par la communication réciproque non hiérarchisée. La société ancienne fait dépendre la vérité du statut social tandis que la société moderne la fait dépendre du consensus.

LA MASSE ET LA SOCIÉTÉ MODERNE

INTRODUCTION

Comme nous l'avons vu au premier chapitre, les concentrations urbaines modernes trouvent leur origine lointaine dans le dépeuplement des campagnes au cours des 18e et 19e siècles. Or, ce phénomène de dépeuplement a lui-même provoqué un certain nombre de théories et de réflexions tendant à l'expliquer et à en tirer les conséquences. On constate d'ailleurs qu'avec ce déplacement démographique, la société se met à *théoriser la masse*. En d'autres mots, la société moderne donne à la masse un statut social, intellectuel, théorique, etc., qu'elle n'avait pas auparavant. C'est-à-dire que la façon de comprendre la masse se transforme.

Quelques exemples peuvent illustrer nos propos. D'abord, la masse, au sens d'une agglomération humaine, a sans doute toujours existé. Cependant, la masse ancienne n'est pas la masse moderne. Songeons au récit biblique du recensement ordonné par le roi Hérode. Dans une certaine mesure, ce récit montre bien que les États et leurs gouvernants se sont toujours intéressés à la masse ou du moins au dénombrement de ceux qui tombaient sous leur pouvoir. Toutefois, quel est le statut de cette masse ancienne?

Cette masse est simplement un nombre, une agglomération plus ou moins mouvante de personnes anonymes. Cette masse n'enrichit pas, ne défend pas et ne glorifie pas l'État. Au contraire, l'État tire sa gloire du roi et de ses conquêtes militaires, et se contente à la limite d'exploiter la masse. Cette masse n'est pas l'objet d'une préoccupation et d'une attention constantes et humanitaires. Ainsi, l'État ancien ne lui prodigue pas soins et conseils, ne s'intéresse pas à sa santé, sa longévité ou son bien-être. Par ailleurs, cette masse n'est pas représentée par l'État et n'autorise pas l'État par le vote ou le consentement. L'État fonctionne et existe malgré elle. La masse ancienne est, à la limite, un problème politique qu'il s'agit de régler le plus expéditivement possible, comme en témoigne le récit du recensement biblique.

La masse moderne, cependant, a un tout autre aspect. Elle est le sujet politique de l'État moderne. C'est d'elle et de son expression que l'État moderne tire sa légitimité. Elle est aussi la première force productive de l'État ainsi que l'objet d'une panoplie de savoirs et de services spécialisés : services sociaux, sondages, projets d'urbanisme, discours publicitaire, et ainsi de suite. En d'autres mots, on réfléchit la masse non plus comme simple nombre mais comme entité douée de qualités propres.

La transformation de la masse ignare ancienne en sujet politique moderne désigne une mutation radicale des sociétés occidentales. Les sociétés modernes se mettront à observer, à mesurer et à étudier la masse. On tentera de la comprendre, de la situer, de la façonner, d'en prédire les tendances et d'en expliquer les fondements. Bref, les sociétés modernes se mettront à *théoriser la masse*. Cependant, cette nouvelle activité théorique, cet intérêt soudain pour la masse constituent aussi un changement d'optique majeur de la vie intellectuelle des sociétés occidentales.

Par exemple, jusqu'à tout récemment, les auteurs, penseurs, philosophes, etc., se penchaient sur la vie des *grands* hommes : rois, aristocrates, guerriers célèbres, etc. C'étaient les grands qui faisaient l'histoire. La vie des autres, de la vaste majorité de la population d'origine humble ou non distinguée, restait dans l'ombre. On n'y réfléchissait pas et on n'en parlait guère.

Or, de façon relativement subite avec l'émergence de la masse moderne, c'est la vie de l'homme de tous les jours qui fait désormais l'objet du discours savant. La masse se profile subitement à l'horizon du savoir moderne comme un objet vital, passionnant et essentiel. L'homme ordinaire, humble, sans distinction sort subitement de l'ombre et se met à occuper l'espace central de la réflexion intellectuelle. Les discours et les savoirs sur la masse prolifèrent : sociologie, anthropologie, psychologie, ethnologie, criminologie, pathologie. Bref, c'est la naissance des sciences humaines et sociales, des sciences dites de l'*Homme*.

Pourquoi donc cet intérêt soudain pour l'Homme et la vie de tous les jours? Outre le déplacement démographique déjà

signalé, on peut en faire remonter les raisons aux facteurs principaux suivants :
- les théories économiques des 18ᵉ et 19ᵉ siècles,
- les nouvelles formes d'organisation sociale,
- l'émergence de l'État-nation,
- le rôle des sciences sociales.

Nous ne devons pas nous étendre trop longuement sur chacun de ces facteurs mais nous pouvons néanmoins relever les éléments qui suivent.

LES THÉORIES ÉCONOMIQUES

Au 18ᵉ siècle, les théories économiques s'intéressent à la richesse de la terre et donc, par extension, à ceux qui font fructifier la terre. On s'intéresse donc pour la première fois au nombre de paysans, à leur production globale et moyenne, à leurs techniques d'exploitation, etc. L'intérêt pour la richesse de l'État stimula donc l'étude de la population. Subitement, la masse n'est plus une simple agglomération mais une force productive d'une valeur plus grande qu'elle-même.

Mais le capitalisme ajoute une idée inédite aux théories économiques du 18ᵉ siècle. Il affirme que le but de l'échange économique n'est pas seulement la richesse de l'État mais aussi le *bonheur humain*. Ainsi, l'échange économique commence à englober le bonheur et les modes de vie. C'est donc une nouvelle façon de concevoir la masse. Elle n'est plus désormais simple force productive mais aussi force de consommation et sujet de satisfactions. Les capitalistes s'intéressent évidemment au développement des forces productives industrielles. Cependant, leur développement exige la concentration croissante des ouvriers (prolétaires) et du capital. Ces concentrations deviennent, entre autres, les grandes usines de la « révolution industrielle ».

Toutefois, la concentration du travail et du capital exige à son tour une planification et une rationalisation accrue du travail.

Le capitalisme institue donc des procédés économiques scientifiques, des mesures démographiques, et ainsi de suite, dont le but est de surveiller la masse afin d'intensifier sa capacité productive.

La masse n'est donc plus simplement force productive et sujet de satisfactions. Elle devient aussi objet d'un savoir scientifique nouveau dont les grands exemples sont la sociologie, l'anthropologie, la criminologie, etc.

Finalement, le marxisme s'intéresse aussi aux forces productives. Toutefois, le bonheur marxiste ne réside plus dans l'intensification des échanges et de la production mais dans l'émancipation des ouvriers. Pour cette raison, le marxisme a développé le thème des masses triomphantes et le socialisme lui-même est impensable sans le concept préalable de la masse.

Mais ce qu'il faut retenir à travers ces théories économiques, au-delà de leurs évidentes divergences, c'est l'idée que l'économie s'intéresse de plus en plus à l'ensemble d'une nation, à un État tout entier, et donc à tous ceux qui en font partie. Les théories économiques produisent donc la masse sous forme de force productive, de force de consommation et de force de libération[1].

LES NOUVELLES FORMES D'ORGANISATION SOCIALE

Les nouvelles formes d'échange économique que les théories économiques tentaient de saisir ont évidemment engendré de nouvelles formes d'organisation sociale. Or, ces nouvelles formes

---

1. Il est à noter qu'à la même époque, Malthus applique les concepts économiques à l'expansion démographique et à la production alimentaire et parvient à démontrer que nous serons bientôt trop nombreux et que nous mourrons tous de faim. Il est donc le premier à prôner le contrôle des naissances au nom de la survie de l'espèce. L'élément important de la théorie malthusienne réside cependant dans le fait que son raisonnement est entièrement fondé sur l'appréhension de la masse moderne en tant qu'entité *active*.

d'organisation sociale présupposaient aussi la masse en tant qu'entité productive.

La *syndicalisation*, par exemple, est un regroupement de masse qui montre bien que les ouvriers commencent aussi à se penser eux-mêmes en tant que masse. Ils adoptent des formes d'organisation *massives*.

La *culture de masse* est aussi une forme d'organisation sociale fondée sur la masse. La grande presse, les romans à succès, les grands magasins, le cinéma, les biens de consommation fabriqués en série constituent un ensemble d'industries qui pensent la masse en tant que *clientèle*, c'est-à-dire en tant que force de consommation traversée par des désirs de plus en plus personnalisés et spécialisés.

Le grand journal tiré à un million d'exemplaires est évidemment une transposition pure et simple du concept de masse aux procédés de production. Mais ce journal dépend inéluctablement de la masse pour sa survie. Il en va de même des grands magasins. Ils ont besoin d'être très fréquentés pour amortir leurs coûts d'exploitation. D'ailleurs, on ne songerait jamais à concentrer toutes ces denrées en un seul endroit si on n'avait pas la conviction qu'un grand nombre de personnes se rendrait les acheter.

Les installations requises pour la fabrication en série dépendent aussi de la masse afin de se rentabiliser. Certains biens culturels comme le cinéma exigent, d'un côté, une forte concentration de capital et, de l'autre côté, une forte concentration de spectateurs. Ils présupposent donc la masse autant qu'ils l'induisent.

Les nouvelles formes d'organisation sociale sont le reflet parfait du rôle de la masse moderne. Ces formes d'organisation présupposent la masse, tentent de lui donner une forme, réfléchissent son rôle politique et social, la constituent en force de consommation et en font l'objet d'un savoir démographique spécifique dont le but est de connaître quels biens de consommation l'intéresseront.

L'ÉMERGENCE DE L'ÉTAT-NATION

État-nation est le nom qu'on donne aux États modernes. Cet État, qui naît essentiellement avec la Révolution française dépend intimement de la masse puisque c'est d'elle qu'il tire sa légitimité politique. La masse, sous les traits du Peuple ou de la Nation, devient donc la préoccupation constante du nouvel État. À cette fin, l'État-nation moderne adopte aussi le raisonnement démographique des nouvelles formes d'organisation sociale en instituant de grands projets d'équipements publics.

Par exemple, l'hygiène publique, dont le but est d'améliorer les conditions de vie de la masse, et donc de renforcer l'État, devient un des grands projets des États modernes qui implantent des systèmes d'égouts dans toutes les grandes villes et qui se chargent de plus en plus de la santé de leurs citoyens.

L'État implante aussi des hôpitaux, des métros, des opéras, des théâtres et des musées nationaux, etc. Ainsi, le bien-être, la culture et la qualité de la vie deviennent des préoccupations étatiques. Bien entendu, une nouvelle conception de la masse moderne se profile derrière ces projets. Elle est désormais bien plus qu'un problème politique. Elle est la force vive de la nation que l'État doit protéger et glorifier. Les guerres mêmes cessent d'être des luttes entre militaires seuls sur un champ de bataille et envahissent les villes. Subitement, les populations civiles deviennent le support essentiel et l'enjeu principal des luttes militaires modernes.

Dans cette conjoncture, l'armée, l'école et la prison acquièrent une importance qu'elles n'avaient pas auparavant. Elles deviennent des lieux privilégiés pour la mise à l'épreuve de diverses techniques d'encadrement de clientèles proprement massives (obéissance aux ordres, intériorisation des normes, respect de l'autorité et de l'État, etc.).

L'État aussi se met donc à penser la masse. D'ailleurs, après les révolutions américaine (1776) et française (1789), le « Peuple » joue un rôle subitement accru dans l'imaginaire politique. Le peuple devient l'objet de l'État, l'entité qu'il encadre, qu'il forme, qu'il instruit, qu'il nourrit, qu'il assujettit et qu'il choie.

L'État-nation institue donc l'universalité de l'éducation dont le but est précisément de fabriquer des citoyens qui partagent une langue et une histoire communes. L'État-nation délimite de plus en plus clairement son territoire et cherche même à l'étendre outre-mer afin de se donner une aire économique et géographique commune. L'État-nation soumet de plus en plus l'ensemble de sa population à des organisations et une administration communes. Ce fut d'ailleurs l'oeuvre principale de la Révolution française que de centraliser l'administration et de soumettre tous les Français aux mêmes lois, aux mêmes mesures et aux mêmes conditions de vie. L'État fut un puissant rassembleur de la nation et de la masse.

LE RÔLE DES SCIENCES SOCIALES

On voit donc que pour un grand nombre de facteurs liés à l'économie, aux nouvelles formes d'organisation sociale et à l'émergence de l'État-nation, la masse moderne surgit des ténèbres de l'histoire et se met à occuper l'espace central de la vie politique et intellectuelle.

L'appréhension de la masse en tant que force productive d'abord, puis en tant que force de consommation et d'objet de savoirs spécifiques, détourne l'attention des penseurs de la vie des grands hommes et concentre leurs énergies sur la vie et les conditions d'existence de tous les jours.

C'est ce niveau très quotidien qui constitue l'objet des efforts de l'État-nation, par exemple, lorsqu'il tente d'améliorer la santé de ses citoyens. Bref, la vie de l'Homme de tous les jours devient l'enjeu politique majeur de la société moderne.

Au 19e siècle, les sciences sociales naissantes se mirent aussi à penser le concept de masse en lui donnant les noms de *race* et de *foule*. Ces concepts sont, bien sûr, à l'origine du racisme moderne mais il existait dans la deuxième moitié du 19e et la première moitié du 20ᵉ siècle une école d'écrivains dits *racistes*[2] assez respectable en Europe.

Les racistes se trouvaient dans des domaines aussi variés que l'anthropologie (Heckl), la criminologie (Lombroso), la sociologie (Chamberlain). Ils furent parmi les premiers à tenter une réflexion systématique sur le rôle et la nature de la masse moderne. Nous nous intéressons donc à leurs écrits dans la mesure où ils ont une valeur historique sans pour autant souscrire au contenu ou à la forme de leur pensée.

On peut donc dire que certaines théories économiques produisent la masse en tant que catégorie conceptuelle nécessaire. Certaines industries produisent la masse en tant que ressort économique. L'État produit la masse en tant qu'objet de son activité. Et la science sociale naissante produit également la masse dans des contextes aussi variés que la criminologie et l'anthropologie.

GUSTAVE LE BON OU LES ORIGINES HONTEUSES DE LA COMMUNICATION

Un des représentants les plus typiques et les plus connus de la théorisation primitive de la masse est Gustave Le Bon (1841-1931). La spécificité de la pensée Le Bon est double. D'abord, il fut l'un des premiers à faire de la masse (ou foule) moderne l'objet spécifique de sa réflexion intellectuelle et en dégagea un certain nombre de traits qui nous paraissent encore raisonnables et vraisemblables. Cependant, on retrouve également chez lui toutes les manifestations du racisme officiel et de l'intolérance sociale typiques de son époque, car Le Bon fait dépendre l'intelligence des foules de la race de ceux qui la

---

2. Le racisme n'a pas encore la connotation péjorative que nous lui attribuons. Il signifie d'abord que l'on réfléchit au problème de la race. Bien entendu, la nature de ces réflexion est tellement empreinte de préjugés et de présupposés invérifiables qu'elle donne au terme raciste son sens contemporain.

composent et dénonce particulièrement les foules de gauche à cause du primitivisme de leurs pensées et de leurs désirs.

Selon Le Bon (1975), nous sommes désormais entrés dans « l'ère des foules » :

> *Alors que nos antiques croyances chancellent et disparaissent, que les vieilles colonnes des sociétés s'effondrent tour à tour, l'action des foules est l'unique force que rien ne menace et dont le prestige grandisse toujours. L'âge où nous entrons sera véritablement l'ère des foules.* (p. 38)

La foule qui l'intéresse n'est toutefois pas la simple agglomération de corps humains. Au contraire, Le Bon s'intéresse à ce qu'il appelle la foule « psychologique » :

> *Dans certaines circonstances données, et seulement dans ces circonstances, une agglomération d'hommes possède des caractères nouveaux forts différents de ceux de chaque individu qui la compose. La personnalité consciente s'évanouit, les sentiments et les idées de toutes les unités sont orientés dans une même direction. Il se forme une âme collective, transitoire sans doute, mais présentant des caractères très nets. La collectivité devient alors ce que, faute d'une expression meilleure, j'appellerai une foule organisée, ou, si l'on préfère, une foule psychologique.* (p. 47)

Or, pour qu'il y ait foule psychologique, il n'est pas nécessaire que ceux qui la composent soient tous réunis en un seul endroit : « Des milliers d'individus séparés peuvent à un moment donné [...] acquérir les caractères d'une foule psychologique » (p. 48). Il n'est pas nécessaire non plus que la foule soit nombreuse : « À certaines heures de l'histoire, une demi-douzaine d'hommes peuvent constituer une foule psychologique, tandis que des centaines d'individus réunis accidentellement pourront ne pas la constituer » (p. 48).

Or, toutes les foules psychologiques sont gouvernées par ce que Le Bon appelle une *loi psychologique de l'unité mentale des foules*.

Le Bon cherche à désigner par ce terme le fait que les individus en foule semblent souvent perdre leur identité propre et adopter spontanément des buts, des attitudes et des croyances communs auxquels normalement ils n'adhéreraient pas et qui peuvent même s'opposer à leurs intérêts réels.

La foule semble capable de provoquer « l'évanouissement de la personnalité consciente et l'orientation des sentiments et des pensées dans un même sens » (p. 48). La foule impose donc une mentalité commune, elle crée l'unité mentale chez ceux qui la composent.

Or, quels sont les traits distinctifs de l'unité mentale des foules? Le Bon énumère cinq ensembles de caractères propres aux foules.

1. *L'impulsivité, la mobilité et l'irritabilité* : Les actes des foules « sont beaucoup plus sous l'influence de la moelle épinière que sous celle du cerveau » (p. 57). La foule est livrée tout entière à ses instincts, ce qui la rend impulsive, mobile et irritable. Le Bon donne quelques exemples tirés de son époque mais nous pouvons songer à l'impulsivité et l'irritabilité d'une foule de spectateurs lors d'un match sportif.

2. *La suggestibilité et la crédibilité* : La foule, affirme Le Bon, est prête à croire n'importe quoi. La première suggestion s'impose comme une vérité évidente à tous les esprits : « La première suggestion formulée s'impose immédiatement par contagion à tous les cerveaux, et établit aussitôt l'orientation. » (p. 59). Cela se produit précisément parce que la foule se laisse gouverner par ses instincts. Il suffit d'imaginer, pour bien comprendre le sens de ce caractère, la facilité avec laquelle un orateur efficace peut diriger les actions d'une foule. La foule se laisse saisir par la force des paroles et leur succombe totalement.

3. *L'exagération et le simplisme* : Les foules ne se caractérisent pas par leur jugement ou leur discernement : « Comme les femmes, elles vont tout de suite aux extrêmes. Le soupçon énoncé se transforme aussitôt en évidence indiscutable » (p. 67). Sans partager les préjugés de l'auteur à l'endroit de la psychologie des femmes, songeons néanmoins à la spontanéité et à la simplicité des réactions d'une foule de spectateurs de catch. Immédiatement, la foule désigne les bons et les méchants et immédiatement elle leur voue une haine ou un amour inconditionnels.

4. *L'intolérance, l'autoritarisme et le conservatisme* : Les foules ne font guère de distinctions : « Ne gardant aucun doute sur

ce qu'elle croit vérité ou erreur et possédant, d'autre part, la notion de sa force, la foule est aussi autoritaire qu'intolérante » (p. 69). Le Bon affirme que les foules aiment dominer et être dominées par un chef autoritaire et qu'elles recréent sans cesse la même domination. L'exemple le plus frappant de ces caractères se trouve sans doute pour nous dans la foule hitlérienne.

5. *La moralité dégradée* : Finalement, Le Bon accuse les foules d'avoir une moralité dégradée : « Si nous attachons au mot moralité le sens de respect constant de certaines conventions sociales et de répression permanente des impulsions égoïstes, il est bien évident que les foules sont trop impulsives et trop mobiles pour être susceptibles de moralité » (p. 72). Cette dégradation morale s'ensuit logiquement de l'impulsivité et de l'inintelligence des foules et Le Bon pense particulièrement aux foules meurtrières et criminelles : « La foule écharpant lentement une victime sans défense [...] » (p. 72). À notre époque, nous en retrouvons peut-être l'exemple dans la foule qui assiste à une agression contre une victime sans intervenir.

LA RACE

Quelle que soit la validité des observations de Le Bon, il faut constamment se rappeler que dans tous les cas, il ramène les caractères de la foule à ce qu'il appelle *la race*. Ce concept est extrêmement nébuleux pour nous. Disons que par « la race » Le Bon entend un mélange d'origine ethnique, de traits anthropologiques comme la couleur de la peau et d'origine sociale. Bien entendu, ces traits n'ont rien à voir les uns avec les autres et ne déterminent certainement pas la moralité ou l'impulsivité d'une foule. Néanmoins, ce genre de théorie était très commun à l'époque de Le Bon et lui permet d'établir des ressemblances entre les « foules criminelles » composées de personnes d'origine ouvrière et les êtres dits « inférieurs » dont la peau n'est généralement pas blanche. C'est pour cette raison très précisément qu'on dit de Le Bon et de ses collègues qu'ils sont des penseurs « racistes » : ils font de la « race » l'élément essentiel de leur réflexion.

Par exemple, Le Bon affirme que la foule se compose toujours « sur le fonds invariable et dominant de la race » (p. 49). Ou encore : « C'est surtout par les éléments inconscients composant l'âme d'une race, que se ressemblent tous les individus de cette race » (p. 51). Et encore : « Dans l'irritabilité des foules, leur impulsivité et leur mobilité, ainsi que dans tous les sentiments populaires que nous aurons à étudier, interviennent toujours les caractères fondamentaux de la race » (p. 58).

Pour Le Bon, la race constitue donc la catégorie principale de sa pensée. La race permet de savoir si les foules seront tempérées ou sauvages, volages ou déterminées, etc. Par ailleurs, comme nous l'avons vu, Le Bon associe ces mêmes traits à la féminité et à l'inconscient. Or, nous pouvons sur cette base adresser plusieurs critiques à Le Bon.

CRITIQUE DE LA MASSE CHEZ GUSTAVE LE BON

D'abord, le critère de race est inadmissible, pas parce que nous répugnons à penser en ces termes mais parce qu'il ne dispose d'aucune validité scientifique. La race définie comme l'intersection de l'origine ethnique, de l'origine sociale et de l'origine anthropologique relève du fantasme racial d'une époque et non de la science. En outre, vouloir faire dépendre le comportement des foules d'un critère aussi flou relève d'un exercice de pure spéculation.

Ensuite, rappelons que pour Le Bon tout regroupement humain depuis une demi-douzaine de jurés jusqu'à un rassemblement de millions de personnes peut constituer une foule. Or, cette catégorisation n'offre aucun critère de discrimination. Par exemple, les foules d'une demi-douzaine agiront-elles de la même façon que les foules d'un million? Pouvons-nous légitimement attendre des comportements identiques des deux ordres de foules? Devons-nous leur porter la même attention? En d'autres mots, le concept même de foule n'est pas très manipulable ou discriminant. Il n'ouvre pas sur des applications très utiles alors même que c'est sa fonction.

Par ailleurs, si l'on considère la loi de l'unité mentale elle-même, on s'aperçoit que Le Bon n'y inscrit que des traits purement « psychologiques ». Cela veut dire que devant un comportement quelconque, Le Bon lui attribue une causalité « psychologique ». Par exemple, si un homme en tue un autre, Le Bon cherchera l'explication uniquement dans la psychologie du tueur. Il n'envisage pas que des conditions sociales telles que la pauvreté, la faim, le statut, la nécessité, etc., puissent engendrer des comportements. Or, cette réduction du comportement à la seule psychologie s'appelle le *psychologisme*. L'exclusion de facteurs non psychologiques appauvrit l'analyse et peut conduire à la recherche d'explications inexistantes. Malheureusement, nous allons retrouver le psychologisme dans de nombreux modèles communicationnels.

En outre, on peut aisément déduire de certaines des affirmations de Le Bon qu'il est nettement anti-socialiste et que sa théorie est visiblement dirigée vers la défense des privilèges de sa classe sociale. Par exemple, Le Bon affirme :

> [...] l'avènement des classes populaires à la vie politique, leur transformation progressive en classes dirigeantes, est une des caractéristiques les plus saillantes de notre époque [...]. Elles fondent des syndicats devant lesquels tous les pouvoirs capitulent [...]. Elles envoient dans les assemblées gouvernementales des représentants dépouillés de toute initiative, de toute indépendance, et réduits le plus souvent à n'être que les porte-parole des comités qui les ont choisis. (p. 38-39)

Ou encore, il affirme :

> Jusqu'ici les grandes destructions de civilisations vieillies ont constitué le rôle le plus clair des foules. L'histoire enseigne qu'au moment où les forces morales, armature d'une société, ont perdu leur action, la dissolution finale est effectuée par ces multitudes inconscientes et brutales justement qualifiées de barbares. Les civilisations ont été créées et guidées jusqu'ici par une petite aristocratie intellectuelle, jamais par les foules. Ces dernières n'ont de puissance que pour détruire. (p. 40)

On ne saurait douter après de telles affirmations que Le Bon condamne les classes ouvrières qu'il juge inaptes à se gouverner et défend les intérêts d'une « petite aristocratie ». Nous pouvons donc douter du désintéressement et du caractère purement scientifique de sa théorie.

Néanmoins, l'influence de Le Bon n'est pas négligeable. Le portrait qu'il brosse de la foule moderne est repris dans de nombreuses théories communicationnelles. Par exemple, nous imaginons aisément que les téléspectateurs modernes constituent une foule ignorante, passive et crédule qui est la réplique exacte de l'image qu'en dressait Le Bon. Nous n'attribuons plus ces caractères à la race mais nous les reprenons tous sans exception.

Par ailleurs, certains phénomènes de foule semblent se conformer exactement aux descriptions de Le Bon. Confrontés, par exemple, au totalitarisme, nous sommes obligés de reconnaître que Le Bon a bel et bien décrit un comportement vérifiable; il suffit de songer au nazisme. Il est vrai que certaines foules agissent avec simplisme et qu'elles se soient soumises à des dictateurs. Il est vrai qu'en groupe on se sente invulnérable ou plus puissant. Il est vrai que des foules peuvent se transformer en bandes de maraudeurs.

Le problème est que ces comportements ne relèvent pas uniquement de la psychologie raciale des foules. Le problème est que toutes les foules ne sont pas sauvages et insensées. Si nous acceptons la définition de Le Bon, alors nous acceptons aussi que les manifestations massives contre les gouvernements, par exemple, relèvent de la sauvagerie et non de l'esprit démocratique.

Le Bon a donc forgé une image indélébile de la foule moderne avec laquelle toutes les théories à venir auront à composer. Cependant, si la théorie de Le Bon est critiquable à cause de ses présupposés, il nous faudra également soupçonner que nos propres présupposés spontanés quant aux foules modernes sont aussi critiquables. Nous aurons donc à interroger constamment nos présupposés.

Dans la société moderne, cependant, la foule ne se donne pas seulement sous les traits de l'agglomération humaine concrète. Il y a des foules plus imaginaires et plus dispersées comme celles, par exemple, que rassemblent les médias. En effet, pour nous, le concept de foule est à toutes fins utiles indissociable du concept de médias. Examinons donc maintenant ce deuxième concept.

LES MÉDIAS

Les médias apparaissent aussi dans la conjoncture sociale caractérisée par l'émergence de la masse ou foule moderne. Les médias sont spontanément associés à la foule (d'où le terme médias *de masse*) et on leur attribue volontiers tous les traits qui feraient de la masse une foule passive, manipulée et inintelligente. En d'autres mots, puisqu'on avait déjà imaginé que la foule était aliénée, il fallait ensuite trouver la cause de cette aliénation, quelque chose qui aurait pu la provoquer. Pour plusieurs chercheurs, donc, les médias jouent le rôle d'instigateurs.

On dit donc des médias qu'ils sont puissants, manipulateurs et omniprésents. Qu'en est-il vraiment?

1. Industrie

Les médias sont d'abord des industries. Qu'il s'agisse de la presse, du cinéma, de la télévision, de la radio, de l'édition, etc., ce sont tous des industries qui exigent une forte concentration de capital.

Les conditions de création artistique de ces industries ne sont donc pas celles de l'art classique. Ainsi, dans les médias modernes nous sommes rarement confrontés à la figure mythique du poète solitaire cherchant héroïquement à exprimer son intériorité. Il ne s'agit pas de savoir si la perte de cette figure mythique est bonne ou mauvaise mais simplement de constater les conditions de production moderne.

La concentration industrielle du capital entraîne aussi certaines conséquences quant aux calculs démographiques et à la rentabilité. En tant qu'industries, les médias érigent aussi des barrières d'accès. C'est-à-dire que ne fonde pas une compagnie de cinéma qui le veut. Il faut un minimum de capital, de compétence administrative et de savoir technique; et pour concurrencer les grands studios sur leur propre terrain, il faut énormément de capital, de compétence et de savoir. Les exigences de capital, de compétence administrative et de savoir technique réservent donc l'accès aux médias à une infime minorité.

2. Diffusion

Les médias modernes sont également des médias de *diffusion*. C'est-à-dire qu'à partir d'un point central ils rejoignent un grand nombre de personnes plus ou moins simultanément. La radio et la télévision sont les exemples-types de la diffusion. Mais le journal, le cinéma, le roman, le disque, etc., sont également conçus en fonction du modèle de diffusion car à partir d'un point central (imprimerie, distributeur, studio, etc.), ces médias tentent de rejoindre aussi simultanément que possible un grand nombre de personnes. Ainsi, le journal sera livré chez tous les abonnés à la même heure. Un film sort dans toutes les villes à la même date. Un roman ou un disque sont « diffusés » sur tout un territoire afin d'atteindre tous les clients simultanément.

Le modèle de la diffusion, par contre, exclut la réciprocité communicative. Par exemple, nous ne pouvons pas contribuer au déroulement d'une émission télévisée ou au contenu d'un roman. Afin d'atteindre tout le monde, l'objet doit être achevé et livrable sous cette forme. Les médias modernes sont donc essentiellement des moyens de communication à sens unique : du centre vers la périphérie.

3. Dépendance sur la masse

En tant qu'industries de diffusion, les médias modernes dépendent de la masse. Il faut aux médias modernes une clientèle aussi grande et stable que possible afin d'amortir leurs investissements. Le cinéma en est un très bon exemple. Sans un public massif, les films de grand spectacle deviendraient trop onéreux et donc impossibles. Le cinéma dépend par conséquent de la masse afin de survivre sous sa forme actuelle.

Cependant, les médias sont constamment obligés de surveiller le public afin de connaître sa taille et sa fidélité. Si l'une ou l'autre varie, les revenus des médias varient aussi. Les médias ont donc développé une panoplie de stratégies qui permettent de mesurer, de vérifier, de sonder les goûts et dégoûts, les préférences, les tendances, etc., du public. Les stratégies les plus connues sont évidemment le sondage, la cote d'écoute et tout ce que l'on appelle recherche démographique. Mais les médias vont encore plus loin. Ils tentent de proposer au public un contenu qui soit aussi séduisant que possible. On propose au public des vedettes et des histoires osées. On propose des informations souvent spectaculaires autant que des distractions. On propose à l'intérieur de chaque média une gamme de choix suffisamment vaste pour attirer le plus grand nombre d'utilisateurs[3]. Bref, les médias tentent de cajoler le public, de l'inciter à consommer un média.

La dépendance des médias vis-à-vis de la masse signifie que les médias cajolent le public bien plus qu'ils ne l'assomment.

4. Concurrence relative

Il faut aussi reconnaître que, dans le monde occidental, les médias évoluent dans une situation de concurrence relative. Tous les médias se font concurrence entre eux (exemple : les journaux affrontent la télévision) mais il existe aussi plusieurs médias de chaque sorte (exemple : tous les journaux et toutes les chaînes de télévision se font aussi concurrence). Néanmoins, la concurrence demeure relative. Les médias sont protégés par des règlements gouvernementaux qui interdisent, par exemple,

---

3. Le journal est l'exemple typique de cette stratégie car il contient des pages ou des cahiers susceptibles d'intéresser toutes les catégories de lecteurs. La grille-horaire de la télévision fonctionne sur le même principe. On offre des contenus relativement variés afin d'attirer un grand nombre de clientèles plus ou moins spécialisées. La variation des contenus est généralement fonction de l'importance des investissements de départ.

à d'autres de se lancer dans le même domaine. La gamme d'opinions reste relativement centriste. Tous les grands médias sont voués sans exception à la promotion de la consommation. Bref, malgré la multiplicité des sources médiatiques, il faut constater un fort consensus quant aux contenus et aux opinions recevables.

5. Nation-Consommateurs

Puisque les médias ont besoin de rejoindre un grand nombre de personnes afin d'assurer leur propre survie économique et puisqu'ils ont la caractéristique de rejoindre tout le monde simultanément, ils permettent aussi de relier des groupes disparates. Les médias modernes peuvent donc servir à réunir une masse de personnes pour des fins politiques, économiques, religieuses, etc.

Par ailleurs, en étant la seule instance sociale capable d'agir simultanément sur l'ensemble d'un territoire, les médias en viennent à s'imposer comme sources uniques d'un savoir commun extensible à l'ensemble d'un État. Ils sont donc devenus le lieu privilégié de la transmission des *savoirs officiels*. Quand les gouvernements prennent des décisions ou que les chefs d'État veulent s'adresser aux citoyens, ils empruntent le moyen des médias modernes. Quand les grands intérêts économiques veulent nous informer de leur dernière trouvaille, ils ont recours aux médias modernes.

D'ailleurs, dans les sociétés modernes, les médias de masse servent essentiellement ces deux fins :

– la constitution et le maintien de l'unité politique de l'État,

– la constitution de l'État en aire économique.

6. Centralisme-Privatisme

Finalement, il faut reconnaître que les médias modernes jouent un rôle contradictoire de renforcement du centralisme et du privatisme.

D'un côté, en tant que moyens de diffusion collective, les médias nous rattachent certainement aux centres politiques et économiques et permettent à ces centres de nous rejoindre tous individuellement et simultanément. Aussi, en tant que sources uniques du savoir commun, les médias font dépendre nos vies des décisions prises par d'autres puisque notre savoir est lui-même de plus en plus tributaire du savoir diffusé par le centre.

Par contre, les médias renforcent aussi la vie privée. La télévision, la radio, le journal nous permettent de construire des enclaves de vie privée à l'abri des aléas du monde extérieur, des enclaves où il nous est précisément possible de développer des qualités proprement personnelles. Les médias rendent nos vies plus agréables. Ils sont d'ailleurs conçus non pas pour la consommation collective mais privée. Chacun a la télévision, le journal ou la radio chez soi. Notre vie familiale ou privée en est par là même enrichie. Nous ne sommes pas obligés de frayer avec l'extérieur si nous ne le souhaitons pas. Notre niveau de vie en est considérablement rehaussé. En d'autres mots, les médias modernes contribuent à enrichir notre vie privée matériellement et intellectuellement. Ils permettent de développer une vie familiale ou affective très intense à l'abri des intempéries du monde extérieur.

Le rôle est donc contradictoire : les médias modernes accroissent notre dépendance vis-à-vis des centres économiques et politiques et ils enrichissent notre vie privée.

RAPPEL

1. Les masses en tant que simples agglomérations humaines ont toujours existé. La société moderne, cependant, fait de la masse une préoccupation majeure sous quatre grandes figures qui lui sont propres :
    - la masse en tant que force productive,
    - la masse en tant qu'assise économique indispensable,
    - la masse en tant que source de légitimation politique,
    - la masse en tant qu'objet de savoir.

2. Chacune de ces figures a une origine et une histoire propres et leur enchevêtrement est fort complexe. Néanmoins, nous pouvons les délimiter de la façon suivante.

3. La masse en tant que *force productive* émerge d'abord dans les théories économiques remontant environ jusqu'au 18ᵉ siècle. Les théories économiques sont appelées à considérer la masse parce qu'avec la disparition de la transcendance divine et l'apparition du capitalisme on ne se contente plus simplement de comptabiliser la propriété terrienne mais on s'intéresse aussi à ceux qui transforment et font fructifier la terre : les paysans perçus comme force productive.

4. La masse en tant qu'*assise économique* indispensable émerge avec les nouvelles formes d'organisation, de culture et de consommation propres à la société moderne. En effet, les syndicats et les partis politiques, les industries de la culture et de la consommation, les grands magasins, etc., présupposent tous l'existence d'une ou de plusieurs masses. Ces masses en sont les membres, la raison d'être et la condition de survie.

5. La masse en tant que *source de légitimité politique* émerge avec la formation de l'État-nation qui tire son existence du consensus public. La masse devient donc l'acteur politique principal des sociétés modernes et les États modernes se voient contraints de la mettre en forme et de se préoccuper de ses conditions de vie.

6. La masse en tant qu'*objet de savoir* émerge avec les sciences sociales modernes qui, partant de la préoccupation étatique des conditions de vie, tentent d'analyser chaque aspect des conditions afin de former une bonne masse pour la société moderne.

7. Sous chacune de ces figures, la masse moderne n'est pas le simple nombre de la société ancienne. Elle est au contraire la figure principale des sociétés modernes dont elle occupe désormais l'avant-scène.

8. Or, parmi tous ceux qui ont réfléchi à la masse depuis l'avènement de la société moderne, l'un des plus intéressants pour nous est Gustave Le Bon.

9. L'importance de Le Bon tient au fait qu'il saisit la masse en tant qu'acteur principal et en donne une description extrêmement puissante qui hantera sans cesse les théories communicationnelles ultérieures.

10. Selon Le Bon, la masse moderne se caractérise par : a) son impulsivité, b) sa suggestibilité, c) son exagération, d) son intolérance et e) son immoralité.

11. La description de Le Bon est puissante et convaincante dans la mesure où il repère des traits et cerne des comportements que l'on retrouve réellement dans certaines masses.

12. Toutefois, la description de Le Bon pose problème parce que : a) il renvoie tous les traits à un concept nébuleux de race; b) son concept de foule est vague et manque de pouvoir discriminateur; c) il exclut tout élément explicatif non psychologique. Nous ne saurions donc logiquement accepter que les masses modernes, de toutes tailles, soient mues exclusivement par une âme raciale à l'exclusion de tout facteur social ou contextuel.

13. Or, en excluant les facteurs sociaux et contextuels, Le Bon se permet d'affirmer que toute forme de contestation sociale, toute forme d'organisation massive comme les syndicats, etc., relève d'un irrationalisme racial et ne possède aucune assise sociale valable.

14. La théorie de Le Bon serait sans importance si elle était morte avec lui. Cependant, nous constatons que cette façon d'envisager la masse moderne a la vie extrêmement longue et qu'elle reparaît sous diverses formes dans de nombreuses théories communicationnelles.

15. Elle reparaît plus particulièrement chaque fois que nous parlons des médias modernes que nous appelons aussi médias de masse.

16. En effet, nous supposons volontiers et sans preuves solides que les médias modernes sont responsables de la création d'une masse ignare telle que décrite par Le Bon.

17. Or, nous savons déjà que la description de Le Bon est irrecevable à plusieurs titres. En outre, si nous examinons attentivement les médias, nous constatons que leur fonctionnement et leurs assises sociales sont très complexes et que la théorie sommaire de Le Bon ne suffit pas à en rendre raison.

18. En effet, avant d'être puissants, manipulateurs ou omniprésents, les médias modernes se caractérisent par : a) leur organisation industrielle, b) l'adoption du modèle de diffusion, c) leur dépendance sur les masses, d) leur concurrence relative, e) leur disponibilité pour servir l'État et la grande entreprise, et f) leur tension complexe et contradictoire entre le centralisme et le privatisme.

19. Le rôle des médias est donc très contradictoire et il ne convient pas de le simplifier ou de le réduire en le confrontant à une théorie irrecevable de la masse.

20. Nous devons nous demander pourquoi la théorie de la masse de Le Bon est si tenace et pourquoi nous y recourons si volontiers en discutant des médias modernes.

DEUXIÈME

PARTIE

LES THÉORIES DOMINANTES

LA PROPAGANDE ET LA PUBLICITÉ : PHÉNOMÈNES DE LA COMMUNICATION MODERNE

INTRODUCTION

Nous avons examiné dans les chapitres précédents les présupposés fondamentaux à toute étude de la communication. La communication est un phénomène autant social que personnel. Il faut étudier non seulement les personnes qui en sont les sujets ou les objets mais aussi le contexte où elle se manifeste. Toute théorie élaborée de la communication alliera donc une théorie de l'organisation sociale (le contexte) avec une théorie de la subjectivité humaine (la personne). Il va sans dire que certaines théories communicationnelles insisteront davantage sur l'aspect social que psychologique ou vice versa.

Or, les premiers exemples de théorie proprement communicationnelle nous sont fournis par la propagande et la publicité. La spécificité de ces deux formes de communication est de dépendre des médias afin de rejoindre tout le monde simultanément. Elles soulèvent donc la problématique des médias, de la masse et de la simultanéité. On peut dire qu'elles mobilisent avec des moyens modernes la volonté de faire partager à tous une information commune, de reconstituer la communauté perdue. Mais non seulement dépendent-elles des médias modernes, mais elles sont aussi obligées, afin de réussir, de tenir compte de leurs contextes de manifestation et de réception. En d'autres mots, la propagande et la publicité ne fonctionneraient pas si elles n'imaginaient pas préalablement l'état d'esprit du public, si elles ne tentaient pas de prévoir la recevabilité de certains arguments. En cela aussi, en leur préoccupation avec la plausibilité ou la recevabilité du message, elles soulignent également leur modernité.

Nous allons maintenant étudier la propagande et la publicité sous les aspects suivants :
- l'histoire brève de leur émergence,
- ce qui en fait des phénomènes modernes,
- la théorie qu'elles suscitèrent.

Bien entendu, c'est le dernier aspect qui retiendra particulièrement notre attention.

L'ÉMERGENCE DE LA PROPAGANDE ET DE LA PUBLICITÉ

L'esprit moderne associe spontanément la propagande et la publicité à des tentatives de persuasion massive et, plus particulièrement, il associe la propagande à la persuasion *politique* et la publicité à la persuasion *économique*. Néanmoins, malgré la spécificité de leurs objectifs (persuasion politique *vs* persuasion économique), la propagande et la publicité partagent aussi de nombreuses ressemblances.

D'abord, la propagande et la publicité naissent, *sous leur forme moderne*, à la même époque (fin du 19ᵉ, début du 20ᵉ siècle) et essentiellement pour les mêmes raisons. Quelle est la raison de leur émergence?

De façon très simple, on peut affirmer que la propagande et la publicité sont des *stratégies de contact*. Cela veut dire qu'elles sont des moyens plus ou moins efficaces de rejoindre un vaste ensemble de personnes et de faire connaître une information. Peu importe que celle-ci soit vraie ou fausse, intéressée ou objective, le propre de la propagande et de la publicité est de rendre public, de *publiciser*. Ce sont donc des *stratégies de contact* qui permettent de rejoindre simultanément un vaste nombre de personnes et de les relier plus ou moins efficacement à un centre.

Cependant, la propagande et la publicité n'ont-elles pas toujours existé? Quelle serait donc leur spécificité à l'époque moderne? En d'autres mots, qu'est-ce qui distingue la propagande et la publicité modernes? D'ailleurs, on trouve, même dans les sociétés anciennes, des phénomènes analogues à la propagande et la publicité modernes mais ceux-ci n'étaient évidemment pas organisés comme leurs contreparties contemporaines. La distinction essentielle est que la propagande et la publicité anciennes n'étaient pas des industries faisant travailler des milliers de spécialistes. Qu'en était-il donc au juste?

Prenons comme exemple fictif le Moyen Âge européen. Dans presque toutes les sociétés anciennes ou traditionnelles, ceux qui ont un service relativement particulier à offrir, comme le boucher, le cordonnier ou le porteur d'eau, souhaitent évidemment faire connaître leur travail et sa qualité à tous leurs clients éventuels. Parallèlement, dans presque toutes les sociétés anciennes ou traditionnelles, dès que le pouvoir central atteint un certain niveau de développement, il cherche à faire connaître ses raisons et ses lois. On peut, toutefois, qualifier de primitives et de faible intensité ces premières formes de propagande et de publicité car le caractère même de la société traditionnelle s'y opposait. Pourquoi?

Comme nous l'avons déjà vu, les membres d'une société traditionnelle sont très proches les uns des autres. Ils se connaissent tous, personne n'a de préoccupations au-delà de celles du groupe, chacun se nourrit à même son propre jardin et n'a donc aucune expérience du monde extérieur, tout le monde évolue dans un cercle très restreint. Par ce fait même, tout le monde partage les mêmes activités, les mêmes intérêts, les mêmes goûts, les mêmes connaissances, et ainsi de suite. Il s'agit de communautés essentiellement locales et fermées (*Gemeinschaft*).

Ainsi, le boucher d'une société traditionnelle n'a pas besoin de publiciser ses services auprès de ses clients puisque ceux-ci le connaissent déjà et entretiennent avec lui des rapports de voisinage soutenus. En outre, en vertu du niveau de développement économique et technologique relativement faible, la plupart des habitants d'une société traditionnelle connaissent déjà plus ou moins bien la plupart des métiers. Ce sont des sociétés où tout le monde a l'occasion d'exercer les fonctions de chasseur, d'agriculteur, de cordonnier, de boucher, de couturier, etc. Ces fonctions ne sont pas très spécialisées.

En d'autres mots, ni le boucher ni le cordonnier ni le boulanger ni le couturier ne possèdent de savoir réellement poussé dont dépendrait la survie des autres membres de la communauté. Leurs fonctions ont nécessairement un caractère collectif puisque tout le monde s'y adonne dans une certaine mesure. Cela ne signifie pas que certaines tâches ne sont pas dévolues traditionnellement à certaines personnes ou à certaines castes. Cela signifie que le niveau de savoir spécialisé est plutôt limité. Il existe certes un niveau faible de spécialisation dans le monde ancien (exemple : on est boucher de père en fils, donc spécialisé à l'intérieur d'une même famille pour des raisons strictement traditionnelles) mais cette spécialisation ne dépend généralement pas, comme dans le monde moderne, de l'acquisition anonyme d'un savoir hautement codifié.

D'ailleurs, il suffit de comparer la rue principale d'un petit village européen ou québécois à la rue principale d'une métropole comme Montréal. À Montréal, tous les commerçants affichent dans toutes les couleurs. Le but est de rejoindre une masse anonyme qui, par définition, ne connaît aucun des commerçants. Dans le petit village, cependant, ce sont les commerces qui sont anonymes. Ils ne s'affichent pas parce qu'ils n'en ont pas besoin : tous les clients potentiels connaissent déjà le commerçant. L'anonymat de la métropole pousse à la publicité tandis que le voisinage du village pousse à l'anonymat.

Il en va de même de la propagande. Les gouvernements, les riches ou les puissants ont certes toujours voulu faire connaître leurs lois, leurs règles et leurs raisons, mais il faut reconnaître que, dans une société traditionnelle, les contacts du citoyen moyen avec le gouvernement n'étaient pas très fréquents. L'« infréquence » des contacts entre le gouvernement et le citoyen signifiait que le gouvernement ancien n'avait pas besoin de s'expliquer parce qu'il n'interagissait presque pas avec ses citoyens. Le seul gouvernement connu de la majorité des gens était local, un gouvernement de village par exemple, et celui-ci dépendait d'un consensus tout à fait local. En outre, les gouvernants, dirigeants ou notables locaux n'avaient pas besoin de propagande parce que leur autorité était incontestée.

Le paysan traditionnel n'avait aucune raison d'entrer en contact avec le gouvernement « national ». Il ne disposait pas du droit de vote, ne rencontrait jamais le roi ou les autres dirigeants, n'était pas appelé à donner son avis sur les grandes questions du jour. D'ailleurs, son monde, ses préoccupations et ses opinions se limitaient à sa localité avoisinante. L'État traditionnel ne cherchait donc pas à « encadrer » l'ensemble de la population, à gagner son assentiment ou à lui exposer ses raisons. L'action de l'État ancien était extrêmement limitée parce que le peuple, comme nous l'avons vu au chapitre 3, n'était pas encore devenu un élément essentiel de sa survie.

La propagande avait donc peu de sens dans un contexte où la vaste majorité de la population n'avait aucun contact avec l'État et ignorait à peu près tout de ses agissements. Ce n'est qu'à une époque beaucoup plus tardive, lorsque la population se met à jouer un rôle indispensable dans l'industrie, la consommation et la vie politique, que l'État se voit amené à encadrer la population, à exposer systématiquement ses raisons, à gagner l'assentiment du peuple, etc. Par ailleurs, l'encadrement du peuple prend plusieurs formes : les services sociaux, l'éducation universelle, l'assurance-santé, le service militaire, etc. Le but essentiel de l'encadrement est de soumettre tout le monde au même régime afin d'inculquer à tous les mêmes valeurs, croyances et attentes.

Or, la propagande et la publicité sont des formes d'encadrement, des stratégies de contact, des façons de faire connaître une information à ceux qui ne la possèdent pas. Elles ne prennent leur sens que dans une société dont les membres ne se connaissent pas et ne disposent pas des renseignements dont on voudrait qu'ils disposent. L'existence de stratégies de contact implique donc un état de société, une forme d'organisation sociale, où le contact coutumier ferait défaut. Elles impliquent donc la société moderne.

Pour qu'une société institue des stratégies de contact, il faut qu'il y ait d'abord *absence de contact*, il faut que les liens sociaux soient déjà faibles et instables. Cela n'est le cas que dans les sociétés modernes. Dans les sociétés anciennes qui ont préservé leurs liens traditionnels toute activité de propagande ou de publicité conserve nécessairement un caractère sporadique et faible.

La publicité et la propagande acquièrent cependant un sens dans un contexte social marqué par l'anonymat et le voisinage des étrangers. Bref, leur sens vient de la société moderne caractérisée par la spécialisation et la massification. La propagande et la publicité sont donc des phénomènes connexes qui apparaissent *sous leur forme moderne* à peu près à la même époque à la fin du 19ᵉ et au début du 20ᵉ siècle.

Le but de la propagande et de la publicité est certes d'influencer le comportement humain dans un contexte social déterminé. Elles tentent donc de faire, dans la société moderne, ce qu'auraient fait, dans la société ancienne, les liens traditionnels : créer un savoir commun, assurer l'intégration sociale. Contrairement aux liens traditionnels, cependant, qui font partie de la texture même de la vie de tous les jours, la propagande et la publicité modernes sont des activités hautement spécialisées et même industrialisées. Pour arriver au même but d'intégration sociale que les liens traditionnels, la propagande et la publicité doivent employer d'autres moyens. Elles doivent nécessairement et consciemment tenter de mesurer ou de juger le contexte social et la psychologie humaine afin de produire des messages recevables et efficaces. Contrairement aux liens traditionnels qui irriguent la totalité des relations sociales, la propagande et la publicité se concentrent exclusivement sur le message. C'est bien d'ailleurs cette concentration exclusive sur la nature, la circulation, l'impact et la recevabilité des messages qui en fait des activités spécialisées et c'est leur concentration sur la communication qui en fait des activités essentiellement modernes.

Leur préoccupation exclusive avec la communication les conduira à élaborer une des premières théories communicationnelles, c'est-à-dire une théorie dont l'objet est *la production et la diffusion sociales* du sens.

LES STRATÉGIES DE CONTACT

À l'époque moderne, la propagande et la publicité présupposent nécessairement un public de masse. Il ne s'agit plus de rejoindre un cercle restreint de villageois mais de toucher l'ensemble de la population d'un État-nation. La publicité et la propagande sont donc des *stratégies de contact* qui permettent de mettre un *centre* de pouvoir et d'information en relation avec une *périphérie* humaine, l'ensemble des citoyens.

La mise en contact du centre avec la périphérie s'accompagne de la *non-réciprocité communicationnelle*. Cela veut dire simplement que la propagande et la publicité sont des formes de contact dont le but n'est pas de donner à la périphérie accès au centre, d'inviter la périphérie à influencer le centre, mais bel et bien de soumettre la périphérie à la volonté du centre. Ainsi, la propagande et la publicité ne tendent pas à instituer un échange égalitaire mais un échange inégalitaire, elles ne sont pas structurées de façon à inviter la collaboration ou la contribution de la périphérie.

Prenons comme exemple un message publicitaire, quoique ces observations valent tout aussi bien pour la propagande. Le but du message publicitaire est de nous vanter les mérites d'un produit ou d'une marchandise. Le message peut mobiliser des arguments rationnels du genre : « Achetez cette voiture parce qu'elle est plus sécuritaire, elle consomme moins d'essence, etc. », ou il peut mobiliser des arguments irrationnels du genre : « Achetez cette voiture parce qu'elle vous rendra plus séduisant, etc. » La nature des arguments importe peu puisque le message ne permet pas à l'interlocuteur d'y participer. L'interlocuteur *reçoit* le message, il ne contribue pas à son élaboration.

On peut mieux saisir le sens de cet argument si l'on compare le message publicitaire à une conversation entre amis. Entre amis, l'échange est égalitaire, chacun contribue non seulement au contenu de la conversation mais aussi à la définition du sujet de la conversation. Ainsi, dans un cercle d'amis, une personne peut sommer les autres de changer de sujet parce que la conversation l'ennuie. Ce genre d'intervention sur les paramètres mêmes de la conversation est tout à fait recevable entre amis. L'échange conversationnel est donc égalitaire puisqu'il présume le droit de tous de contribuer au contenu et à la définition du sujet.

Le message publicitaire, cependant, n'est pas structuré comme une conversation entre amis. D'abord, ceux qui l'écoutent n'ont pas la possibilité de participer à son contenu et donc d'infléchir son déroulement. Ils ne peuvent que le recevoir. Ensuite, les interlocuteurs n'ont pas la possibilité de définir les paramètres du sujet. Les interlocuteurs ne peuvent pas se prononcer sur l'opportunité, la nature ou la valeur du message publicitaire[1]. Le message publicitaire n'est pas structuré comme une conversation entre amis, c'est-à-dire en fonction d'un échange égalitaire où chacun contribue au contenu et à la définition du sujet de la conversation mais en fonction des besoins de celui qui l'énonce. Le message publicitaire propose le sujet et le contenu ensemble.

La non-réciprocité du message publicitaire, cependant, l'oblige à recourir à des stratégies de charme afin de se faire écouter malgré la position d'exclusion et de passivité qu'il impose à son interlocuteur. Ainsi, le message publicitaire adopte généralement le ton enjoué de l'humour, de la flatterie, du grand spectacle, etc.

La propagande politique fonctionne de la même façon lorsqu'elle expose certains arguments tout en niant le droit d'intervention à ses interlocuteurs. Le message propagandiste est également structuré en fonction des besoins de celui qui l'énonce, en fonction de l'effet ou des croyances qu'il veut inculquer et non pas en fonction d'un échange égalitaire. Il s'agit dans les deux cas de contrôler la production et la circulation de l'information ainsi que les possibilités d'expression.

Ces formes de communication que sont la propagande et la publicité excluent donc la réciprocité et imposent à leurs interlocuteurs le statut de récepteurs passifs. Bien entendu, elles ne parviennent pas toujours parfaitement à leurs fins puisqu'elles ne sont pas infaillibles mais leur but est clair. Il n'est donc guère surprenant de constater que la propagande et la publicité sont les formes de communication préférées des gouvernements et des industries. En érigeant une contrainte d'accessibilité (à cause de leur coût et du savoir spécialisé qu'elles exigent), en interdisant la réciprocité, et en cherchant à rejoindre *simulta-*

---

1. Par exemple, les téléspectateurs pourraient fort bien souhaiter des messages publicitaires qui diraient le contraire de ce qu'ils disent, mais leur souhait n'a aucune chance de se réaliser.

nément l'ensemble de la population, la propagande et la publicité favorisent immanquablement le centre par rapport à la périphérie, les puissants par rapport aux faibles, les riches par rapport aux pauvres, les dominants par rapport aux dominés.

Toutefois, la propagande et la publicité imposent une contrainte additionnelle. Celui ou celle qui accomplit un acte de propagande ou de publicité veut être entendu. Mais comment peut-on savoir que l'on est effectivement entendu, comment savoir que ceux qui nous entendent nous comprennent et ne mésinterprètent pas le sens de nos propos, comment savoir que ceux qui nous entendent sont ceux à qui le message est réellement destiné? La propagande et la publicité obligent donc ceux qui s'en servent à s'imaginer aussi précisément que possible la nature du public et l'état de sa réceptivité. En d'autres mots, elles obligent que soient clairement énoncées les conditions d'efficacité et de succès d'un message. Cela entraîne donc une recherche approfondie sur *la nature des messages et de leur transmission* mais aussi sur *les états d'esprit du public.* Comme nous allons le voir, c'est précisément cette préoccupation de la nature des messages et des publics qui définit dans un premier temps la spécificité de la recherche communicationnelle.

La propagande et la publicité sont donc des phénomènes de communication modernes axés sur la non-réciprocité et dépendants des médias. En outre, elles conduisent à la première problématique communicationnelle : celle des *impacts.* Évidemment, puisque le but avoué de ces deux activités est d'influencer le comportement humain dans un contexte déterminé, les premiers théoriciens de la communication se tournèrent avec inquiétude vers l'*efficacité* des messages, vers leur *impact* ou leur *influence.* Le premier modèle ou la première théorie communicationnelle moderne, tirée de l'observation de la propagande et de la publicité, est donc une théorie de l'*impact de la communication.*

Nous pouvons en observer une exemple contemporain dans le texte de Jean-Marie Domenach (1973) « La propagande de type hitlérien » tiré de son ouvrage *La propagande politique.*

JEAN-MARIE DOMENACH :
LE MODÈLE STIMULUS-RÉPONSE

L'intérêt du texte de Domenach réside en trois éléments principaux :

1. il expose succinctement les idées généralement reçues au sujet de la propagande en se servant de l'exemple occidental le plus percutant, la propagande de type hitlérien;

2. il se sert de la théorie du stimulus-réponse qui est la première théorie communicationnelle moderne;

3. sa pensée s'inscrit nettement dans la foulée de Le Bon.

Domenach affirme essentiellement que la propagande hitlérienne fut capable de mener des millions de gens pour deux raisons :

1. la nature de la « masse » allemande favorisait sa soumission;

2. la propagande hitlérienne favorisait certains ressorts psychologiques.

Domenach va donc tenter d'allier une théorie de l'organisation sociale (étude de l'organisation de la « masse » allemande) à une théorie de la subjectivité humaine (les ressorts psychologiques de la propagande hitlérienne, les penchants psychologiques du peuple allemand).

Que dit-il donc de la « masse » allemande? Il faut constater que Domenach dit en effet peu de choses quant à l'*organisation sociale* de la masse allemande à l'époque nazie. Par contre, il propose plusieurs observations quant à la *psychologie* de la masse allemande à cette époque.

Par exemple, Domenach note que « la coagulation de la masse moderne offrait (aux dictateurs fascistes) d'immenses possibilités qu'ils utilisèrent sans vergogne » (p. 34). Il note en outre que « Hitler [...] avait découvert que la masse, en s'agglutinant, prend un caractère plus sentimental, plus féminin » (p. 35).

De ces brèves indications, nous pouvons tirer deux observations :

1. Domenach reconnaît un ordre social dans lequel règne ce qu'il appelle la « coagulation » ou l'« agglutination ». Il ne précise pas de quoi il s'agit mais on peut supposer qu'il

signifie par là la disparition des liens traditionnels et l'émergence d'un état de société où les gens sont jetés pêle-mêle les uns avec les autres, bref l'anonymat et l'aliénation caractéristiques des sociétés modernes.

2. Nous pouvons reconnaître la resurgence du concept de la foule. Cette masse qui se coagule ou qui s'agglutine comporte tous les traits de la foule chez Le Bon. Ainsi, Domenach fait dépendre le succès de la propagande hitlérienne du caractère essentiellement *féminin* et *irrationnel* de la foule. Or, cette dépendance du comportement collectif d'un trait aussi ténu que la *féminité de la foule* descend directement de Le Bon.

Domenach développe lui-même cette tendance de sa pensée lorsqu'il affirme :

> *la propagande hitlérienne plonge ses racines dans les zones les plus obscures de l'inconscient collectif, en exaltant la pureté du sang, les instincts élémentaires de meurtre et de destruction, en renouant même, par l'intermédiaire de la croix gammée avec la plus ancienne mythologie solaire.* (p. 35)

Il faut constater que Domenach reprend presque sans modification les thèmes de Le Bon : la foule irrationnelle et féminine, traversée par des désirs incontrôlables ainsi que des instincts élémentaires de destruction.

À cela, Domenach ajoute l'observation que dans l'Allemagne nazie « l'individu fut offert sans défense aux sollicitations de la propagande » (p. 36) et parle même de « l'âme germanique » (p. 36). En d'autres mots, comme Le Bon, Domenach croit que l'individu en foule est emporté par des comportements collectifs qui le dépassent et auxquels il répugnerait en temps normal et que la nation allemande possède une « âme » entièrement analogue à l'« âme de la race » chez Le Bon.

En fait, on remarquera que les explications de Domenach, comme celles de Le Bon, sont d'ordre essentiellement *psychologique*. Nous sommes donc encore une fois confrontés à un modèle psychologique, ce que Domenach reconnaît lui-même lorsqu'il affirme :

> *Pour que la propagande nazie ait pu réussir ainsi, malgré ses contradictions et ses outrances, pour qu'elle ait pu également*

DEUXIÈME PARTIE

> *enthousiasmer et terroriser des masses, dont certaines auraient dû normalement rester hors de son atteinte, il faut admettre que son action s'exerçait moins au niveau du sentiment et de la raison que dans une autre région, sur des zones physiologiques et inconscientes, où des passions et des habitudes, absurdes ou contradictoires au regard de la logique, trouvent leur prise et leur équilibre. (p. 37)*

Domenach pose donc le modèle classique de la foule développé par Le Bon : la masse irrationnelle, aliénée, atomisée, constituée de profondes zones obscures, habitées de passions illogiques, absurdes et contradictoires et enthousiasmée par le dictateur fasciste.

Toutefois, Domenach va tenter de donner une assise « scientifique » à cette image de la foule en recourant à la *théorie des réflexes conditionnels de Pavlov* que l'on appelle aussi *la théorie du stimulus-réponse* (S-R) qui est une théorie de l'*impact de la communication*.

| LA THÉORIE DU STIMULUS-RÉPONSE (S-R)

La théorie du stimulus-réponse découle essentiellement des recherches d'Ivan Pavlov (1849-1936). Pavlov était un scientifique russe qui découvrit qu'il pouvait faire saliver un chien en l'amenant à associer un morceau de sucre au son d'une cloche. Il offrait au chien le sucre; le chien salivait; puis il faisait tinter une cloche. Éventuellement, il suffit à Pavlov de faire tinter la cloche sans présenter le sucre pour que le chien se mît à saliver. C'était un *réflexe conditionné*. Le sucre était l'objet déclencheur qui faisait saliver le chien. Le sucre était donc un *stimulus*. La salivation du chien était la réaction ou le comportement approprié, c'est-à-dire *la réponse*. Pavlov substitua donc un stimulus (la cloche) à un autre (le sucre) et ce faisant, obtint néanmoins la même réponse (la salivation). Il découvrit donc qu'à tout stimulus peut correspondre une réaction ou un comportement approprié.

D'autres chercheurs tentèrent par la suite d'appliquer cette découverte à l'ensemble de la société humaine. Selon eux, les hommes et les femmes pouvaient aussi être soumis aux réflexes conditionnés. Comme le chien de Pavlov, ils étaient aussi traversés par des désirs et des besoins qui les poussaient à agir. Ne pourrions-nous donc pas étudier leur psychologie et leur physiologie afin de remplacer certains stimuli par d'autres et induire ainsi chez eux les réponses ou les comportements que nous souhaitons?

Selon Domenach, c'est précisément ce que fit la propagande hitlérienne. Elle est l'amalgame des stimuli, que Domenach appelle *excitants secondaires* (la croix gammée, le salut hitlérien, le portrait du chef, etc.) les plus aptes à captiver et à subjuguer le public allemand. Les nazis auraient donc pris certains éléments de la culture allemande (des stimuli) et s'en seraient servis afin de provoquer des réponses jugées appropriées, tout comme le son de la cloche qui faisait saliver le chien de Pavlov. Le stimulus savamment manipulé pourrait donc induire n'importe quel comportement.

Les chercheurs qui utilisent le modèle stimulus-réponse (S-R) tentent donc de prouver qu'*à chaque stimulus correspond une réponse appropriée*. Selon eux, il suffit, par conséquent, de connaître assez bien son public afin de le manipuler à volonté. Ainsi, l'être humain est envisagé essentiellement comme un faisceau de neurones qu'active n'importe quel stimulus approprié. C'est le modèle même de la *psychologie behaviorale*[2].

Mais quelle est l'importance de ce modèle pour la communication? Comme nous sommes en train de le constater, le modèle stimulus-réponse fut un des premiers à tenter d'établir un lien explicite entre les moyens de communication (les médias) envisagés en tant que stimuli et les comportements humains envisagés en tant que réponses.

Nous pouvons adresser plusieurs critiques à ce modèle de recherche, mais avant d'en arriver là, il est utile de comprendre le contexte social qui rendait recevable et désirable la théorie du stimulus-réponse.

---

2. On appelle behaviorale la psychologie qui s'intéresse particulièrement au comportement humain (*behavior* en anglais).

Dans les années 20 et 30, un grand nombre de phénomènes sociaux inquiétants retenaient l'attention des chercheurs. D'abord, on constatait la dépolitisation des masses. Les citoyens se préoccupaient de moins en moins de voter. Ensuite, on constatait aussi partout dans le monde occidental la montée des mouvements fascistes et totalitaires, dont le nazisme n'est que l'exemple le plus célèbre. Or, la montée de l'autoritarisme semblait dépendre en grande partie de la manipulation de symboles et de messages mass-médiatisés. En d'autres mots, la transformation sociale semblait liée à l'action des médias. D'ailleurs, la publicité de masse, qui était encore un phénomène nouveau, donnait quotidiennement la preuve que des stimuli appropriés pouvaient modifier le comportement humain.

D'autres preuves s'ajoutaient. Par exemple, en 1936, la diffusion par Orson Welles à la chaîne radiophonique CBS d'une dramatique intitulée *The Invasion from Mars* (*L'invasion martienne*) provoqua dans certains milieux des réactions de panique allant jusqu'au suicide qui semblaient confirmer la validité de la théorie du stimulus-réponse.

On craignait aussi la disparition généralisée des valeurs traditionnelles, la montée de la violence dans les grandes villes, la délinquance juvénile, etc. En d'autres mots, une constellation de conditions sociales contribuait à l'urgence et à la validité du modèle S-R. Il semblait effectivement et réellement que les mass media étaient responsables des profondes mutations sociales.

Dès le début des années 30, des sociologues américains tentèrent de mesurer « scientifiquement » l'impact du cinéma américain, et particulièrement des films de gangster, sur le public, et particulièrement sur le public des enfants et des adolescents. Leurs recherches furent publiées en 1934 sous le nom de *Payne Fund Studies*.

Les bandes dessinées provoquèrent une inquiétude intense au cours des années 30 et 40 car on craignait d'inculquer des valeurs répréhensibles aux jeunes lecteurs. La musique rock souleva un tollé d'indignation au début des années 50 car on craignait qu'elle n'encourageât le relâchement des moeurs et l'effritement de l'ordre social. De la même façon, le modèle S-R fut appliqué à la télévision à partir des années 50 et, plus récemment, au phénomène de la pornographie.

Dans tous ces cas, on suppose que le média (cinéma, bande dessinée, télévision, musique rock, pornographie) est un stimulus capable de provoquer une réaction (comportement individuel ou social) appropriée. Généralement, on craint que ces réactions ne soient socialement indésirables. En outre, il faut constater que le groupe social le plus étudié par les adeptes du modèle stimulus-réponse est extrêmement précis. Il s'agit du groupe composé d'enfants et d'adolescents. Et il faut constater en plus que la plupart de ces études débouchent sur deux sortes de propositions :

1. celles qui proposent de contrôler, de limiter ou d'interdire le stimulus étudié;

2. celles qui proposent de contrôler, de limiter ou d'interdire l'accès des enfants et des adolescents au stimulus étudié.

Le modèle stimulus-réponse envisage donc les médias en tant que stimuli puissants. Elle envisage l'être humain en tant que récepteur faible.

Le modèle stimulus-réponse accrédite une image très nette des médias et de la masse. Force nous est de constater que si l'on étudie les médias, si l'on craint leurs effets, si l'on cherche à s'en défendre et à proposer des mesures de protection, c'est parce qu'on les croit très puissants. On craint que les médias ne soient capables d'induire n'importe quel comportement. C'est la hantise qui traverse toute la recherche stimulus-réponse, celle des médias puissants.

En contrepartie, on craint aussi la faiblesse du public. On craint que celui-ci ne soit aisément manipulé et obnubilé par les stimuli. C'est bien d'ailleurs pour cette raison que l'on s'acharne à étudier le public des enfants et des adolescents car il s'agit précisément d'un des seuls publics dont on puisse proclamer la faiblesse et le besoin de protection sans redouter la contradiction.

Le modèle stimulus-réponse accrédite donc l'image des médias puissants confrontés au public faible, aliéné, atomisé. Les médias exploitent et profitent de l'aliénation du public déjà atomisé par les conditions de vie de la société moderne.

En outre, le modèle stimulus-réponse affirme que tout acte de communication est un acte de persuasion. Il s'agit toujours d'une force agissant sur une autre, des médias agissant sur le public, des stimuli agissant sur les réponses. C'est pour cette raison que le modèle stimulus-réponse joue un rôle important dans la société moderne. Il donne une image *satisfaisante* des médias et de leur pouvoir et il débouche sur des actions concrètes : contrôler les médias, censurer leurs contenus, limiter leur accessibilité, etc. Bref, le modèle débouche sur des politiques de réglementation. Les gouvernements y ont donc volontiers recours afin de les aider à déterminer leurs politiques. Les groupes réformistes y ont recours afin de soutenir leurs arguments. La censure y a recours afin de justifier son action.

Le modèle stimulus-réponse est un modèle psychologique behavioral qui affirme qu'à chaque stimulus correspond une réponse. Ce faisant, cependant, il envisage l'être humain essentiellement comme une matière plastique apte à recevoir des stimuli. Le modèle surgit pour la première fois dans les années 20 et 30. Domenach l'applique à l'étude de la propagande hitlérienne qui, il est vrai, lui fournit un champ d'application privilégié tant les stimuli et les réponses y sont flagrants. Toutefois, les chercheurs behavioristes ont aussi appliqué le modèle à l'étude de la publicité et de tous les médias modernes.

Par exemple, lorsqu'on étudie la télévision afin de déterminer l'impact de la violence sur les téléspectateurs, on pose nécessairement un modèle S-R. On affirme qu'au stimulus de la violence télévisée correspond une réponse appropriée sous la forme d'un comportement individuel ou social.

Or, c'est précisément à cause du genre de preuve qu'il offre et de son énorme crédibilité sociale, que le modèle stimulus-réponse appelle certains commentaires.

CRITIQUE DU MODÈLE S-R

Le modèle S-R est un modèle essentiellement psychologique. Cela signifie qu'il écarte les facteurs sociologiques et autres qui peuvent avoir autant d'importance que les facteurs psychologiques. Par exemple, au lieu d'affirmer que le succès de la propagande dépend des zones profondes de l'inconscient, on pourrait affirmer qu'il dépend autant sinon plus de *l'absence de voix dissidentes*. Le fait que l'État peut éliminer physiquement ses adversaires, contrôler le climat économique, établir la politique éducative et amener sous sa direction l'ensemble des moyens de communication contribue de façon essentielle au succès de la propagande. Malheureusement, ce sont des facteurs essentiellement sociologiques et contextuels qui échappent totalement à une approche psychologique.

TABLEAU 4.1 **Les traits principaux du modèle S-R classique**

effets directs

médias puissants

communication persuasive

méthodologie psychologique

masse aliénée, atomisée, soumise

Si l'on s'y attarde même brièvement, on constatera que tous ces éléments se tiennent et s'impliquent nécessairement. Par exemple, si la masse n'était pas aliénée et atomisée, il n'y aurait pas lieu de s'inquiéter de l'effet des médias. Si les médias n'étaient pas puissants, on ne serait pas obligé de les étudier ou de les combattre. Si les effets n'étaient pas directs, l'aliénation potentielle de la masse n'aurait aucune importance puisque rien ne pourrait l'exploiter. Si la communication moderne n'était pas essentiellement persuasive, ce ne serait plus la peine d'interroger les effets au niveau de la psychologie individuelle. Et s'il n'y avait pas de médias puissants, la masse ne serait pas atomisée. Cette façon d'aborder la masse et les médias est le propre d'une époque bien déterminée de la recherche communicationnelle ainsi que de certaines croyances quant à la nature de la société.

Toutefois, même si l'on peut indubitablement envisager les médias comme des stimuli et chercher à mesurer leurs impacts sur les sujets humains, il est beaucoup moins certain que le même stimulus provoque la même réaction chez tous les sujets surtout lorsqu'il s'agit d'êtres humains dans un contexte social, politique, économique, culturel et institutionnel mouvant. Il n'est donc guère certain que la réduction de l'être humain à sa seule dimension neuronale soit le meilleur moyen de cerner sa complexité.

Il faut aussi interroger la *méthodologie* du modèle S-R. Le modèle stimulus-réponse effectue généralement ses tests en laboratoire. Par exemple, on pose des questions à un sujet quant à son état psychologique global puis on l'expose à un stimulus. Ensuite, on lui pose d'autres questions quant à son état psychologique global et on compare les réponses obtenues *avant* le stimulus à celles obtenues après le stimulus et afin de tirer des conclusions fondées sur la divergence des deux ensembles de réponses.

On peut aisément critiquer cette méthodologie en rappelant que la plupart des stimuli réels ne sont pas subis en situation de laboratoire et que les résultats sont artificiels puisque le contexte l'est aussi. Ensuite, c'est le chercheur plutôt que le sujet qui détermine ce qui est important. C'est le chercheur qui décide en dernière instance de l'importance ou de la valeur des réponses données. Ainsi, un test qui ne révélerait aucune divergence de réponses avant et après le stimulus serait jugé inconcluant. On changerait de sujets et(ou) de stimuli afin d'obtenir des résultats plus déterminants. Tous les résultats sont donc produits du point de vue du chercheur, c'est-à-dire du point de vue de celui qui veut démontrer l'existence d'un impact.

En outre, comme nous l'avons déjà mentionné, cette méthode tend à réduire la complexité du phénomène qu'elle observe à quelques variables.

Finalement, il faut aussi reconnaître que le modèle S-R correspond à un désir de contrôle social et que ce sont souvent les mouvements autoritaires qui s'en servent. Par exemple, le modèle S-R se prête facilement au jeu de certains intérêts politiques parce qu'il réduit la complexité sociale et psychologique à des concepts aisément manipulables et qu'il débouche généralement sur des mesures d'interdiction, de restriction et de surveillance des personnes et des communications.

STUART EWEN : LE FONCTIONNEMENT DE LA PUBLICITÉ

Propagande et publicité, dont le but avoué est la modification du comportement humain, soulèvent vigoureusement la problématique du modèle stimulus-réponse. Cette problématique s'impose avec tant d'évidence et de force qu'on voit généralement mal comment on pourrait y échapper, et pourtant il existe d'autres façons de les aborder.

Nous avons vu jusqu'à maintenant que, malgré leur visée persuasive, la propagande et la publicité sont également des stratégies de contact. Dans la mesure précisément où elles font partager des idées, des croyances, des goûts, des savoirs, etc., communs, elles accomplissent une fonction d'*intégration sociale*. Or, c'est justement sous cet angle que Stuart Ewen aborde le phénomène de la publicité.

Ewen n'adopte pas le point de vue behavioriste. Il ne s'inscrit pas dans la trajectoire du modèle stimulus-réponse. Il ne nie pas la volonté manipulatrice de la publicité mais il va au-delà d'elle. Il envisage la publicité comme moyen de créer une culture commune. Ewen jette un *nouveau regard* sur le phénomène de la communication moderne qui s'avérera très utile dans les chapitres à venir.

La publicité ressemble beaucoup à la propagande. Comme elle, la publicité est constante. Comme elle, la publicité envahit l'ensemble des médias. Comme elle, la publicité est non réciproque et procède du centre vers la périphérie. Contrairement à la propagande, cependant, la publicité ne correspond pas nécessairement à des intérêts strictement politiques. Elle correspond aussi à des intérêts économiques.

La publicité est née *sous sa forme moderne* en Amérique du Nord au tournant du 20ᵉ siècle. Dans son livre *Consciences sous influence*, Ewen (1983) donne l'explication suivante de ce fait.

À la fin du 19ᵉ siècle, la technologie et la spécialisation des tâches atteignaient un niveau de développement tel qu'il devint possible pour la première fois de l'histoire de produire plus de biens qu'on n'en consommait. Le capitalisme était confronté à une *crise de surproduction*.

Les traditionnels consommateurs bourgeois ne parvenaient subitement plus à absorber l'ensemble de la production. Il fallait donc, pour écouler le surplus, transformer l'ensemble de la population, c'est-à-dire la masse des ouvriers, en force de consommation. Il fallait former les ouvriers à un nouveau *mode de vie de consommation*. Ce fut, selon Ewen, la grande tâche historique de la publicité[3].

Or, la publicité s'avéra tellement efficace et obtint un si grand succès, qu'elle parvint à renverser le rapport habituel entre la production et la consommation. D'habitude, on fabrique un produit puis on le propose à la consommation. Avec la publicité, cependant, on peut chercher à créer un besoin de consommation pour un produit inexistant qu'on ne fabriquera qu'ultérieu-

---

3. Ewen cite l'exemple révélateur de la cigarette. Au 19ᵉ siècle, le cigare, la pipe et le tabac à mâcher constituaient les formes préférées de consommation du tabac. La cigarette ne détenait qu'une part infime du marché. Au tournant du siècle, cependant, des appareils furent introduits qui augmentèrent considérablement la production de cigarettes. Pour écouler le surplus, toutefois, il fallait y intéresser des couches de population qui n'en avaient jamais fait usage auparavant. On fit donc appel à la publicité pour mousser les bienfaits et qualités de ce nouveau produit. Bientôt, revues, magazines, affiches, journaux, regorgeaient d'auteurs, d'athlètes et de vedettes vantant les plaisirs de la cigarette. On arriva même à y intégrer le féminisme en lançant une campagne dans les années 20 qui laissait entendre que la femme libérée se prévalait des mêmes privilèges que l'homme et que le symbole en était la cigarette. Il en fut de même pour de nombreux autres produits : le savon, l'assurance-vie, le poli à chaussures, etc. La publicité permettait de décupler les ventes de produits dont on ignorait jusqu'alors le besoin.

rement. On peut désormais repérer les marchés potentiels et imaginer par la suite ce qu'il conviendrait de leur proposer[4].

Or, comme le remarque Ewen, ce mode d'organisation sociale pose un problème majeur qui est celui de l'éducation des consommateurs. Si la production dépend désormais de la consommation, comment peut-on s'assurer de la consommation spontanée et continue de la majorité des gens?

Le problème est de taille car, comme le mentionne Ewen, les consommateurs affichent souvent trois comportements inquiétants du point de vue de la publicité :

1. ils ignorent qu'ils ont besoin d'un nouveau produit,

2. ils ne savent pas s'en servir,

3. ou, ils s'en détournent parce que le produit choque leurs habitudes ou leur sens des convenances.

Devant de tels comportements, la publicité acquiert une fonction d'*intégration sociale*. Elle devient un moyen d'information qui permet non seulement de faire connaître la gamme entière des produits disponibles mais aussi la façon de s'en servir et de les intégrer à la vie. La publicité devient donc un ensemble de petites leçons sur la meilleure façon de vivre. C'est l'origine du mythe de l'*American way of life*.

Tout comme la propagande donc, la publicité devient une façon de masser le public, de lui indiquer la voie à suivre, de lui montrer la vérité et le bonheur. D'ailleurs, selon Ewen, l'urgence d'une culture de consommation commune se faisait particulièrement sentir dans la société nord-américaine composée majoritairement de nouveaux immigrants. Il fallait intégrer les nouveaux citoyens au système économique et au mode de vie nord-américains.

---

4. À cet égard, le marché des produits destinés particulièrement aux enfants (vitamines, céréales, jouets, vêtements, etc.) est exemplaire. On crée un marché là où il n'en existait pas et on lui propose après coup des biens de consommation.

La publicité, cependant, se confronte au même problème que la propagande. Comme elle, la publicité est un discours persuasif. Comme elle, la publicité cherche à induire des comportements ou à inculquer des croyances et des valeurs dont le succès se vérifie par la présence ou l'absence d'un acte de consommation.

La publicité tend donc à développer les mêmes stratégies que la propagande à ceci près : alors que le discours persuasif du pouvoir, que l'on appelle propagande, dispose de moyens physiques concrets[5], les publicistes pour leur part ne disposent généralement que de la seule persuasion. On peut donc dire que la propagande est la forme de persuasion qui correspond aux sociétés fermées ou non démocratiques tandis que la publicité est la forme de persuasion qui correspond aux sociétés plus ouvertes ou démocratiques.

En l'absence de moyens « physiques concrets », la publicité est contrainte de perfectionner ses stratégies proprement psychologiques. La publicité fonctionne donc beaucoup moins sur la terreur ou la menace implicite que la propagande parce qu'elle ne dispose pas des moyens d'imposer ses menaces. Elle est donc beaucoup plus tournée vers la cajolerie, la honte et l'envie. Néanmoins, les stratégies de base restent les mêmes que celles de la propagande : on cherche à influencer chaque consommateur individuellement, on se fait de lui une conception purement psychologique, on cherche à le cajoler, à le faire agir par honte ou par envie ou par peur. En d'autres mots, la publicité pose une autre forme des « zones obscures de l'inconscient ».

D'ailleurs, on remarquera aisément que la plupart des publicités ont pour fonction d'orienter les consommateurs vers la satisfaction personnelle et ne mentionnent jamais la société comme lieu de production, de travail, de conflit ou d'alliances possibles. Le but avoué de la publicité n'est pas de provoquer le changement social ou de faire prendre conscience au public de ses conditions de vie réelles mais bel et bien de l'axer sur la

---

5. Par exemple, les propagandistes maîtrisent généralement l'ensemble des moyens de communication, établissent les lois, dirigent le système scolaire, contrôlent le climat économique, liquident leurs adversaires, etc.

consommation, de lui donner envie de posséder un objet au lieu de transformer le monde.

Ainsi, la publicité ne montre presque jamais le procédé de fabrication des objets proposés. Elle n'affirme jamais la possibilité de modifier les conditions d'existence. Dans la plupart des cas, elle ne montre même pas qu'il faut *acheter* le produit. Les biens de consommation apparaissent comme des dons de la nature ou, qui mieux est, comme des dons de quelques grandes industries.

Ewen fait donc dépendre le succès de la publicité de facteurs socio-économiques bien plus que de facteurs psychologiques. Il mentionne entre autres la spécialisation du travail, la massification sociale, la nécessité industrielle d'écoulement de la surproduction, les bienfaits réels des produits, le désir des immigrants de s'intégrer au mode de vie nord-américain, etc. Ces traits le distinguent profondément du modèle proposé par Domenach. Ewen ne reprend donc pas le modèle stimulus-réponse. Au contraire, il propose un modèle institutionnel et historique.

RAPPEL

La propagande et la publicité modernes naissent à la même époque et pour les mêmes raisons. Ce sont des stratégies de contact qui permettent de mettre un centre économique ou politique en relation avec sa périphérie. Ce faisant, elles permettent de briser l'anonymat et l'isolement de la société moderne mais elles accroissent aussi la dépendance de tous sur le savoir et le pouvoir du centre. Ce sont aussi des discours persuasifs qui mobilisent certaines stratégies communes :

– elles sont unidirectionnelles ou non réciproques;

– elles vont du centre vers la périphérie, des puissants vers les faibles;

– elles fondent ainsi le monopole de la vérité du centre et accroissent la dépendance de la périphérie;

- elles sont fondées sur une conception entièrement psychologique du sujet humain et le réduisent au rôle de récepteur passif;

- elles ont l'obsession du message « efficace » qui puisse induire le comportement désiré;

- elles s'étendent à l'ensemble de la population;

- elles proclament le monopole de la vérité;

- elles intègrent les citoyens à la société;

- elles tentent de contrôler la circulation des informations.

Elles se distinguent, cependant, en ce que la propagande se rapporte généralement à la sphère politique tandis que la publicité se rapporte généralement à la sphère économique. En outre, la propagande fonctionne dans un contexte social dont on a éliminé toutes les voix dissidentes. La propagande correspond donc, comme Domenach le montre bien en insistant sur le personnage de Hitler lui-même, à un client unique qui s'accapare l'exclusivité du droit de parole et qui contrôle directement le climat social et économique. La publicité, par contre, correspond à de nombreux clients en situation de concurrence au moins minimale qui s'accaparent néanmoins le droit de parole et qui tentent de contrôler le climat social et économique.

La propagande et la publicité ont certes toutes deux une efficacité certaine mais variable. La différence réelle ne se situe pas sur le plan de leurs stratégies ou techniques, de leur conception de la fonction de la communication ou de leur conception du public mais bel et bien sur le plan du contexte social qui les accueille. La publicité est la forme de propagande qui correspond aux sociétés libérales industrialisées du 20e siècle tandis que la propagande est la forme de publicité qui correspond aux sociétés autoritaires du 20e siècle. D'ailleurs, quel citoyen est plus dominé par son contexte social : le citoyen de l'État fasciste qui sait que toute propagande est mensongère ou le citoyen d'un État de consommation qui croit que toute publicité comporte au moins une part de vérité?

En outre, propagande et publicité dépendent toutes deux d'un élément essentiel : les médias. Sans eux, la publicité et la propagande ne fonctionneraient pas. Les médias modernes apparaissent précisément au même moment que la publicité et la propagande et en deviennent les supports indispensables.

Il existe une façon très répandue d'appréhender les phénomènes connexes de la publicité et de la propagande. Ce n'est pas la seule façon ni même la meilleure, elle est seulement la première et la plus commune. On appelle cette façon le modèle stimulus-réponse. Ce modèle naît dans les années 20 autour de la théorie pavlovienne du réflexe conditionné. Il affirme essentiellement que les médias et les discours persuasifs sont des stimuli et qu'à chaque stimulus correspond une réponse égale et appropriée.

Le modèle stimulus-réponse s'applique bien à la propagande et à la publicité parce que leur but avoué est précisément de lancer des stimuli sous la forme d'arguments, de menaces, d'images, etc., qui provoqueront un changement du comportement individuel. La propagande souhaite entraîner l'adhésion populaire à un programme politique ou à une idéologie tandis que la publicité souhaite induire des actes de consommation.

Cependant, même si le modèle fonctionne bien avec certains phénomènes, il faut éviter de le généraliser ou d'en faire l'unique théorie communicationnelle ou sociale. Ses désavantages sont nombreux. D'abord, il s'agit d'un modèle essentiellement psychologique et réductionniste. Il est purement psychologique parce qu'il délaisse un grand nombre de facteurs sociologiques, idéologiques, institutionnels, industriels et autres qui contribuent autant sinon plus que la psychologie à expliquer le succès de la propagande et de la publicité. Il est réductionniste parce qu'il réduit la complexité des croyances, des motivations, des désirs et des actes humains au simple jeu des stimuli. Il propose une subjectivité nécessairement faible et manipulable sujette à la puissance irrésistible des stimuli. En ce sens, donc, le modèle stimulus-réponse s'inscrit directement dans la mouvance de Le Bon et de sa conception de la foule.

Domenach met en oeuvre le modèle stimulus-réponse afin d'expliquer la propagande hitlérienne. On ne saurait, toutefois, lui donner entièrement raison. Même s'il dégage certains facteurs indubitables (le savoir rhétorique de Hitler, la grandeur du spectacle nazi, la force de la répétition, etc.), il néglige aussi des facteurs aussi fondamentaux et incontournables que la mainmise du parti nazi sur l'économie nationale, le système scolaire, l'ensemble des mass media.

Ewen met en oeuvre un modèle institutionnel et historique afin d'expliquer la publicité nord-américaine. Il repère des phénomènes tels que la crise de la surproduction, le besoin de transformer les ouvriers en consommateurs, le rôle de socialisation et d'intégration de la publicité. Ewen relève des facteurs sociologiques et institutionnels alors que Domenach ne relève que des facteurs psychologiques.

L'importance communicationnelle de la propagande et de la publicité réside en ceci : ces deux stratégies de contact s'intéressent à la production et à la diffusion sociales du sens. Elles s'intéressent donc autant à la psychologie du public, à ce qui est crédible ou recevable pour un public donné, qu'aux formes d'organisation sociale et au contexte institutionnel qui précisément rendent recevables et crédibles certains messages. Bref, elles allient une théorie de la subjectivité humaine à une théorie de l'organisation sociale et leur objet n'est ni l'une ni l'autre mais le lien entre les deux. En outre, elles dépendent largement des médias modernes. Elles sont donc des stratégies de communication essentiellement modernes parce qu'elles ne fonctionnent que dans un contexte moderne au moyen d'institutions modernes.

On a d'abord tenté de théoriser ces phénomènes au moyen du modèle stimulus-réponse. Ce modèle est donc la première théorie proprement communicationnelle mais il n'est ni la dernière ni la meilleure.

On peut brièvement lui reprocher de réduire la complexité autant des médias que des êtres humains. Les premières manifestations de cette conception des médias remontent au début du 20e siècle lorsqu'on commença à s'inquiéter de l'influence du cinéma. Les premières manifestations de cette conception de l'être humain remontent, comme nous l'avons vu, jusqu'à Le Bon. Or, depuis ces dates, on a appliqué le modèle stimulus-réponse à l'étude de tous les médias modernes.

LA COMPLEXIFICATION DE LA PENSÉE COMMUNICATIONNELLE

INTRODUCTION

Jusqu'ici nous avons vu l'émergence des concepts de *masse*, de *médias* et de *communication*. Nous avons entrevu la masse d'abord chez Le Bon, ensuite en tant que présupposé nécessaire de la propagande et de la publicité, puis comme objet de préoccupation de la théorie du stimulus-réponse. La masse est le nom que l'on donne aux conditions de vie de la société moderne.

Nous avons également entrevu le rôle des médias dans la publicité et la propagande ainsi que l'importance que leur assignait la théorie du stimulus-réponse. Les médias sont la forme de communication, la stratégie de contact propre à la société moderne.

Nous avons aussi entrevu les sens multiples de la communication. Le Bon et Domenach ainsi que le modèle stimulus-réponse estiment que la communication est un système d'impact dont le but est d'affecter les croyances et les comportements humains. En cela, elle est indissociable des médias, qui seraient les agents de l'impact, et de la masse, qui en serait l'objet. Néanmoins, nous avons aussi vu que la communication dépendait de façon essentielle de son contexte social. L'exemple même de la propagande hitlérienne souligne bien la nécessité de tenir compte des facteurs sociologiques, institutionnels, industriels, idéologiques, et autres. En outre, les exemples de communication hiérarchisée et non hiérarchisée que nous avons vus au deuxième chapitre montrent aussi l'imbrication de la communication dans son contexte social. La communication n'est ni les médias, ni les messages, ni l'acte de transmission des messages, ni même l'impact des messages. La communication est le lien entre la subjectivité humaine et le contexte social.

Nous commençons donc à mieux saisir l'affirmation selon laquelle *il n'y a pas de communication sans théorie de la société et sans théorie de la subjectivité*. Et la raison en est simple : la communication met en jeu des sujets humains qui communiquent entre eux parce qu'ils sont inscrits dans un contexte social où ils ont affaire les uns aux autres. Même plus, si leur communication *fait sens*, s'ils sont plus ou moins certains d'être compris et de pouvoir poser des actes de communication, c'est encore parce qu'ils sont inscrits dans un contexte social qui *donne sens* à leur communication.

Les règles de la communication humaine, sa condition, ses limites et sa possibilité sont toujours fixées par le contexte social. Le contexte peut fort bien varier historiquement mais avec lui la communication variera aussi. Le contexte assure : a) le partage du même code (la langue, le sens, la symbolique), b) la distribution du droit de communiquer (communication hiérarchisée ou égalitaire), c) les modalités de la communication (face à face, mass media, etc.), d) la présence ou l'absence de la réciprocité, etc. Il faut donc interroger le contexte de la communication.

Or, la société moderne impose ses propres contraintes à la communication. La communication moderne s'étend à l'ensemble de la population mais ne s'adresse à personne en particulier. Elle est littéralement une communication de masse. Par conséquent, elle est impersonnelle et exclut le face à face. Elle tend donc à être unidirectionnelle, c'est-à-dire à procéder du centre vers la périphérie. Dans un tel contexte, marqué par l'anonymat social et hors des liens traditionnels et des contacts personnels, comment assurer un lien continu avec le public (la masse)?

La communication moderne tente d'assurer un lien continu en recourant à des techniques précises. Elle doit constamment tenter d'imaginer ou de simuler le public. En d'autres mots, elle doit sans cesse interroger le public, ses goûts, ses intérêts, ses tendances, ses préférences, etc., afin de tenter de deviner ce qui sera au moins recevable par le public. Afin simplement d'être écoutée, la communication moderne doit prendre les devants pour *intéresser* le public.

Cet effort d'intéressement, qui prend la forme de la cajolerie, du spectacle, de l'humour, ne se contente évidemment pas d'*informer* le public. Il s'agit tout autant de *former* le public. Il s'agit d'amener le public à vouloir écouter la communication qui lui est proposée. Pour cette raison la communication moderne tend à devenir *persuasive*. Elle cherche à faire partager au

public (à la masse) des informations et des distractions communes. Elle cherche à l'encadrer afin d'obtenir des actions communes. Elle cherche à susciter un intérêt commun.

D'ailleurs, cette structure de communication se répercute sur
tous nos moyens de communication qui s'orientent de plus en
plus vers ce modèle de la diffusion, c'est-à-dire à procéder du
centre vers la périphérie. La radio et la télédiffusion en sont les
exemples les plus frappants mais tous les médias tendent
maintenant à adopter ce modèle.

Néanmoins, on peut affirmer que la première manifestation à
grande échelle de la communication moderne se produisit au
tournant du 20ᵉ siècle avec la propagande et la publicité. Ce
sont ces deux formes de *communication persuasive* qui révélè-
rent d'abord les traits de la communication moderne.

Les premières sociétés et les premiers penseurs confrontés à la
communication persuasive à grande échelle sentirent bien qu'il
s'agissait d'un phénomène nouveau, d'une forme de communication inédite et propre à la société moderne. Comment donc
théorisèrent-ils pour la première fois cette nouvelle communication? Le grand modèle qui régna sur toute la première période
de la théorie communicationnelle et qui persiste encore jusqu'à
nos jours fut *le modèle stimulus-réponse* (S-R).

Cette théorie a la particularité de réduire le phénomène humain
à un ensemble de réponses programmées et le phénomène
social à un ensemble de stimuli de sorte qu'à chaque stimulus
corresponde une réponse appropriée et conforme. Il suffirait
donc de connaître le sujet humain afin de découvrir les stimuli
qui dirigeraient et contrôleraient sa vie. Du moins est-ce ce

FIGURE 5.1   **La direction de l'impact du modèle S-R classique**

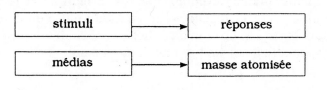

qu'on crut discerner dans la propagande et la publicité. Le modèle stimulus-réponse est donc fondé sur la psychologie behaviorale. Il élimine la société parce qu'il n'appréhende, d'un côté, que les médias agissant et, de l'autre côté, que le public réagissant sans médiation aucune entre les deux.

Il ne retient pas la possibilité que certains facteurs sociaux ou mêmes perceptuels puissent intervenir dans ce simple processus de cause à effet. Les premiers théoriciens de la communication croyaient donc se confronter littéralement à la foule atomisée soumise à l'action des médias de masse.

Ce modèle est certes très séduisant parce que rassurant. Il semble expliquer concrètement des phénomènes troublants. Il est loin d'être la seule explication mais sa vigueur et sa simplicité mêmes le rendaient extrêmement utile dans une société traversée par des mutations qui la dépassaient et qu'elle tentait de maîtriser. Il connut donc une grande vogue dans les années 20 et 30. Mais peu à peu, certains éléments de recherche permirent de le contester et de le complexifier.

LA CONTESTATION DU MODÈLE STIMULUS-RÉPONSE

D'abord, les recherches psychologiques elles-mêmes démontrèrent une très grande variabilité de la perception humaine. Ainsi, à force de mesurer les perceptions individuelles afin de contrôler l'impact des médias, on finit par découvrir que tout le monde n'avait pas les mêmes perceptions. Par exemple, deux personnes nées dans la même famille pouvaient percevoir différemment le même message et un seul message pouvait conduire à des interprétations diamétralement opposées. Il semblait donc que l'impact des messages n'était nullement assuré. Il devint alors impossible de supposer que la masse fût unifiée ou homogène sur le plan de la *perception humaine*. Or, en l'absence d'une masse unifiée ou de perceptions communes, on pouvait difficilement soutenir que le même message atteignait tout le monde également.

Au contraire, la masse humaine était apparemment travaillée par des différences d'*ordre perceptuel*. La variation perceptuelle laissait donc nécessairement supposer la variabilité des effets. Un seul message pourrait donc provoquer plusieurs effets selon la variation perceptuelle des sujets humains qui le recevaient. Le modèle stimulus-réponse fut donc soumis à une première complexification. On ne pouvait plus prétendre que les stimuli provoquaient des réponses univoques. Entre les stimuli et les réponses se glissait désormais toute l'épaisseur des processus perceptuels individuels (voir figure 5.2).

FIGURE 5.2 **La première complexification du modèle S-R classique**

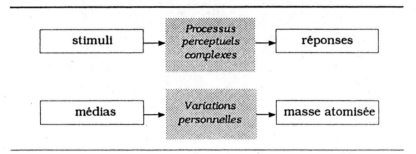

D'autre part, la sociologie démontra qu'un certain nombre de facteurs purement sociologiques tels l'âge, le sexe, les groupes d'appartenance, l'origine sociale, etc., pouvait également affecter la réception et donc l'effet ou l'impact des messages. Par exemple, des facteurs comme la profession, le cercle d'amis, la disponibilité, le prix, peuvent fortement influencer les choix de revue, de journal, de film, d'émission télévisée. Ainsi, une revue qui se voudrait universelle pourrait fort bien n'intéresser que certaines catégories de personnes à cause de toutes sortes de facteurs proprement sociologiques. C'est bien d'ailleurs pour cette raison que les revues et tous les médias généralement tentent de « cibler » leurs consommateurs, c'est-à-dire de prendre en compte autant que possible tous les facteurs sociologiques qui risquent d'affecter le choix du consommateur et même de proposer des contenus en fonction de ces facteurs.

La sociologie ajouta donc au fait que tous les messages ne sont pas perçus de la même façon par tout le monde, le fait que l'impact des messages peut être considérablement infléchi par les contextes dans lesquels ils pénètrent. Une autre complexification s'ajoute ainsi au modèle stimulus-réponse, celle des structures sociales (voir figure 5.3).

FIGURE 5.3 **La deuxième complexification du modèle S-R classique**

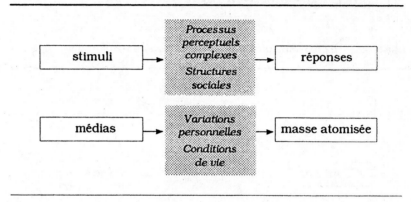

Entre les médias et la masse atomisée, entre les stimuli et les réactions, se dressaient désormais des processus perceptuels complexes, qui s'offraient sous la forme de variations personnelles, et des structures sociales, qui s'offraient sous la forme de conditions de vie. Ces éléments de complexité accrue apparurent d'abord comme des contestations locales qui remettaient en doute certains aspects de l'approche stimulus-réponse. Mais avec leur accumulation, on commençait à contester globalement le modèle et à lui apporter des modifications profondes. Ces modifications conduisirent éventuellement à l'élaboration d'un nouveau modèle.

Les modifications proposées apparurent dans de nombreux textes à partir de 1940 environ mais deux seulement d'entre eux retiendront notre attention. Il s'agit de *The People's Choice* écrit par Paul Lazarsfeld, Bernard Berelson et Hazel Gaudet en 1944 et de *Personal Influence* écrit par Elihu Katz et Paul Lazarsfeld en 1956.

Chacun de ces textes est intéressant en soi parce que chacun possède ses propres particularités qui méritent notre attention. Pris ensemble, cependant, ils cristallisent les raisons de l'abandon du modèle S-R et son remplacement par un autre modèle : *le fonctionnalisme.*

LAZARSFELD ET LA FONDATION DU FONCTIONNALISME

En 1940, Lazarsfeld, avec ses associés Bernard Berelson et Hazel Gaudet, entreprit d'étudier la campagne présidentielle américaine qui opposait le président démocrate sortant Franklin Roosevelt au candidat républicain Wendell Wilkie. Roosevelt, président d'une très grande popularité, briguait son troisième mandat mais presque tous les journaux de l'époque appuyaient sans exception le candidat républicain. Comme le dit Lazarsfeld (1968) dans *The People's Choice* : « En 1936, et plus encore en 1940, la plupart des journaux du pays appuyaient le candidat républicain à la présidence » (p. 129).

Lazarsfeld et ses collègues s'imaginèrent donc que l'occasion idéale leur était offerte d'observer à l'état pur l'influence des médias sur l'électorat américain qui avait jusqu'alors soutenu le président démocrate. Ils s'attendaient à découvrir que la presse américaine avait amené l'électorat américain à voter pour le candidat républicain. Cependant, ils se trompaient.

Alors même que la recherche était en cours, Lazarsfeld et ses associés s'aperçurent que les résultats contredisaient toutes leurs attentes. D'abord, le président démocrate Roosevelt remporta son triomphe le plus éclatant. Ensuite, la vaste majorité des sujets interviewés affirma *n'avoir pas été influencée par les médias.* Au contraire, les répondants affirmèrent avoir été influencés *par leurs amis et par des personnes de leur entourage immédiat.* Donc, au lieu d'être influencés par les médias, ils avaient été influencés par les contacts personnels. Finalement, loin d'entraîner des changements d'opinion massifs, les médias semblaient avoir contribué *au renforcement des croyances pré-existantes.* Les résultats de l'étude de Lazarsfeld semblaient donc contredire systématiquement toutes les attentes ainsi que la logique même du modèle stimulus-réponse.

Que s'était-il donc passé? Comment pouvait-on expliquer ces résultats? Considérons d'abord la *méthodologie* utilisée par Lazarsfeld et ses associés. Comme nous l'avons vu au chapitre 4, le modèle stimulus-réponse effectue généralement ses tests en laboratoire et attribue au chercheur le droit de décider de la validité d'une réponse. Lazarsfeld et ses associés, par contre, adoptèrent une méthodologie axée non sur l'autorité du chercheur mais sur les réactions du sujet. Ils procédèrent par voie d'entrevue. Ils choisirent d'abord une ville typique des États-Unis, Erie County. On jugea typique la ville non seulement parce que l'âge moyen, les niveaux de revenu et de scolarité moyens, la taille moyenne, etc., de la ville correspondaient à la moyenne de l'ensemble des États-Unis, mais aussi parce que ses habitants avaient toujours voté pour le candidat présidentiel victorieux.

À l'intérieur de cette ville, on repéra par *procédure aléatoire*[1] un nombre représentatif de répondants[2]. On approcha donc ces répondants et on leur demanda de bien vouloir participer à l'enquête. Ceux qui refusaient étaient remplacés par d'autres répondants également désignés par procédure aléatoire. Il est important de noter que selon cette méthode, les répondants sont interrogés dans leur milieu naturel. Ensuite, ce sont les répondants eux-mêmes qui déterminent la valeur ou l'importance des réponses données. Ainsi, si un sujet répond que telle

---

1. Une *procédure aléatoire* est une procédure qui laisse le choix des répondants au hasard. Ainsi, on affectera un numéro à tous les habitants d'une ville. Ensuite, on tirera au sort un numéro. Le répondant correspondant à ce numéro sera donc interviewé, etc. En choisissant au sort, on élimine les tendances, les croyances, les préjugés, les préférences, etc., des chercheurs eux-mêmes.
2. La mathématique permet de déterminer le seuil statistique au-delà duquel on obtient un nombre *représentatif* de répondants. On ne peut généralement reprocher aux enquêtes sérieuses menées selon cette méthode d'interviewer un nombre trop restreint de répondants ou de sonder un échantillon non représentatif.

question ne le concerne pas, le chercheur note cette réponse comme un résultat valable et ne la rejette pas parce qu'elle ne produit pas de divergence suffisante. Ce sont donc les répondants au lieu des chercheurs qui déterminent le cours de l'enquête. Cette méthode se veut évidemment plus proche des sujets, moins contraignante et plus souple. On peut, par contre, lui reprocher son manque de rigueur parce qu'il est difficile d'assurer que tous les répondants répondront effectivement aux mêmes questions et ne les interpréteront pas de façon purement subjective.

Néanmoins, en 1944, Lazarsfeld et ses associés publièrent leurs résultats dans un livre intitulé *The People's Choice* (*Le choix du peuple*). L'explication contenue dans ce livre du triomphe de Roosevelt et de l'échec des médias est à l'origine de ce qu'on appelle le fonctionnalisme.

THE PEOPLE'S CHOICE

Lazarsfeld, Berelson et Gaudet (1968), auteurs du *People's Choice* constatèrent les éléments suivants :

1. Les *contacts personnels*, c'est-à-dire en face à face, étaient *plus fréquents, plus efficaces* et *plus puissants* que l'action des médias :

   En comparaison des médias de communication formels, les relations personnelles peuvent s'avérer plus influentes pour deux raisons : elles rejoignent plus de personnes et elles comportent certains avantages psychologiques par rapport aux médias formels. (p. 190)

   En dernière analyse, ce sont les gens qui, plus que tout, peuvent influencer les gens. (p. 159)

2. Au fur et à mesure que la campagne électorale progressait, les gens tendaient à se conformer à l'opinion de leur cercle d'amis ou de connaissances, c'est-à-dire de leur *groupe d'appartenance*, de sorte qu'une personne faisant partie d'une famille traditionnellement démocrate ou dont les

collègues de travail étaient majoritairement républicains, tendrait à adopter leur point de vue :

les relations personnelles [...] favorisent l'homogénéité politique des groupes sociaux. (p. 150)

Le jeune homme qui allait voter pour Roosevelt parce que « mon grand-père m'écorchera vif si je ne le fais pas, » constitue l'exemple classique. (p. 155)

3. La plupart des répondants n'écoutaient que les informations conformes à leur opinion préalable — leur choix sélectif d'écoute des médias *renforçait* donc leurs croyances préexistantes et ce phénomène s'accentuait avec le déroulement de la campagne :

Chaque parti s'exposa davantage à « son propre » média, le trouvant plus sympathique, plus digne de confiance et plus influent. (p.131)

4. Seul un très faible nombre de répondants suivait régulièrement les médias, mais ceux-ci étaient beaucoup mieux informés que leurs pairs et tendaient à exercer une influence personnelle plus déterminante au cours de la campagne : on les appela les *leaders d'opinion.*

Les quatre termes clés à retenir sont : contacts personnels, groupe d'appartenance, renforcement et leaders d'opinion. Qu'est-ce qu'ils signifient?

Lazarsfeld en tira les conclusions suivantes. D'abord, bien loin d'être composée d'une masse atomisée soumise à l'action manipulatrice des médias comme le prétendait le modèle stimulus-réponse, la société américaine était apparemment composée de nombreux groupes d'appartenance. Chaque individu pouvait appartenir à un grand nombre de groupes qui formaient ainsi une trame sociale complexe. Un groupe d'appartenance pouvait consister des membres d'une famille, de compagnons de travail, d'amateurs de jazz ou de cinéma, d'un groupe religieux, d'un cercle informel d'amis, de gens qui se rencontrent une fois par semaine au café du coin, et ainsi de suite. Les groupes sont donc formés sur la base d'intérêts communs. Les contacts à l'intérieur du groupe se déroulent toujours entre amis en face à face. L'intimité de cette situation donne à l'avis de chacun un poids auprès de ses pairs dont ne jouirait pas l'avis d'un étranger. Le face à face, à cause de son intimité même, est plus convaincant, plus difficile à éviter, que les autres formes de communication.

Lazarsfeld lui-même dénombre six avantages des contacts personnels :

1. *L'omniprésence des contacts personnels.* Les gens sont plus exposés aux contacts personnels qu'aux médias et de toute façon ne consomment que les médias qui renforcent leurs croyances préalables :

   Chaque fois que nous avons interrogé les répondants sur leur exposition récente aux communications électorales de tous genres, ils ont mentionné les discussions politiques plus souvent que la radio ou la presse. (p. 150)

   En outre, les indécis sont plus ouverts aux contacts personnels qu'aux médias :

   Les conversations politiques avaient donc plus de chance de rejoindre ceux qui restaient ouverts aux influences. (p. 151)

2. *La spontanéité des contacts personnels.* Les contacts personnels sont plus efficaces parce que plus spontanés, moins orientés vers un but précis. Par exemple, tout le monde sait qu'un discours politique a une finalité persuasive. Mais les conversations de tous les jours n'ont généralement aucun but précis. Les contacts personnels peuvent donc nous surprendre à l'improviste :

   L'influence personnelle est plus envahissante et moins dépendante du choix personnel que celle des médias formels. Bref, la politique atteint les gens, et particulièrement les indifférents, beaucoup plus facilement par la voie des contacts personnels que par toute autre voie pour la simple raison qu'elle surgit de façon inattendue dans les conversations fortuites. (p. 152)

3. *La souplesse des contacts personnels.* Les contacts personnels sont plus souples que les médias. Les locuteurs d'une conversation ajustent constamment leur discours en fonction des réactions, des résistances et des attitudes de l'autre. Les médias, par contre, sont destinés à l'ensemble de la population et ne peuvent ajuster leur tir au niveau individuel :

   (L'agent électoral) peut choisir l'occasion d'engager la conversation. Il peut adapter sa chanson à ce qu'il croit être les intérêts et le niveau de compréhension de son interlocuteur. S'il décèle l'ennui chez l'autre, il peut changer de sujet. S'il sent que l'autre lui résiste, il peut battre en retraite, afin de lui donner le plaisir d'une victoire, puis revenir à la charge plus tard. S'il découvre, au fil d'une discussion, quelque marotte, il peut tenter d'y relier son argument. Il peut saisir les moments de fléchissement de l'autre et porter ainsi ses meilleurs coups. (p. 153)

4. *Les récompenses de la soumission.* Le contact personnel induit toujours une sensation de bien-être personnel lorsque l'on se soumet à l'avis d'une autre personne. Cette personne nous récompense par son attitude, sa jovialité, sa joie, etc. Il est très difficile d'éviter les réactions d'une personne dirigées contre soi tandis qu'on peut aisément éviter les attitudes des médias :

Lorsqu'on cède à une influence personnelle dans un choix politique, la récompense est immédiate et personnelle. (p. 154)

5. *La confiance accordée aux contacts personnels.* Les gens font davantage confiance aux contacts personnels qu'aux médias :

Un plus grand nombre de personnes fait confiance aux contacts personnels plutôt qu'à la radio ou à la presse, plus éloignées et plus impersonnelles pour les aider à reconnaître les arguments politiques proches de leurs intérêts. (p. 155)

6. *La persuasion sans conviction.* Les contacts personnels peuvent amener une personne à agir par amitié. C'est ce que Lazarsfeld appelle la persuasion sans conviction, c'est-à-dire qu'on vote pour un candidat parce que nos proches votent pour lui. Le choix n'est motivé ni par la raison ni par la force des arguments mais par l'amitié :

En fin de compte, les contacts personnels peuvent amener un électeur aux urnes sans affecter en rien sa compréhension des grandes questions électorales [...] l'influence personnelle, avec tout ce qu'elle comporte d'affection et de fidélité personnelles, peut amener aux urnes des électeurs qui, autrement, n'y iraient pas ou qui voteraient tout aussi facilement pour le parti adverse si quelqu'un d'autre avait insisté. Ils diffèrent des médias formels en convaincant des personnes inintéressées à voter dans un sens déterminé sans pour autant leur donner de raison substantielle de voter. (p. 157)

Les contacts personnels, cependant, n'ont pas lieu dans le vide. La force des choses veut que l'on ne rencontre d'habitude que des gens de son propre milieu. Les contacts personnels ont donc lieu dans un *groupe d'appartenance.* Mais quelle est donc la fonction du groupe d'appartenance?

Le groupe d'appartenance constitue l'un des endroits où les gens se rencontrent en face à face. À l'intérieur du groupe, on converse, on échange des idées, on parle de tout et de rien. Le but de ces contacts est de créer une *opinion de groupe*, une attitude ou une croyance partagée par tous les membres du groupe. Ainsi, le groupe d'appartenance infléchit les informations provenant de l'extérieur en les soumettant à un échange plus ou moins informel à l'intérieur du groupe. Il s'ensuit que pour appartenir au groupe, il faut partager l'opinion du groupe et que si l'on cesse de partager cette opinion, il faut quitter le groupe. Le groupe d'appartenance renforce donc ses propres règles et croyances. Certaines idées, attitudes ou croyances n'y sont pas admises.

Mais quelles informations pénètrent dans le groupe? D'abord, à cause des règles plus ou moins formelles du groupe, sont admises seulement les informations qui *concordent déjà* avec les normes du groupe. Ainsi, le groupe filtre les informations en provenance des mass media et ne retient que celles qui correspondent à ses attitudes et croyances. Qui plus est, l'information provenant de l'extérieur ne peut pénétrer dans le groupe que par une seule porte d'entrée, c'est-à-dire par le leader d'opinion.

Le leader d'opinion, c'est le membre qui, contrairement aux autres, suit assidûment les médias et consomme beaucoup d'informations. Or, comme nous l'avons vu, n'importe qui peut devenir leader d'opinion en fonction de ses inclinaisons personnelles. Le rôle est démocratique et ouvert à tous. Dans certains groupes, on peut être leader tandis que dans d'autres on se contente de suivre. Ainsi, en ce qui concerne la musique on peut être le leader d'opinion parce qu'on achète beaucoup de disques ou on lit la presse musicale tandis que dans le domaine du cinéma, un autre membre deviendra le leader. Le seul trait qui distingue le leader de ses pairs est son niveau de fréquentation plus élevé des médias. Or, puisque les groupes sont formés sur la base d'intérêts communs et que, par définition, tous les membres se ressemblent, le leader d'opinion aussi ressemble intimement aux autres membres du groupe. Il s'ensuit que la familiarité du leader, la nature informelle des contacts dans le groupe ainsi que les liens d'amitié et d'intérêt communs confèrent aux opinions du leader un poids considérable.

Quel modèle de la communication se dégageait des observations de Lazarsfeld? D'abord, il semblait que la société américaine n'était pas composée d'une masse atomisée impitoyablement soumise à l'action des médias comme le prétendait le modèle stimulus-réponse mais bel et bien d'une trame complexe de groupes d'appartenance.

Chacun de ces groupes était le foyer des croyances, des attitudes, des valeurs et des opinions de ses membres. Les groupes d'appartenance ne renvoyaient donc pas à une masse atomisée mais à une société multiple, riche et mouvante.

En outre, les médias s'avéraient faibles. Ils ne rejoignaient pas tout le monde et leurs impacts étaient incertains. On pouvait aisément les ignorer ou s'en détourner. Tout au plus, les médias contribuaient-ils à renforcer des opinions préalables puisque les gens ne les écoutaient que de façon sélective. On ne pouvait donc s'en servir pour manipuler la « masse » parce que cette masse mythique n'existait pas et parce que les nombreux groupes d'appartenance résistaient naturellement aux médias.

Devant les médias faibles, se dressaient donc subitement les contacts personnels puissants et efficaces. Les contacts personnels comportaient de nombreux avantages comparés aux médias et entraînaient l'adhésion spontanée des gens. Mais puisque les contacts personnels modalisaient et filtraient la communication, puisqu'ils se produisaient à l'intérieur de groupes d'appartenance et puisque leur rôle principal était de créer une opinion de groupe, la communication moderne n'était pas essentiellement persuasive mais *rituelle*. La communication moderne servait à mettre les gens en contact les uns avec les autres et à affirmer des croyances préexistantes. Comme un rituel, la communication scandait et réactivait les anciennes croyances.

La société selon Lazarsfeld se distinguait donc très nettement du modèle stimulus-réponse. D'abord, Lazarsfeld procédait par méthode d'enquête sociologique et non psychologique. Sous cet angle, les effets directs des médias furent remplacés par des effets indirects et incertains. Les médias manipulateurs furent aussi remplacés par des médias faibles et des contacts personnels puissants. La société plurielle, interdépendante et active se substitua à la masse atomisée, aliénée et manipulée. La communication rituelle remplaça la communication persuasive.

Le modèle de Lazarsfeld proposait donc un renversement total de la façon de penser la communication. Il fallait repenser entièrement le modèle S-R.

LES DIFFÉRENCES ENTRE LE MODÈLE S-R ET LE MODÈLE FONCTIONNALISTE

Le modèle stimulus-réponse est un modèle d'impact. Il s'intéresse à l'impact direct des médias et des messages. Il présuppose donc l'*indifférenciation sociale*. En effet, pour que le même message provoque le même effet sur tout le monde, il faut que tout le monde soit pareil. Il présuppose aussi l'*isolement social*. Cela veut dire que l'effet des messages dépend aussi du fait que ceux qui les subissent sont isolés les uns des autres et ne peuvent s'unir afin de leur résister ou de proposer une contre-interprétation. Chacun reçoit le message isolément et la ressemblance de chacun à tous assure que le même message provoquera toujours le même effet. Il présuppose donc aussi une *volonté manipulatrice des médias*. Les médias profitent de l'isolement social et l'exploitent. Il faut donc combattre les médias puisqu'ils sont la cause de la désintégration sociale. Il présuppose finalement que la communication moderne est essentiellement *persuasive* et *manipulatrice*, c'est-à-dire que le but de toute communication est d'amener quelqu'un à agir d'une façon déterminée. Il se fonde essentiellement sur une méthodologie behavioriste. La théorie de l'organisation sociale qui lui convient est donc celle de la masse atomisée, aliénée, passive, soumise à l'action directe des médias.

La question essentielle posée par le modèle stimulus-réponse est : *Que font les médias aux gens?* Le modèle appréhende les médias en tant qu'agents actifs du changement social. Or, les données des années 40 montrèrent que cette conception des médias et de leur rôle social était intenable. Plusieurs variables intervenaient entre les médias et leurs récepteurs. Les médias produisaient certes toujours des effets, mais ceux-ci étaient désormais *indirects*. La société n'était plus composée d'une masse atomisée et soumise. Il s'agissait, au contraire, d'une société plurielle composée de multiples groupes d'apparte-nance enchevêtrés. Les médias ne produisaient pas un effet direct sur les masses mais entraient en contact avec un ensemble de micro-publics. Les messages circulaient à l'intérieur de ces micro-groupes et produisaient souvent le contraire de l'effet escompté. La propagande qui devait entraîner un changement d'opinion pouvait tout aussi bien, selon la nature du groupe où elle pénétrait, renforcer les anciennes croyances et ce, malgré et contre la volonté de ceux qui manipulaient la propagande.

Il ne s'agissait donc plus de mesurer l'impact direct des médias au niveau de la psychologie individuelle mais de tenter de situer la communication dans son contexte social. Les enquêtes des années 40 justifièrent donc des méthodes beaucoup plus sociologiques que psychologiques. On ne pouvait plus mesurer simplement l'impact d'un message sur une personne puisque l'impact lui-même était mis en doute. Il fallait désormais tenter de tenir compte des contextes sociaux qui entouraient la personne.

La question fondamentale posée par le modèle fonctionnaliste est : *Que font les gens des médias?* Cette question fondamentale est évidemment le contraire de la question posée par le modèle stimulus-réponse et elle débouche sur des stratégies de recherche différentes.

Alors que le modèle stimulus-réponse tentait de mesurer les impacts directs, le fonctionnalisme s'intéressa à la *circulation des messages.* Qu'est-ce que cela veut dire? Cela signifie que le fonctionnalisme, ayant découvert l'inefficacité des médias et ne cherchant pas à en démontrer les impacts directs, se tourna davantage vers la façon dont un seul message était ou n'était pas reçu. D'ailleurs, l'étude de Lazarsfeld avait déjà montré de façon concluante que la communication moderne empruntait de nombreux détours. Les informations modernes étaient certes disséminées par les médias mais elles étaient happées *d'abord* par les leaders d'opinion qui les modalisaient en fonction des normes de leurs groupes avant de les transmettre à ceux-ci qui les infléchissaient encore davantage. Le processus de la communication apparaissait donc comme une course à obstacles où le message risquait de se perdre, d'être déformé, d'atteindre le mauvais but, de passer partiellement ou de produire l'effet contraire de celui qui était souhaité.

On appela ce phénomène les « deux étages de la communication » et le fonctionnalisme allait se spécialiser dans l'étude du cheminement des messages. Dans les termes les plus simples, les deux étages de la communication signifient que :

les idées passent vers les leaders d'opinion et de ceux-ci vers les segments moins actifs de la population. (p. 151)

TABLEAU 5.1 **Le modèle S-R et le modèle fonctionnaliste**

MODÈLE S-R CLASSIQUE	*MODÈLE FONCTIONNALISTE*
Effets directs	Effets indirects
Médias puissants	Médias faibles
Isolement social	Contacts personnels puissants
Communication persuasive	Communication rituelle
Méthodologie psychologique	Méthodologie sociologique
Masse aliénée, atomisée	Masse plurielle, interdépendante

LES DEUX ÉTAGES DE LA COMMUNICATION

La notion des deux étages de la communication (« two-step flow ») fut développée principalement par un collègue de Lazarsfeld, Elihu Katz[3]. Essentiellement, Katz réaffirme que les messages diffusés par les médias passent par deux étapes :

1. des médias aux leaders d'opinion,
2. des leaders d'opinion aux groupes d'appartenance.

Katz se posa donc les questions suivantes :

– Quelles sont les caractéristiques des leaders d'opinion?

– Comment et jusqu'où s'exerce l'influence personnelle?

– Peut-on décrire en détail les micro-groupes que sont les groupes d'appartenance?

---

3. Katz fut sans doute l'étudiant le plus célèbre de Lazarsfeld. D'abord membre de l'équipe qui colligea les informations pour *The People's Choice*, il devint ensuite collaborateur de son maître puis la nouvelle éminence de la recherche communicationnelle américaine.

Le texte de Katz fait donc le point sur quatre études qui tentèrent de répondre à ces trois interrogations :

1. *The People's Choice* que nous venons d'examiner;
2. l'étude de Rovere (New-Jersey) menée par Robert Merton en 1944 et publiée en 1948;
3. l'étude de Decatur (Illinois) menée par Katz et Lazarsfeld en 1944-1945 et publiée en 1948;
4. l'étude des médicaments appelée aussi le *Drug Study* menée par Coleman, Katz et Menzel en 1955.

La méthodologie de base est la même pour les quatre études. Il s'agit de déterminer *comment l'information circule à l'intérieur d'un groupe restreint*. Ce groupe restreint peut consister des habitants de Rovere, de Decatur, ou d'un groupe de médecins. Dans chaque cas, on cerne un *groupe d'appartenance* plus ou moins diffus et on tente de cerner la *circulation des informations* en répondant à la question : *Qui influence qui?*

En effet, si l'on peut savoir quelle personne reçoit une information *en premier* et à qui elle la transmet *ou ne la transmet pas*, on aura déterminé *la circulation des informations à l'intérieur d'un groupe d'appartenance*. On peut donc imaginer que les personnes recevant l'information *en premier* sont les leaders d'opinion. Or, *pourquoi* reçoivent-elles l'information avant les autres? Quelles sont leurs caractéristiques? Ensuite, à qui transmettent-elles ces informations? Ou encore, pourquoi les autres sont-ils aptes à recevoir l'information en provenance des leaders d'opinion? Le leader d'opinion peut-il influencer tout le monde? Son influence personnelle a-t-elle des limites? Quelles sont-elles et pourquoi existent-elles? Voilà donc les questions que se posent ces études.

COMMENT TROUVER UN LEADER D'OPINION

Or, comment l'observateur externe peut-il repérer les leaders d'opinion à l'intérieur de ces groupes d'appartenance? Katz propose de poser les deux questions suivantes aux sujets :

1. Avez-vous récemment essayé de convaincre quelqu'un de vos opinions politiques?

2. Quelqu'un a-t-il récemment demandé votre avis sur une question politique?

Le sujet qui répond « oui » à l'une ou l'autre de ces questions serait un leader d'opinion. Malheureusement, la plupart des répondants surestiment leur importance et se disent très sollicités. C'est le problème de l'*auto-désignation* : les leaders se désignent eux-mêmes et on ne peut pas nécessairement leur faire confiance.

Merton qui dirigea l'étude de Rovere contourna ce problème de la façon suivante. Si A affirmait que B lui avait demandé son opinion, il interrogeait B. Si B confirmait qu'il avait demandé l'avis de A, A serait considéré comme leader d'opinion. Merton ajouta l'exigence supplémentaire : *quatre* personnes au moins devaient confirmer avoir demandé l'avis de A avant que celui-ci ne fût réellement considéré comme leader d'opinion.

On notera aussi que Merton ne cherche pas à *démontrer* l'existence de l'influence personnelle. Il en *présuppose* l'existence et tente seulement de la *dépister*. Cette nuance est capitale. Par exemple, Merton ne cherche pas à prouver l'existence de l'influence personnelle en demandant « Quels sont les mécanismes de transmission de l'influence? » Au contraire, il se contente de les dépister. Or, pour ce faire, il est obligé de présupposer sans preuves que les mécanismes de transmission existent bel et bien et qu'ils sont efficaces. Il pose donc la question suivante : « Qui sont les personnes influentes? » Par cette manoeuvre, il présuppose précisément ce qu'il fallait démontrer.

Pourquoi est-ce un problème? Simplement parce que même si B a effectivement demandé l'avis de A, rien ne prouve que B ait suivi l'avis de A. Au contraire, il se pourrait que B ait consulté A uniquement pour le flatter ou pour s'en moquer. Bref, la simple existence de contacts personnels n'en démontre pas l'efficacité ou la pertinence.

Il s'ensuit que Merton peut dessiner la carte des contacts personnels mais ne peut pas expliquer pourquoi certaines personnes entrent en contact avec d'autres ni le sens ou l'importance de ces contacts. Bref, il constate qu'un réseau de relations unissant les influents aux influencés existe mais ne peut expliquer pourquoi il existe. Il en est donc réduit à la création d'une *typologie* des leaders d'opinion qui permet de classer des phénomènes observés superficiellement sans exiger qu'on en explique le principe de fonctionnement ou d'existence.

En outre, l'étude de Merton soulève un problème d'un tout autre ordre : celui du coût. Les recherches de type fonctionnaliste coûtent extrêmement cher parce qu'elles exigent le déploiement d'une armée de chercheurs sur le terrain qui conduisent des entrevues, collectionnent et trient les données, et finalement les interprètent. Bref, l'*opérationnalisation*[4] de l'hypothèse des leaders d'opinion est très onéreuse. N'entreprend pas de recherche sur le terrain qui veut. Seuls certains grands organismes tels le gouvernement ou la grande entreprise privée peuvent se permettre de mener de telles études.

L'ÉTUDE DE DECATUR

En 1944-1945, Katz et Lazarsfeld entreprirent donc une étude de marché pour le compte des Éditions Mcfadden[5] dans la ville de Decatur (Illinois). On remarquera déjà la présence d'un groupe financier important. Le but de l'étude était de faire augmenter le tirage des publications Mcfadden en interrogeant un certain nombre de ménagères sur leurs habitudes de consommation dans les domaines de la mode, de l'alimentation et du cinéma. À cela, Katz et Lazarsfeld ajoutèrent pour leur propre compte des questions relatives à la politique.

L'étude de Decatur est sans doute, avec le *People's Choice*, la plus célèbre des annales de la communication américaine et celle qui a fait couler le plus d'encre. On notera, cependant, deux particularités. D'abord, puisqu'il s'agissait d'une étude de marché liée à

---

4. Opérationnaliser veut dire imaginer comment on pourrait prouver empiriquement une hypothèse. Ainsi, on opérationnalise le concept de particule subatomique en construisant des appareils gigantesques capables de les produire. On opérationnalise le concept de leader d'opinion en faisant des entrevues sur le terrain. L'opérationnalisation fait appel au talent et à la créativité du chercheur qui doit découvrir une preuve à la fois réalisable et irréfutable.

5. Les Éditions Mcfadden publiaient le genre de revues et de tabloïds qu'en 1940 on eût retrouvé à la caisse des supermarchés : *Physical Culture, Liberty, Graphic, True Story, True Confessions, True Detective Story.* C'était ce que les Américains appellent la « pulp fiction », c'est-à-dire des publications sensationnelles et de mauvais goût.

des marchandises destinées principalement à un public féminin, Katz et Lazarsfeld n'interviewèrent que des femmes. Ensuite, contrairement à l'étude de Rovere, Katz et Lazarsfeld tentèrent de mesurer l'*efficacité* des contacts personnels. Ils ne demandèrent pas seulement « Qui vous a influencé? » mais cherchèrent aussi à savoir si la personne influencée avait suivi le conseil.

Katz et Lazarsfeld contrôlèrent l'auto-désignation comme l'avait fait Merton en remontant la chaîne de l'influence personnelle :
- Madame A affirme avoir influencé Madame B,
- Madame B confirme-t-elle que Madame A l'a influencée?

Or, Katz et Lazarsfeld découvrirent le fait suivant : Madame B affirmait effectivement avoir été influencée mais pas par Madame A. Elle se disait influencée par Madame C! Il semblait donc que la chaîne d'influence personnelle n'allait pas seulement d'une personne à une autre (Madame A influence Madame B) mais qu'une seule personne (Madame B) pouvait se trouver au confluent de plusieurs chaînes d'influence (Madame A et Madame C) (voir figure 5.4).

FIGURE 5.4   **Une chaîne d'influence**

MADAME A   MADAME B   MADAME C

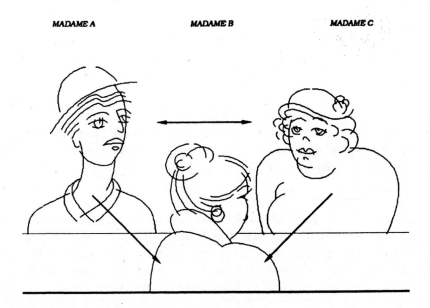

En outre, un deuxième phénomène troublant se révéla. Quand on demanda aux femmes influentes qui elles avaient influencé, nombre d'entre elles ajoutèrent spontanément qu'elles avaient elles-mêmes été influencées! Katz et Lazarsfeld se trouvaient donc confrontés au phénomène des influents influencés ou des leaders des leaders d'opinion (voir figure 5.5).

FIGURE 5.5   **La chaîne d'influence complexe**

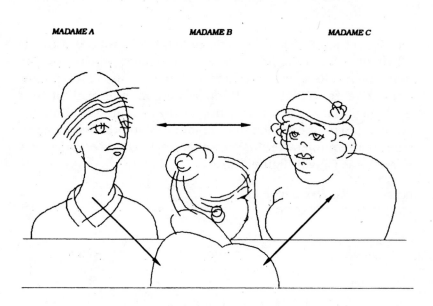

MADAME A   MADAME B   MADAME C

Il apparut donc que le rôle de leader d'opinion était une fonction très partagée : tel influent s'avouait influencé. Quel principe pouvait donc ordonner ce foisonnement d'influents et d'influencés? Sous quelles conditions précises devenait-on leader d'opinion?

Selon Katz et Lazarsfeld, la *structure* et les *valeurs sociales* expliquaient le phénomène. Ainsi, une jeune femme célibataire deviendrait leader d'opinion dans le domaine de la mode au lieu d'une mère de famille, malgré la plus grande expérience de celle-ci, à cause des valeurs sociales qui priment la jeunesse.

Mais cette observation est d'une importance extrême. Jusqu'ici, on croyait que le leader d'opinion se définissait par a) sa fréquentation plus élevée des médias et b) sa ressemblance parfaite aux autres membres du groupe d'appartenance. Le leader d'opinion était donc enraciné dans les valeurs et les traditions du groupe. C'était le groupe qui déterminait la nature et la qualité de la fréquentation des médias et qui, en dernier ressort, décidait du sens à accorder à cette fréquentation. Mais subitement, Katz et Lazarsfeld découvraient qu'il n'en était rien. Ils découvraient que le leader d'opinion n'était pas enraciné dans le groupe mais dans des structures sociales qui enca-draient le groupe.

Cette distinction est peut-être difficile à saisir mais reconsidérons l'exemple de la jeune femme célibataire. Pourquoi devient-elle leader d'opinion dans le domaine de la mode? Est-ce parce qu'elle ressemble parfaitement aux autres membres de son groupe? Non, d'ailleurs le fait qu'elle soit à la mode prouve qu'elle ne leur ressemble pas. Est-ce parce qu'elle fréquente davantage les médias? Peut-être. Mais le facteur déterminant est que la société en général attribue un rôle de leader aux jeunes femmes célibataires auquel les jeunes femmes elles-mêmes autant que leurs groupes d'appartenance se plient. Une jeune femme célibataire peut fort bien *ne pas* suivre les derniè-res modes, le simple fait qu'elle soit une jeune femme céliba-taire, c'est-à-dire le simple fait qu'elle occupe une position sociale reconnue, déterminera que les autres lui attribueront spontanément le rôle de leader d'opinion. Une force, une struc-ture, un pouvoir social détermine donc la fonction de leader d'opinion.

Le fonctionnalisme débouche bientôt sur un facteur qu'il n'avait pas prévu : la structure sociale. L'influence personnelle semble subitement s'inscrire dans une structure sociale qui détermine la position occupée par chacun et donc l'importance qu'il faut accorder à l'avis de chacun.

Or, si la fonction de leader d'opinion est déterminée par des structures sociales et non plus par les groupes d'appartenance eux-mêmes, peut-être faut-il revoir en profondeur le concept même de groupe d'appartenance. Les groupes d'appartenance ne fonctionnent peut-être pas selon la formule du fonctionnalisme. À la limite, peut-être faut-il revoir entièrement l'image de la société que tend à accréditer le fonctionnalisme.

Néanmoins, les trois découvertes principales de l'étude de Decatur sont :

1. les chaînes d'influence personnelle sont longues et complexes,
2. la fonction de leader d'opinion est très partagée,
3. l'influence personnelle dépend des structures sociales.

Il nous faut également noter que :

1. les chercheurs tentèrent de cueillir des informations *politiques* de la même façon que des informations de *consommation* — ils établissaient donc une équivalence entre l'acte de consommation (acheter telle revue) et l'acte politique (voter pour tel candidat);
2. la présence de la grande entreprise est nécessaire pour subventionner la recherche et fait porter l'essentiel de la recherche non pas sur les comportements politiques mais sur les comportements de consommation;
3. le but de la recherche est d'augmenter la rentabilité de l'entreprise subventionnaire;
4. à force d'étudier l'influence personnelle, on est renvoyé à des facteurs impersonnels tels la structure et les valeurs sociales.

L'ÉTUDE DES MÉDICAMENTS

En 1955, Katz, Coleman et Menzel entreprirent d'étudier l'influence personnelle chez un groupe de médecins. Il s'agissait d'étudier l'adoption d'un nouveau médicament. Quels médecins étaient les premiers à prendre connaissance du nouveau médicament? Quels autres médecins influençaient-ils? Dans quel ordre les influençaient-ils?

Les chercheurs découvrirent que :

1. plus un médecin fréquentait les congrès médicaux hors de sa ville, plus il adoptait facilement les nouveaux remèdes;

2. plus un médecin fréquentait les congrès médicaux, plus il était considéré et consulté par ses collègues;

3. plus un médecin fréquentait les congrès médicaux, plus il lisait les revues spécialisées.

C'étaient donc les médecins les plus immergés dans leur milieu qui adoptaient en premier les nouveaux médicaments, qui se tenaient au courant des dernières découvertes et qui exerçaient le plus d'influence sur leurs confrères. Sur cette base, les chercheurs construisirent un *indice d'intégration à la communauté médicale*. Plus un médecin lisait de revues spécialisées, fréquentait de congrès et choisissait ses amis parmi les autres médecins, bref, *plus il adoptait les normes professionnelles et sociales traditionnelles*, plus il était intégré à la communauté médicale. En outre, les médecins les plus intégrés étaient aussi les plus influents.

On notera encore une fois qu'à force de vouloir cerner l'influence personnelle, on se trouve plongé dans la structure sociale : le médecin n'est influent que parce qu'il adopte les normes professionnelles et sociales, c'est-à-dire *parce que la structure sociale l'inscrit dans une position donnée*. L'influence personnelle semble donc tenir autant de la structure sociale que de la personne.

RAPPEL

Quelles conclusions pouvons-nous tirer de ces textes?

1. Le fonctionnalisme affirme que les médias sont faibles et que les contacts personnels sont puissants.

2. Il en donne les preuves suivantes :
   – l'écoute des médias est très sélective,
   – les médias ne produisent pas toujours les effets escomptés,
   – les messages ne touchent pas directement l'ensemble de la population.

3. Au contraire, les messages sont d'abord happés par des leaders d'opinion qui les transmettent à leurs groupes d'appartenance.

4. Les groupes d'appartenance infléchissent encore davantage les messages parce qu'ils n'écoutent que les messages correspondant à leurs valeurs préexistantes.

5. La communication a donc une fonction de renforcement des croyances; elle est rituelle bien plus que persuasive.

6. Cela signifie que la société américaine est composée de groupes d'appartenance autonomes défendant chacun leur point de vue, leurs croyances, leurs opinions, etc. La manipulation par les médias devient impossible car la société américaine n'est pas une masse atomisée et aliénée mais un public ouvert, démocratique et pluraliste.

7. Le leader d'opinion, quant à lui, est celui qui consomme le plus d'informations, celui qui est le plus en contact avec les médias et qui transmet leurs messages à ses pairs.

8. C'est sur cette base que Katz élabore le modèle des deux étages de la communication : la communication va des médias aux leaders puis des leaders aux groupes.

9. Or, ce modèle est lui-même sujet à transformation parce qu'on s'aperçoit que la communication ne passe pas seulement par deux étapes mais par plusieurs étapes — les influents sont eux-mêmes influencés. C'est ce que démontre l'étude de Decatur.

10. En outre, le leader d'opinion s'avère être un personnage étrange. Dans un premier temps (l'époque du *People's Choice*), on croit que c'est la parfaite ressemblance du leader d'opinion aux autres membres du groupe dont il partage les goûts, les opinions, les croyances, etc., qui l'autorise à assumer la fonction de leader. Cependant, l'étude des médicaments révèle qu'il faut aussi se conformer aux structures sociales existantes.

11. Ce point est d'une très grande importance. Que nous montre l'étude des remèdes précisément? Elle montre que les leaders d'opinion sont ceux qui sont *le plus*

intégrés à leur milieu professionnel. C'est-à-dire que pour devenir leader d'opinion il ne suffit pas de ressembler parfaitement à son groupe d'appartenance ni même de consommer plus d'informations que les autres. Il faut aussi *se conformer aux structures sociales traditionnelles.*

12. Considérons l'exemple des médecins étudiés par Katz. Qu'arriverait-il à un médecin qui a) ressemblerait parfaitement à son groupe d'appartenance, b) consommerait beaucoup plus d'informations que tous ses pairs, c) rejetterait les normes traditionnelles de sa profession? Il ne deviendrait pas leader d'opinion. Le facteur déterminant est *la conformité aux structures et valeurs traditionnelles.*

13. Le pouvoir du leader d'opinion n'est donc pas enraciné dans sa personnalité ou dans son groupe. Il s'enracine dans le pouvoir de son contexte. Bref, le concept de leader d'opinion, qui devait à ses débuts confirmer la nature pluraliste et démocratique de la société américaine (puisque n'importe qui peut devenir leader d'opinion), finit par renvoyer à des structures et valeurs impersonnelles qui assujettissent les leaders autant que leurs groupes.

14. Nous venons donc de découvrir une contradiction fondamentale du fonctionnalisme. En voulant affirmer le primat des contacts personnels, le fonctionnalisme finit par découvrir le primat des structures sociales.

15. Par ailleurs, le fonctionnalisme mobilise des stratégies d'enquête beaucoup plus sociologiques que psychologiques. Mais ce faisant, il dépend aussi de subventions provenant du gouvernement ou du secteur privé parce que la recherche sociologique coûte extrêmement cher.

Nous sommes donc amenés à poser une question très grave au sujet du fonctionnalisme. Tout comme le modèle stimulus-réponse correspondait parfaitement aux intérêts de certains groupes sociaux, à quels intérêts le fonctionnalisme correspond-il?

Si l'on y réfléchit bien, l'affirmation principale du fonctionnalisme est que les médias sont faibles et que les contacts personnels sont puissants. Or, les médias eux-mêmes ne dénient-ils pas constamment leur puissance précisément pour échapper à la réglementation et à tous les contrôles qu'on serait peut-être tentés de leur imposer? Il faut se rendre à l'évidence : le constat de l'inefficacité des médias n'est pas seulement une découverte sociologique, c'est aussi une façon de diagnostiquer les médias afin de les rendre plus efficaces. Si l'on peut repérer les points de résistance, de distorsion, d'égarement, de mécompréhension, etc., dans le cheminement des messages, ne pourra-t-on pas s'en servir afin de rendre les médias plus puissants?

CRITIQUE DU FONCTIONNALISME

INTRODUCTION

Dans ce chapitre, nous allons reconsidérer la théorie fonctionnaliste et ses propositions à partir d'un point de vue critique, en nous inspirant du texte de Todd Gitlin (1978) « La sociologie des médias : le paradigme dominant »[1]. Ce texte se distingue des autres que nous avons vus jusqu'à maintenant. D'abord, il est beaucoup plus dense et exige donc une lecture minutieuse. Mais il n'a pas non plus le même statut. Les autres textes constituaient *l'objet* de notre étude, ils *illustraient* nos propos. Le texte de Gitlin n'est ni un objet d'étude ni une illustration d'une théorie. Au contraire, le texte de Gitlin formule une critique globale du fonctionnalisme dont nous pouvons nous inspirer pour repérer la faille principale qui traverse tout le fonctionnalisme américain. Le texte de Gitlin nous aide à aborder la question des médias sous un angle nouveau.

Comme toute théorie nouvelle, le fonctionnalisme s'institue en se démarquant des faiblesses de la théorie qui l'avait précédé, en l'occurrence la théorie du stimulus-réponse. (N.B. Gitlin parle du paradigme de l'influence personnelle pour désigner le fonctionnalisme et de la théorie hypodermique pour désigner la théorie du stimulus-réponse.)

> *Le paradigme de l'« influence personnelle » se situe lui-même à l'intérieur d'une critique de la théorie « hypodermique » qui est elle-même une théorie de la société et une théorie du fonctionnement des mass media au sein de cette société.* (p. 209-210)

Contrairement à cette théorie, le fonctionnalisme affirme que les médias n'affectent pas directement ceux qui les consomment. Les messages médiatiques ne procèdent pas, selon le fonctionnalisme, en ligne directe des médias à la masse atomisée mais pénètrent d'abord dans des situations sociales complexes. Le message est happé par des groupes d'appartenance à l'intérieur desquels il est réinterprété. Les messages ne provoquent donc pas toujours les effets escomptés.

---

1. Il est à noter que nous ne présentons que les extraits pertinents du texte.

DEUXIÈME PARTIE

Par ailleurs, les groupes d'appartenance se caractérisent eux-mêmes par une structure complexe. Ils sont le foyer des attitudes, croyances, opinions, etc., de leurs membres. Ils renforcent ces croyances et filtrent les informations provenant de l'extérieur. Bref, ils sont les garants de la démocratie et du pluralisme américains. Au modèle d'impact de la théorie S-R se substitue donc le modèle des deux étages : aux stimuli se substituent les médias faibles, à la masse atomisée se substituent les leaders d'opinion et les groupes d'appartenance.

TABLEAU 6.1   **Opposition des modèles S-R et fonctionnaliste**

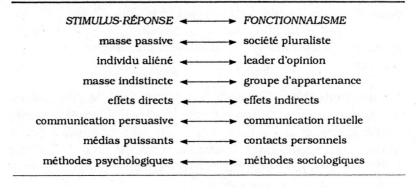

STIMULUS-RÉPONSE	←——→	FONCTIONNALISME
masse passive	←——→	société pluraliste
individu aliéné	←——→	leader d'opinion
masse indistincte	←——→	groupe d'appartenance
effets directs	←——→	effets indirects
communication persuasive	←——→	communication rituelle
médias puissants	←——→	contacts personnels
méthodes psychologiques	←——→	méthodes sociologiques

LA PERTE DU CONTRÔLE SOCIAL

Pourtant, le fonctionnalisme et le modèle stimulus-réponse se ressemblent profondément par certains autres aspects. Comme le note Gitlin :

> Il importe de souligner que la théorie s'enracinait dans le behaviorisme strict [...] il fallait découvrir des « effets » immédiats précisément mesurables portant sur des changements d'attitude ou des comportements isolés. Que ce fut dans les enquêtes de Lazarsfeld ou dans les expériences de laboratoire de Carl Hovland et de ses collaborateurs, le but restait d'élaborer des théories capables de prédire les réactions des auditoires. Or, ces théories — qu'on le veuille ou non — s'accordent nécessairement avec le point de vue administratif qui permet à des administrateurs occupant des postes clés et possédant l'information appropriée de prendre des décisions qui affectent l'ensemble de leur domaine, tout en ayant une bonne idée des conséquences de leurs choix. (p. 211)

Aussi paradoxal que cela puisse sembler, on voit que derrière la préoccupation prioritaire du fonctionnalisme, à savoir la circulation des messages, se cache également une préoccupation d'impact. On peut donc dire que le fonctionnalisme se laisse aussi appréhender comme un modèle d'impact, c'est-à-dire un modèle qui s'intéresse à l'effet ou l'impact des médias sur ceux qui les consomment. Pourquoi?

D'abord, même pour le fonctionnalisme, on peut constater que la préoccupation centrale de la circulation des messages se traduit aussi en préoccupation de l'effet ou de l'efficacité des médias. En effet, lorsque les fonctionnalistes constatent l'absence ou la faiblesse des impacts parce que ceux-ci sont happés par les groupes d'appartenance, que font-ils? Ils proposent de découvrir les mécanismes par lesquels les messages sont affaiblis *afin de les contourner*. Bref, ils proposent des stratégies qui permettent d'accroître l'efficacité des médias.

En outre, le modèle S-R et le fonctionnalisme conservent la même conception de la communication. Même si le fonctionnalisme se veut plus convivial que le modèle S-R, le fait reste qu'il envisage toujours l'acte communicationnel comme acte non réciproque : la communication continue de voyager du centre vers la périphérie, des puissants vers les faibles. C'est d'ailleurs cette conception de la communication qui fonde l'interrogation sur l'inefficacité des médias. Car si on n'envisageait pas les médias comme centre non réciproque devant atteindre une périphérie, il n'y aurait pas lieu de s'inquiéter de leur inefficacité. C'est uniquement parce que le fonctionnalisme persiste à considérer la communication comme un phénomène non réciproque qu'il achoppe sur son inefficacité.

Tout comme le modèle stimulus-réponse, le fonctionnalisme exclut donc la réciprocité communicationnelle. Le fonctionnalisme n'admet pas que les récepteurs des messages médiatiques contribuent à leur élaboration. Il constate seulement que les récepteurs interprètent différemment les messages médiatiques et que cette non-conformité de la réception pose des problèmes majeurs pour les médias. En fait, ce qui motive le fonctionnalisme n'est pas un souci d'égalité communicationnelle mais une inquiétude devant la *perte du contrôle social exercé par les médias*.

Remarquons ceci : devant la constatation qu'un même message n'est pas perçu uniformément par tous ses récepteurs et que ses effets sont indirects, le fonctionnalisme se met à examiner de très près les empêchements à l'impact du message, les causes de son inefficacité. Il produit ainsi une quantité prodigieuse de renseignements sur la société qui permettent éventuellement aux puissants de raffiner leur contrôle. Mais comment le fonctionnalisme constitue-t-il cette masse de renseignements?

Considérons la méthode d'enquête du fonctionnalisme. Nous savons que le fonctionnalisme procède par interview. Il interroge les répondants sur leurs intérêts, leurs goûts, leurs préférences, et ainsi de suite. Il crée donc un stock d'informations sur les goûts et dégoûts typiques de l'ensemble de la population. Ce stock d'informations peut par la suite aider une entreprise médiatique (télévision, presse, édition, etc.) à proposer des contenus qui correspondent précisément aux intérêts exprimés. Ainsi, l'impact des médias est augmenté parce que les publics sont ciblés. En apprenant qui consomme quoi et pour quelles raisons, le fonctionnalisme permet aux médias de resserrer leur contrôle de la consommation médiatique. Par exemple, si une entreprise sait que les jeunes enfants préfèrent les personnages animés aux acteurs réels, elle peut proposer à ce public des bandes dessinées qui captiveront son intérêt et qui le rendront disponible aux annonces publicitaires intercalées dans la trame narrative.

Le fonctionnalisme permet de savoir, par exemple, qui regarde la télévision, ce qui est regardé, pendant combien d'heures, pourquoi on regarde. Bref, le fonctionnalisme permet de constituer un arsenal d'informations extrêmement précises sur nos comportements privés et personnels.

LA FONCTION CRÉE L'ORGANE

Le fonctionnalisme n'interroge pas les impacts directs des médias mais bel et bien la circulation des messages à l'intérieur des groupes d'appartenance. D'ailleurs, c'est dans ce circuit interne que l'on peut repérer la plupart des empêchements à l'efficacité des messages. Le fonctionnalisme s'intéresse donc au plus haut degré au traitement *individuel* de l'information. Toutefois, ce point de vue soulève la question suivante : qu'arrive-t-il lorsqu'on s'intéresse au traitement individuel de l'information? Comme nous le verrons, le fonctionnalisme est incapable de théoriser, c'est-à-dire de tirer les conséquences de sa concentration exclusive sur le traitement individuel de l'information.

Le fonctionnalisme affirme, d'un côté, que les médias sont inefficaces. Pourtant, il constate aussi, de l'autre côté, que le public en est très friand. Mais ces constatations contradictoires débouchent sur les questions suivantes : pourquoi sommes-nous si attachés à des moyens de communication inefficaces qui ne nous touchent pas et pourquoi la société s'est-elle dotée de médias aisément résistibles et sans impact réel? Encore une fois, le fonctionnalisme soulève un contre-sens qu'il ne reconnaît pas et qu'il reste incapable de résoudre.

Nous sommes conduits à croire que, de toute évidence, les médias ne font rien. Ils semblent n'être que de simples *fournisseurs* d'informations et de distractions dont les individus se servent à volonté. En d'autres mots, ce sont les individus qui consomment les contenus médiatiques comme bon leur semble. Ce sont les individus qui semblent contrôler ou dominer les échanges d'information. Les médias semblent être contraints à fournir ce que le public exige. Le fonctionnalisme accrédite donc l'image de médias faibles, obligés, par la force des circonstances, à dépister les dernières modes et à suivre les aléas des goûts du public. Les médias ne font rien aux gens, ce sont les gens qui mènent les médias.

En outre, force nous est de concéder que, dans notre société, la consommation des médias est *volontaire*. Il n'existe aucune contrainte morale, physique, idéologique, ou autre, qui nous obligerait à regarder la télévision ou à lire les journaux. Les médias eux-mêmes sont incapables de nous contraindre à les consommer et il n'existe aucune autre instance sociale qui nous sommerait, sous quelque peine inconnue, de consommer les médias. La consommation volontaire des médias semble donc indiquer que nous consommons les médias par plaisir ou par pur intérêt personnel.

En d'autres mots, nous ne consommons pas les médias parce qu'ils sont puissants ou contraignants, mais parce que nous le voulons. Mais pourquoi le voulons-nous? Le fonctionnalisme répond, et c'est son trait de plus grande originalité ainsi que son point de plus grande confusion, que nous consommons volontiers les médias parce qu'ils correspondent à des besoins.

Selon le fonctionnalisme, les médias existent donc pour nous *gratifier*, pour répondre à des besoins personnels. C'est leur *fonction*, d'où le nom de fonctionnalisme. Le fonctionnalisme est une théorie qui explique le phénomène qu'elle étudie (les médias) en posant qu'avant même l'existence du phénomène existait un besoin qui exigeait l'apparition du phénomène. Les médias sont donc la réponse à des besoins purement personnels. La fonction (répondre à un besoin) s'institue en diverses organes (les médias). La fonction créé l'organe. Mais quelle est la fonction des mass media modernes, à quel besoin précis répondent-ils?

Le fonctionnalisme affirme que dans une société *complexe*, nous avons tous besoin d'information et de distraction. *C'est donc notre besoin d'information et de distraction qui provoque la création des médias.* Ainsi, les médias sont l'accomplissement de nos désirs ou tout au moins la réponse à nos besoins. La fonction, qui est de fournir l'information et les distractions, crée alors l'organe que sont les médias. Ainsi, les médias sont les organes de la société dont l'existence est due à nos besoins, à nos intérêts, à nos désirs personnels, etc. Les médias dépendent finalement de nous, nous ne dépendons pas d'eux.

Il s'ensuit aussi que toutes les sociétés qui partagent les mêmes médias se ressemblent foncièrement puisque les médias correspondent à des fonctions. Aux mêmes médias correspondent les mêmes fonctions et donc les mêmes désirs profonds.

L'HISTOIRE ESCAMOTÉE

Cette vision des médias est certainement très utopique et ne correspond nullement à la réalité. Il est vrai que les médias cherchent à nous gratifier puisqu'ils ne récolteraient pas beaucoup de consommateurs par la menace. Mais il est faux de croire que les médias sont de simples fournisseurs répondant à nos besoins préexistants. Qu'est-ce que le fonctionnalisme obscurcit si profondément?

La première chose à être escamotée, c'est l'histoire elle-même. Le fonctionnalisme ignore complètement les conditions d'émergence et d'évolution des médias. D'ailleurs, la preuve s'en trouve dans les diverses études de type fonctionnaliste que nous avons examinées. Jamais Lazarsfeld ou Katz ou leurs collègues ne demandent *pourquoi* les médias diffusent un contenu (information, distraction) au lieu d'un autre. Au contraire, ils acceptent toujours le contenu des médias tel quel et se demandent *comment* il circule et avec quels effets.

Mais que se serait-il passé si on avait demandé aux médecins de l'étude des médicaments non pas de désigner leurs confrères influents mais de dire pourquoi selon eux on leur proposait une nouvelle drogue? Que se serait-il passé si on avait demandé aux sujets de Decatur non pas qui les avait influencés mais pourquoi la radio et le journal ne parlaient que des deux candidats principaux et jamais des autres?

Il est sûr que dans ces deux cas hypothétiques, on eût été obligé de considérer les moyens de diffusion (revues scientifiques, journal, radio) non plus comme de simples conduits ou canaux neutres mais comme les outils d'un intérêt social qui peut être l'intérêt d'un groupe social, un intérêt économique, un intérêt politique, etc. Ainsi, les médias seraient par leur forme, leur contenu, leur propriété, leur organisation, l'expression d'intérêts sociaux. Par exemple, dès que l'on se demande pourquoi la télévision ne diffuse que certains contenus, on cesse de la considérer comme un simple organe accomplissant une simple fonction et on se met à la considérer comme faisant partie intégrante d'une stratégie sociale, c'est-à-dire qu'on se met à la voir comme l'expression de certains intérêts sociaux. Une stratégie sociale est la mise en action des intérêts particuliers. Or, si les contenus font partie d'une stratégie sociale, suffit-il de dire qu'ils existent uniquement pour notre gratification personnelle? Il s'agit incontestablement d'un appauvrissement du sens des contenus et des médias.

Mais considérons encore la télévision. Il est certain que, dans une certaine mesure, la télévision, et tous les médias, cherchent à nous gratifier, mais il est moins certain que ce soit leur seule fonction ou leur seule raison d'être. Les médias correspondent *aussi* à des intérêts sociaux. Les médias permettent *aussi* aux centres de communiquer avec les périphéries, aux centres de structurer le savoir des périphéries. Ainsi, même s'il est vrai que les contenus des médias peuvent nous gratifier, parfois dans une très large mesure, il est aussi vrai que ces contenus sont choisis et qu'ils correspondent à certains intérêts sociaux.

Mais essayons de prendre encore un peu plus de recul. Si nous affirmons que les contenus et les médias font partie d'une stratégie sociale, nous serions amenés à nous poser les questions suivantes : quels intérêts les contenus expriment-ils et quels intérêts occultent-ils? Par quels mécanismes, les contenus et les médias arrivent-ils à exprimer ces intérêts? Comment et pourquoi l'expression de ces intérêts, par l'intermédiaire des médias et des contenus, devient-elle acceptable pour l'ensemble de la société? Bref, nous serions amenés à élaborer une théorie de ce que l'on appelle classiquement l'« idéologie ».

Mais si ces questions comportent un intérêt évident, il reste à savoir comment nous pourrions y répondre. D'abord, une étude détaillée des contextes d'émergence et d'évolution des entreprises médiatiques constituerait un bon point de départ. Cela veut dire que nous pourrions commencer de répondre à ces questions de la façon suivante : à quel moment l'entreprise médiatique fut-elle lancée? dans quelles conditions? pour quelles raisons? qui en profite? Il faut poser ces questions parce qu'elles sont les seules qui permettent d'expliquer les médias et les contenus.

Mais il faut aussi remarquer que ce sont précisément le genre de questions que les études de type fonctionnaliste ne posent jamais. Au contraire, les fonctionnalistes se demandent seulement quel message a été reçu, par qui, selon quel cheminement et avec quel effet? On peut d'ailleurs comprendre parfaitement Gitlin qui appelle le fonctionnaliste un théoricien administratif et dit :

> *Le théoricien administratif ne se préoccupe nullement de la propriété des médias ni des critères de contenu qui en découlent; l'ordre établi constitue son point de départ et il considère seulement l'effet d'une certaine utilisation de cet ordre.* (p. 225)

En d'autres mots, en se concentrant sur la simple circulation des messages, en ne cherchant pas à savoir ce qui a été dit ni pourquoi cela a été dit, le fonctionnalisme se condamne à croire que les médias accomplissent allègrement des fonctions. En se concentrant sur le comment, le fonctionnalisme s'interdit de mettre en cause la structure sociale ou la raison d'être des médias. Les fonctionnalistes se contentent d'une sociologie des médias aussi superficielle qu'impertinente dont le seul but est d'accréditer l'image de médias faibles et de consommateurs puissants.

En outre, la concentration sur le *comment* de la circulation d'un message ne peut que conduire à la formation de chercheurs spécialistes de l'efficacité. Le chercheur fonctionnaliste accumule toutes sortes de connaissances sur la circulation de toutes sortes de messages, connaissances qui lui permettent ensuite de perfectionner ses stratégies de communication, c'est-à-dire de renforcer les médias apparemment faibles.

Le fonctionnalisme est essentiellement une façon d'assurer le bon fonctionnement des structures sociales, bref, une technique de gestion du pouvoir capitaliste axée sur la circulation efficace des messages. D'ailleurs, comme le note Gitlin, les grands commanditaires de la recherche fonctionnaliste sont :

– les réseaux de radio et de télévision, mais aussi l'ensemble des entreprises médiatiques, qui veulent perfectionner leurs stratégies de communication afin d'attirer un public sans cesse plus nombreux et donc des revenus plus considérables;

– les agences de publicité qui veulent tester l'efficacité de leurs messages et mieux cibler leurs publics;

– les gouvernements qui veulent atteindre le plus efficacement possible leurs populations.

Il n'est donc guère surprenant qu'à l'époque même où :

> *la propriété privée des mass media américains s'est concentrée;*
> *leurs opérations se sont centralisées; leur rayon de diffusion s'est*
> *étendu à l'ensemble du pays; ils sont devenus plus envahissants*
> *que jamais. Pourtant, pendant cette même période, c'est le thème de*
> *l'impuissance relative de la radiotélédiffusion qui domina l'étude*
> *sociologique des médias.* (p. 209)

Le fonctionnalisme permet de maintenir la fiction d'une société américaine pluraliste, démocratique et ouverte au moment même où certaines de ses institutions atteignent une taille inimaginable, concentrent un capital incalculable et exercent un pouvoir inestimable.

LA SOCIÉTÉ SANS POUVOIR

Ce qui est escamoté avec l'histoire, c'est donc aussi le pouvoir. Nous venons de constater que le fonctionnalisme ne se pose pas de questions quant à l'émergence et à l'évolution des médias. Il les prend tels quels et s'interroge seulement sur leur efficacité. Mais évidemment, si l'on ne connaît pas l'histoire des médias, on ne connaît pas non plus les intérêts sociaux qui les sous-tendent et qui les ont fait évoluer. Qui ignore l'histoire ignore aussi le pouvoir. Et c'est d'ailleurs le cas du fonctionnalisme. Le fonctionnalisme ne croit pas que les médias exercent un pouvoir. Il ne croit pas que l'État puisse avoir une incidence sur les médias. Il ne croit pas que les puissants parlent sans réciprocité aux faibles. Il croit que les consommateurs se gratifient au moyen des médias.

À un pouvoir centralisateur et hégémonique, le fonctionnalisme oppose un pouvoir diffus, démocratique et partagé, bref, un pouvoir qui n'en est presque plus un et qu'il appelle, on s'en souviendra, l'*influence* personnelle. L'influence est un concept beaucoup plus démocratique et rassurant que le pouvoir. Tout le monde a l'occasion d'influencer et d'être influencé tandis que le pouvoir suppose un partage inégalitaire, une contrainte, une volonté contraire et dominatrice. Bien sûr, l'influence personnelle existe et fonctionne, mais il faut sérieusement se demander si elle l'emporte réellement sur le pouvoir des médias.

Pourquoi une influence personnelle, par définition locale et limitée au rapport d'une personne avec une ou deux autres, serait-elle un phénomène communicationnel plus puissant que l'influence des médias, par définition massive, industrielle, persuasive et professionnelle?

UNE RÉINTERPRÉTATION DE CERTAINS RÉSULTATS

D'ailleurs, le fonctionnalisme ne cesse de révéler des résultats qui le contredisent. À l'instar de Gitlin, nous pouvons réinterpréter les résultats des études fonctionnalistes examinées jusqu'ici.

Reconsidérons l'étude de Decatur. Entre autres, cette étude révèle que les répondantes qui s'avouaient volontiers influencées dans les domaines de la mode, de l'alimentation et du cinéma, refusaient de s'avouer influencées dans le domaine des affaires publiques. Or, on peut facilement réinterpréter ce résultat de façon favorable au modèle S-R et défavorable au fonctionnalisme.

Par exemple, ne serait-il pas juste d'affirmer que dans le secteur de la consommation que représentent l'alimentation, la mode et le cinéma, les changements fréquents sont une nécessité de survie de ces industries et que, conformément aux besoins industriels, les répondantes avouent avoir changé fréquemment d'idée?

> Or, l'inconstance est une pré-condition de la société capitaliste, où la propriété privée le cède régulièrement aux exigences de la richesse et de l'accumulation. (p. 215)

Par contre, dans le secteur qui se rapproche le plus du pouvoir d'État, le secteur des affaires publiques où l'on s'attendrait à voir régner un conservatisme qui ne questionne pas le pouvoir, les répondantes se sont effectivement montrées ininfluençables.

En d'autres mots, là où la société de consommation a besoin de changements fréquents, l'étude de Decatur a trouvé des changements fréquents, et là où elle a besoin de stabilité, l'étude a trouvé la stabilité. Ces résultats ne témoigneraient-ils pas éloquemment du pouvoir direct des médias sur l'ensemble de la population?

> *Les personnes désignées comme influentes ou influencées dans le domaine des affaires publiques étaient beaucoup moins enclines à confirmer ce statut — à confirmer, en d'autres mots, qu'elles avaient réellement tenté d'influencer quelqu'un ou qu'elles avaient été influencées — que les personnes désignées dans les domaines de la mode et de la consommation [...] Katz et Lazarsfeld mentionnèrent que les hommes qui constituaient la très vaste majorité des personnes influentes en affaires publiques étaient peut-être de pauvres informateurs; ils ne mentionnèrent pas que l'influence ponctuelle sur les « changements d'attitude dans le domaine des affaires publiques » était si difficile à dépister qu'il fallait peut-être rejeter le concept même des deux étages de la communication ainsi que tout processus décisif d'influence personnelle. De telles données confirment tout à fait la théorie « hypodermique » qui pose que, dans le domaine des affaires publiques, les médias agissent directement sur la conscience du public.* (p. 220; nous soulignons)

En outre, le concept de leader d'opinion, comme nous l'avons vu, ne fonctionne réellement qu'à condition de concéder que les leaders sont eux-mêmes directement influencés par les médias. En d'autres mots, pour présumer de l'efficacité de l'influence personnelle, il faut d'abord présumer de l'efficacité directe des médias sur une certaine catégorie de personnes. Les leaders d'opinion sont précisément les plus sujets à l'influence des médias puisqu'ils les consomment plus que les autres et ne cessent de relayer leurs contenus. Toujours selon Gitlin :

> *Seul leur point de vue administratif empêcha Katz et Lazarsfeld de prendre au sérieux ce qui sautait aux yeux : que l'expertise de leurs « experts » dépendait d'une « variable » explicitement écartée de l'étude. Bref, on demandait aux répondantes de désigner les personnes qu'elles croyaient le plus à l'écoute des mass media.* (p. 218)

Bref, pour prouver l'existence des leaders d'opinion, il faut d'abord présumer de l'impact des médias. Or, c'est précisément cet impact que le concept de leader d'opinion doit récuser!

Néanmoins, le pouvoir réapparaît sous une forme inattendue : comme une sorte de consommation personnelle. Qu'est-ce que cela veut dire? Rappelons-nous que le fonctionnalisme se préoccupe de la gratification des besoins. Il affirme qu'à tout besoin correspond une gratification et avance comme modèle même de cette gratification la consommation. La consommation et les biens de consommation sont, pour le fonctionnalisme, la meilleure façon de répondre aux besoins humains. C'est pour cette raison que la société de consommation américaine figure dans le discours fonctionnaliste comme le modèle souhaitable de toute forme d'organisation sociale.

Mais le fonctionnalisme tend à affirmer aussi que le choix politique est comparable au choix de consommation. Tout comme le citoyen libre et autonome choisit telle marque de savonnette au lieu de telle autre, il choisit aussi tel parti politique ou tel candidat plutôt que tels autres. En outre, tout comme les choix de consommation sont des choix personnels n'impliquant pas les préférences des autres, le fonctionnalisme tend à réduire le choix politique à un choix personnel n'impliquant pas les préférences ou croyances des autres. D'ailleurs, les études fonctionnalistes affirment par leur forme même que le comportement politique isolé ressemble à n'importe quel autre comportement et que les mêmes stratégies sont aptes à le cerner. Choisir un savon ou choisir un candidat sont deux comportements de consommation. Il s'agit dans les deux cas de toucher la psychologie personnelle de celui qui choisit.

L'idée que le choix politique et la vie en société sont des comportements consensuels découlant d'un ordre historique et d'un accord social sur des questions telles que le bien et le mal, la justice et l'injustice, le respect des droits et le droit de punition, est entièrement évacuée par le fonctionnalisme. On escamote ainsi toute la dimension historique de la société et tout le domaine de l'idéologie. Gitlin résume parfaitement l'assimilation du politique à la consommation et la transformation du social en personnel en une seule remarque lapidaire : « l'orientation du marketing devint la sociologie des médias » (p. 240).

Par ailleurs, dans les deux cas (consommation et politique), on propose aux gens de fixer un choix à partir d'une gamme restreinte de possibilités. On ne leur demande pas de participer à l'élaboration de la gamme mais simplement de choisir et en choisissant de légitimer la gamme. On se retrouve donc devant l'*illusion* du choix et devant la *réalité* de la prédétermination. Cette tendance de la transformation du social en personnel est une tendance réelle dans la société moderne mais une tendance à laquelle le fonctionnalisme apporte le cachet de la normalité et du progrès.

En effet, le fonctionnalisme détourne l'attention des médias vers les comportements personnels. Il affirme déjà la primauté des contacts personnels sur l'action des médias. Il affirme déjà que l'influence personnelle et la consommation de masse sont des phénomènes de même nature entièrement comparables. Le fonctionnalisme transforme donc déjà l'exercice du pouvoir en influence personnelle et donc en comportement individuel plutôt qu'en comportement social.

DES QUESTIONS QUI RESTENT À POSER

La tare principale du fonctionnalisme est son caractère anti-historique. Le fonctionnalisme ignore l'histoire, c'est-à-dire les conditions d'émergence et d'évolution d'un phénomène, parce qu'il prend le champ social tel quel. Le fonctionnalisme se demande *comment* ça fonctionne, pas *pourquoi* ça fonctionne.

Considérons la réponse que donne le fonctionnalisme à la question suivante : pourquoi les médias existent-ils? Le fonctionnalisme dit nettement et sans la moindre ambiguïté que les médias existent parce qu'ils accomplissent une fonction. Le fonctionnalisme accorde donc une certaine importance au concept de fonction puisque c'est la fonction qui explique l'existence des médias.

Qu'est-ce donc qu'une fonction? Une fonction est une façon de répondre à des besoins humains. À quels besoins humains les médias répondent-ils donc? Ils répondent au besoin humain d'information et de distraction. La fonction des médias, qui est de nous divertir et de nous informer, répond donc à ce besoin humain. Cela veut dire que ce sont les besoins humains, et non les intérêts sociaux, économiques, ou autres, qui font naître les médias. Bref, cela veut dire que la fonction (besoin d'information et de distraction) crée l'organe (les médias).

En outre, si l'information et la distraction sont des besoins humains, ne s'attendrait-on pas à les retrouver dans *toute* société humaine? Que dire d'une société qui n'aurait pas développé les fonctions pour répondre à ces besoins, bref, que dire d'une société qui n'aurait pas des médias semblables aux nôtres? Le fonctionnalisme est obligé d'affirmer qu'une société ne disposant pas de médias semblables aux nôtres est sous-développée ou arriérée ou opprimée. L'existence des médias devient la preuve de la satisfaction des besoins humains. Qui plus est, toute intervention contre les médias, c'est-à-dire toute tentative de les réglementer, apparaît comme une atteinte à la satisfaction des besoins humains.

Or, puisque les médias correspondent à des besoins humains et que ces besoins doivent figurer dans toute société humaine, le fonctionnalisme affirme que tous les pays qui disposent des médias sont essentiellement les mêmes puisque ces médias correspondent aux mêmes besoins humains. Ainsi, tous les pays qui ont la télévision, depuis le plus petit pays sous-développé jusqu'au plus grand pays surdéveloppé, sont pareils. Ils possèdent et remplissent les mêmes fonctions.

En outre, puisque les besoins humains doivent, selon le fonctionnalisme, se retrouver dans toute société humaine, il faut affirmer l'intemporalité des besoins humains : ils auraient toujours existé. Mais si les besoins humains ont toujours existé, pouvons-nous, par exemple, repérer dans les sociétés du passé les institutions ou mécanismes qui accomplissaient la même fonction que nos médias modernes? Ainsi, qu'est-ce qui, dans la Rome ou la Grèce antiques, correspondait à la télévision? Malheureusement, rien dans les sociétés du passé ne correspond aux médias modernes. Le fonctionnalisme se trompe grossièrement et caricaturalement en voulant trouver des contreparties à nos besoins modernes dans toutes les sociétés du passé tout comme il se trompe en voulant affirmer que toutes les sociétés modernes doivent se structurer de la même façon que la société américaine. C'est précisément parce que nous sommes une société moderne en rupture avec le passé que nous

nous sommes donnés les médias. On ne peut raisonnablement affirmer l'existence d'une continuité aussi profonde et ponctuelle entre les sociétés anciennes et la société moderne.

Le fonctionnalisme arrive ainsi à anéantir complètement les différences sociales et culturelles, en fait, à nier toute spécificité. Il ignore la différence entre société moderne et société ancienne en voulant inscrire les médias modernes dans une continuité avec leurs équivalents du passé alors que les médias sont précisément le signe de la modernité et de la rupture avec le passé. Il ignore les différences réelles d'usage, de contenu et de contexte des médias entre divers pays. Un pays qui se servirait de la télévision pour diffuser des informations techniques à ses agriculteurs ne ressemblerait pas beaucoup à un pays qui s'en servirait pour diffuser des téléromans et des films. Les différences d'usage, de contenu et de contexte sont trop évidentes pour qu'on les ignore de bonne foi.

Or, il faut constater que les erreurs du fonctionnalisme sont nombreuses et il faut se demander s'il s'applique réellement ou utilement à notre propre société. D'ailleurs, en ignorant l'histoire, ce que le fonctionnalisme ignore réellement, c'est le *pouvoir*. Le fonctionnalisme ne met pas en cause la structure actuelle de la société. Il l'étudie seulement, explique son fonctionnement, la perfectionne. Il ignore donc la distribution du pouvoir dans la société. Il discrédite la possibilité d'un pouvoir centralisateur et hégémonique. Au contraire, le fonctionnalisme accrédite la théorie d'un pouvoir diffus et convivial, également partagé de tous et qui s'appelle l'influence personnelle.

Mais évidemment, on ne contestera pas le pouvoir social si l'on ne connaît pas l'histoire de la société, si l'on est incapable d'identifier les intérêts sociaux qui sous-tendent les développements sociaux (le lancement des médias, etc.). On se condamne à fantasmer une société de la bonhomie. Le fonctionnalisme, donc, ignore l'histoire, ignore le pouvoir et fantasme les fonctions.

UN EXEMPLE CONCRET

Terminons ce chapitre sur le fonctionnalisme avec un exemple concret : celui de la télévision payante (tvp) au Canada[2]. Un fonctionnaliste constaterait que de 12 % à 15 % des Canadiens sont abonnés aux chaînes payantes de cinéma. En se disant que les médias n'affectent pas les gens mais que les gens se servent des médias comme bon leur semble, le fonctionnaliste se demanderait alors quel plaisir les abonnés en tirent. À la limite, ayant cerné ce plaisir qui motive l'abonnement, il se demanderait ensuite comment on pourrait l'étendre à des tranches de plus en plus larges de la population. Ainsi, le fonctionnaliste interrogerait les abonnés sur leurs préférences : quels films sont les mieux reçus? Quelle sorte d'histoire les abonnés préfèrent-ils? À quelles heures regardent-ils les films?

Avec les réponses à ces questions, le fonctionnaliste serait alors en mesure de préconiser certaines mesures pour raffermir ou étendre le plaisir de la tvp : production de certains types ou genres de films, etc. À la limite, le fonctionnaliste constatera que les films qui marchent le mieux contiennent tous certaines techniques et extrapolera ces techniques afin de les appliquer à d'autres films. Bref, le fonctionnaliste préconisera que pour réussir, un film, fût-il canadien ou québécois, devrait ressembler autant que possible aux films qui marchent et qui contiennent les techniques dégagées, c'est-à-dire, qui ressemblent généralement au cinéma hollywoodien. En d'autres mots, le cinéma qui remporte le plus de succès accomplit une fonction — celle de procurer le plaisir par la distraction — et les autres cinémas doivent remplir la même fonction pour réussir. La preuve, c'est que ce sont ces films qui marchent le mieux.

---

2. On peut lire à ce sujet l'excellent article de Werner Meier, « La télévision payante au Canada : les coûts sociaux des intérêts privés », *Information*, vol. 7, no 3, automne 1985, p. 85-104.

Par contre, le fonctionnaliste ne se posera jamais les questions suivantes :

- Tous les producteurs de films ont-ils la même chance d'accéder au réseau de distribution?
- Tous les producteurs de film jouissent-ils des mêmes budgets?
- Tous les producteurs de films bénéficient-ils du même réseau publicitaire?
- Tous les producteurs de films peuvent-ils offrir leurs films au même prix?
- En d'autres mots, y a-t-il égalité du point de vue de la production et de la distribution pour tous les producteurs de tous les pays?
- Le marché du cinéma est-il vraiment libre et ouvert ou est-il dominé par quelques grandes compagnies qui contrôlent la distribution?
- Peut-on imaginer que le cinéma soit autre chose qu'un moyen de distraction?
- Peut-on imaginer qu'il puisse exister d'autres plaisirs que celui du cinéma hollywoodien?
- Faut-il se résigner à ce que la tvp canadienne soit un autre débouché du cinéma américain?

Évidemment, pour répondre à de telles questions, il faut s'interroger sur les conditions d'émergence de la tvp et sur la distribution réelle du pouvoir social.

RAPPEL

Bref, le fonctionnalisme n'est pas une très bonne théorie de la communication. Il possède néanmoins certaines qualités :

1. C'est un modèle sociologique plutôt que simplement psychologique dont l'avantage est de nous obliger à situer la communication dans son contexte social et historique même si celui-ci n'est pas théorisé adéquatement.

2. Il souligne l'importance d'une étude détaillée de la circulation des messages et il pose la question du plaisir; en effet, si les médias induisaient un non-plaisir intense, ils ne dureraient pas — en d'autres mots, c'est vrai que les médias doivent procurer un certain plaisir, mais ce n'est pas tout; la forme et les modalités mêmes de ce plaisir sont historiquement données.

Le problème du fonctionnalisme, c'est que malgré ces qualités, il refuse de les théoriser adéquatement. Étudier la circulation des messages sans savoir pourquoi ils circulent, c'est-à-dire dans quel intérêt, c'est se condamner à n'être que le simple exécutant du pouvoir social. C'est se transformer volontiers en gestionnaire du capital, en spécialiste de l'efficacité, en stratège de la communication persuasive sans vraiment comprendre pour qui ou pour quoi on travaille. Avant de gérer la communication, il faut savoir pourquoi on communique.

Dans les chapitres qui viennent, nous allons examiner certaines théories qui prolongent les erreurs et les trouvailles du fonctionnalisme et du modèle stimulus-réponse et d'autres théories qui tentent de rompre totalement avec cette façon de procéder.

LA CYBERNÉTIQUE ET LE CONTRÔLE

INTRODUCTION

Nous venons de voir comment le fonctionnalisme s'inscrit dans la société américaine. D'un côté, il accrédite l'image d'une société ouverte, pluraliste et démocratique mais, de l'autre côté, il se refuse obstinément à poser certaines questions relatives à l'histoire et au pouvoir. Ce refus se cristallise dans la notion de fonction qui substitue aux concepts d'histoire et de pouvoir les concepts de besoin personnel et de gratification.

Or, nous avons également constaté que la visée réelle du fonctionnalisme était d'accroître le contrôle social des industries médiatiques et des grandes institutions sociales. D'ailleurs, le fonctionnalisme n'interroge les besoins personnels et la gratification que dans la stricte mesure où cela lui permet de perfectionner ses stratégies de contact et de resserrer les liens qui unissent les périphéries aux centres. L'originalité indubitable du fonctionnalisme consiste à contribuer au contrôle social tout en prétendant contribuer à la liberté individuelle. C'est pour cette raison que l'on peut dire du fonctionnalisme qu'il constitue l'idéologie officielle de la société américaine.

Toutefois, si le contrôle social constitue l'enjeu profond des théories communicationnelles américaines, force nous est de constater que le fonctionnalisme n'est pas seul dans cette visée. Nous avons déjà vu que le modèle stimulus-réponse contribuait aussi au contrôle social par d'autres moyens et pour d'autres raisons. Il faut maintenant constater que d'autres théories ont fouillé le thème du contrôle social bien plus que le fonctionnalisme. Parmi celles-ci, sans doute aucune n'a autant intensifié et approfondi la volonté de contrôle social que la *cybernétique*. C'est donc vers l'étude de la cybernétique et de ses dérivés que nous allons maintenant nous tourner.

La cybernétique doit son existence et son influence à des sources que nous n'avons jusqu'ici qu'effleurées et qui risquent fort de nous étonner : les besoins de rationalisation de l'industrie et du système militaire américains. Étant donné cette origine, la cybernétique, contrairement au fonctionnalisme, ne secrète pas une vision globale, réconfortante et populaire de la société américaine. Par contre, elle élabore une réponse au problème de contrôle social autrement plus efficace que celle du fonctionnalisme.

Alors que le fonctionnalisme se proposait de resserrer le contrôle social en intensifiant la gratification personnelle et en perfectionnant ses stratégies d'enquête sociologique, la cybernétique se propose de confirmer le contrôle social en simulant totalement le comportement, les raisonnements, les perceptions, etc. de l'être humain. Par la simulation totale, la cybernétique se propose de prévoir, de modeler et de diriger le comportement humain. La projection et la reproduction du comportement humain par des systèmes cybernétiques permet d'étudier ses moindres détails et donc d'intervenir sur lui afin de le mouler.

Cependant, la cybernétique exerça l'essentiel de son influence et de sa fascination juste après la Deuxième Guerre mondiale et dans les années cinquante. Elle conserve pour nous un intérêt essentiellement historique comme moment particulier du développement de la pensée communicationnelle. Ses principales idées ont été reprises et relayées par la théorie des systèmes. Le lieu principal du développement de la cybernétique aujourd'hui est le domaine de l'intelligence artificielle.

LES ORIGINES DE LA CYBERNÉTIQUE

Le mot *cybernétique* vient du terme grec *kubernētikē* qui veut dire l'art ou la science de *gouverner*[1]. Toutefois, c'est le mathématicien américain Norbert Wiener (1894-1964) qui, en 1948, dans son livre *Cybernetics*, lui donna sa définition moderne : « la science du contrôle et de la communication chez les animaux et chez les machines ». Cette oeuvre fut traduite en français en 1962 sous le titre de *Cybernétique et société*.

Bien entendu, Wiener n'inventa pas sa définition à partir du néant mais se fonda sur de nombreux antécédents. Or, les

---

1. Le terme s'appliquait originellement à l'art du timonier gouvernant une embarcation puis s'étendit petit à petit au gouvernement des hommes.

antécédents de la cybernétique sont de deux ordres : a) les antécédents lointains, dont certains sont contestables et pour le moins étonnants et b) les antécédents immédiats.

Parmi les antécédents lointains, on retrouve, selon les auteurs, le philosophe Platon (428-348 av. J.-C.) qui utilisa le mot « cybernétique » dans un de ses dialogues; les philosophes Pascal (1623-1662) et Leibniz (1646-1716) qui construisirent tous deux des « machines à calculer » et ajoutèrent des éléments essentiels aux mathématiques modernes; les mathématiciens Babbage (1792-1871), Maxwell (1831-1879) qui contribuèrent à l'élaboration des principes de l'ordinateur moderne; les logiciens Frege (1848-1925), Whitehead (1861-1947) et Russell (1872-1970); les physiologistes Magendie (1783-1855) et Bernard (1813-1878).

Le moins qu'on puisse dire de ces antécédents lointains est qu'ils sont remarquablement variés et quelque peu déconcertants. En effet, les liens unissant Platon avec la cybernétique sont plus que ténus tandis que les réalisations de Pascal et Leibniz, même si la cybernétique s'intéresse ultérieurement à l'informatique, ne suffisent pas à en faire les précurseurs d'un projet dont ils ne pouvaient avoir idée[2]. Néanmoins, deux facteurs sont à relever de cette liste bigarrée. Premièrement, les cybernéticiens cherchent sans doute à donner à leur jeune entreprise des assises aussi prestigieuses et anciennes que possible en multipliant les références. Deuxièmement, la multiplicité et la nature des références attestent bien de la volonté de la cybernétique de se constituer en savoir parallèle à la philosophie et à la mathématique ayant droit de regard sur tous les domaines de la connaissance et de l'activité humaine.

Parmi les antécédents immédiats, mentionnons la Deuxième Guerre mondiale et les intérêts du complexe militaire-industriel

---

2. Par ailleurs, le lecteur avisé remarquera que de tous les philosophes et logiciens mentionnés, les cybernéticiens tendent à n'en extraire que les éléments les plus positivistes, laissant de côté leurs réflexions philosophiques plus globales sur l'éthique, la morale et l'esthétique. Cela veut dire que les cybernéticiens tendent à ne retenir que les éléments les plus « mathématisables » de la pensée des autres et à réduire la richesse et la complexité de cette pensée aux formules qui se rapprochent le plus de leurs préoccupations.

américain. En effet, durant la Deuxième Guerre mondiale, le besoin se fit sentir de faire exécuter par des machines précises et efficaces certaines tâches qu'accomplissaient des personnes imprécises et inefficaces. Notamment, on voulait créer des systèmes de défense contre les avions (DCA) qui permettraient à un projectile lancé du sol de suivre la trajectoire de sa cible. Un opérateur humain pouvait juger plus ou moins bien de la position probable d'une cible avant de lancer le projectile mais des machines calculatrices pouvaient accomplir la même opération beaucoup plus rapidement et plus sûrement. En outre, on pouvait intégrer à la machine certaines fonctions humaines que les humains ne pouvaient exécuter efficacement. Ainsi, on pouvait munir le projectile d'un appareil de détection semblable au radar ou à la télévision lui permettant de fixer la position précise de la cible à n'importe quel moment puis de réajuster sa trajectoire en fonction de cette information. En d'autres mots, le projectile pouvait désormais exercer le jugement de l'opérateur humain mais avec une précision presque infaillible. Ces systèmes de DCA constituèrent quelques-uns des premiers appareils cybernétiques. Toutefois, même ces appareils cybernétiques primitifs intègrent certaines fonctions qui sont à la base de la cybernétique et de la théorie cybernétique de la communication. L'étude de ces machines peut nous servir d'exemple éclairant sur les procédures mêmes de la cybernétique. Ces appareils constituent une analogie « machinique » dont on peut tirer une théorie cybernétique de la communication.

LES ÉLÉMENTS DU SYSTÈME CYBERNÉTIQUE

Essayons de comprendre le système de DCA comme si nous étions nous-mêmes des cybernéticiens, c'est-à-dire essayons de le comprendre comme un *système communicationnel cybernétique*. Quelles sont ses caractéristiques principales?

D'abord, le projectile lancé du sol ne décrit pas une trajectoire simple. Au contraire, le projectile réajuste constamment sa trajectoire afin de traquer la cible. Mais comment alors le projectile accomplit-il cette prouesse? En termes simplifiés, il l'accomplit en mesurant constamment sa position propre relative à celle de la cible jusqu'à ce que les deux positions en viennent à coïncider, c'est-à-dire jusqu'à ce que le projectile touche la cible mouvante. Mais alors comment le projectile effectue-t-il les mesures constantes? Toujours en termes simplifiés, il les effectue au moyen d'un appareil de détection (radar ou télévision) capable d'indiquer les distances relatives des deux objets. Ensuite, cette information (les mesures) est acheminée à un ordinateur capable de calculer des réajustements nécessaires qui commande au projectile les modifications de sa trajectoire.

Que faut-il retenir de cette description?

1. Le système

La cybernétique est une approche *systémique*, c'est-à-dire qu'elle appréhende les phénomènes comme *systèmes*. Mais qu'est-ce qu'un système? Un système est un ensemble d'éléments agencés de telle sorte que toute modification apportée à un élément affecte tous les autres. Ainsi, la cybernétique ne s'intéresse pas à un phénomène isolé mais à l'*ensemble des relations* entre les éléments d'un phénomène.

Par exemple, dans le cas de la DCA, la cybernétique ne s'intéresse pas uniquement au projectile, à la cible, à l'appareil de détection ou à l'ordinateur mais à l'ensemble des relations les unissant et leur permettant de fonctionner de façon solidaire. Ainsi, si le projectile n'était pas muni d'un appareil de détection, l'ordinateur n'aurait pas de données à calculer et la cible pourrait lui échapper. Ou encore, si l'appareil de détection n'était pas relié à un ordinateur, ses mesures ne serviraient à rien. Ou même, s'il n'y avait pas de cible, ni le projectile, ni l'appareil de détection, ni l'ordinateur n'aurait de raison d'exister. C'est seulement la présence simultanée de la cible, du projectile, de l'appareil de détection et de l'ordinateur qui permet à chaque élément d'accomplir son rôle. En outre, on voit bien que toute modification apportée à l'un des éléments finit par affecter tous les autres. Pour cette raison, nous sommes confrontés à un système et la cybernétique envisage toujours tous les phénomènes qu'elle étudie comme des ensembles d'éléments interdépendants, c'est-à-dire comme des systèmes.

2. L'information

La cybernétique fait intervenir un élément nouveau dans le système : l'*information*. En l'occurrence, il s'agit des mesures prises par l'appareil de détection et relayées à l'ordinateur. Il faut bien remarquer que cette information n'existait pas avant la prise de mesures; elle est littéralement produite par le système. On serait donc tenté de dire, comme l'ont affirmé nombre de cybernéticiens, que le système est *intelligent*.

Bien entendu, il s'agit d'une intelligence assez particulière car contrairement à l'intelligence humaine, le système cybernétique ne peut produire qu'une seule sorte d'information, celle pour laquelle il a été programmé. En outre, le système cybernétique ne peut aller au-delà de son information pour élaborer de nouvelles procédures de recherche et ne dispose pas de la possibilité de refuser l'information. Le système cybernétique, étant programmé, n'a de choix que de produire l'information déterminée chaque fois qu'il est mis en situation. Son intelligence n'est donc pas de nature humaine puisqu'elle n'est guidée ni par la liberté ni par les intérêts humains, mais il s'agit peut-être d'une intelligence dite *artificielle*.

Néanmoins, l'information produite par le système possède trois autres caractéristiques très particulières :
– elle stabilise le système (homéostasie),
– elle retourne au système (phénomène de *rétroaction* ou de *feed-back*),
– elle est contraignante.

3. La stabilité ou l'homéostasie

Comme nous venons de l'entrevoir, l'information produite par le système cybernétique ne sert pas à développer de nouveaux champs de savoir, à confirmer ou à infirmer une hypothèse ou à transformer la finalité du système. Au contraire, l'information cybernétique possède un seul but ponctuel : permettre au système d'accomplir sa tâche. C'est donc une information réduite au strict statut de signal. Néanmoins, l'information cybernétique *stabilise* le système. Nous comprendrons mieux de quoi il s'agit si nous retournons encore brièvement à l'exemple de la DCA.

Le but du système de DCA est de détruire les avions ennemis. Cependant, qu'arriverait-il si, au lieu de détruire des avions, il s'agissait d'abattre des arbres? Évidemment, malgré l'absurdité de l'exemple, les arbres constitueraient des cibles beaucoup plus faciles à atteindre que les avions parce que les arbres ne se déplacent pas. Inversement, c'est le déplacement rapide des avions qui les rend si difficiles à toucher. On peut donc dire que le mouvement des avions constitue une *perturbation* qui empêche le système de DCA d'accomplir sa tâche.

Dans de telles circonstances, la fonction de l'information est de maîtriser la perturbation afin de permettre à la DCA de fonctionner avec succès. Mais comment peut-on maîtriser la perturbation? En accumulant le maximum d'informations possible sur son comportement. Ainsi, en connaissant la position précise de la cible à chaque instant, on peut projeter sa position la plus probable au moment où le projectile sera en mesure de l'atteindre et donc faire coïncider la trajectoire de la cible avec celle du projectile.

De cette façon, on stabilise le système, c'est-à-dire qu'on lui permet de s'exécuter avec succès. Les cybernéticiens diront donc que la stabilité du système est synonyme de son bon fonctionnement et ils qualifieront cet état d'*homéostasie*. Un système homéostatique est un système qui produit suffisamment d'information pour maîtriser tous les aspects aléatoires de son environnement et donc pour fonctionner correctement. L'homéostasie devient donc le but ultime de tout système cybernétique puisqu'il désigne non seulement la stabilité mais aussi la maîtrise de l'environnement. Or, le seul moyen de parvenir à l'homéostasie est la production d'informations.

Un système cybernétique surveille donc son environnement. Il le surveille afin de le maîtriser et il doit le maîtriser afin d'atteindre son but. L'environnement est constitué d'événements plus ou moins aléatoires : l'avion ennemi peut ou non aller du point A au point B, il peut ou non varier sa vitesse, il peut ou non virer à droite ou à gauche. Le déplacement de l'avion est un phénomène indépendant de la volonté des observateurs. C'est une perturbation. Or, le système cybernétique surveille en permanence les déplacements de l'avion. Les mesures de distance sont le résultat de cette surveillance. En outre, ces mesures deviennent l'information qui permet au système de se réajuster et enfin de parvenir à son but. L'information stabilise donc le système.

L'information cybernétique concerne ainsi la probabilité de phénomènes appartenant à l'environnement et son but est d'accroître notre contrôle sur eux. Mais il ne suffit pas que l'information soit produite, encore faut-il qu'elle retourne au système.

4. La rétroaction (le feed-back)

Qu'advient-il de l'information produite par le système? Elle ne nourrit pas les réflexions d'un observateur détaché, elle n'entre pas dans une hypothèse complexe sur la nature des avions, elle ne contribue pas à l'avancement du savoir humain. Non, l'information cybernétique retourne au système qui l'a produite. La raison de ce retour est bien simple : ce n'est que par le retour de l'information que le système peut s'en servir afin de se réajuster. Le phénomène de retour de l'information s'appelle la *rétroaction* ou le *feed-back*.

La rétroaction désigne évidemment le phénomène de retour de l'information mais pour que ce retour se produise effectivement, il faut qu'existe un mécanisme quelconque pour acheminer l'information de l'appareil de détection (organe de réception) jusqu'à l'ordinateur (le cerveau). En d'autres mots, la rétroaction désigne aussi un *mécanisme* effectif et réel. Dans le cas de la DCA, le mécanisme de rétroaction pourrait être constitué d'un radio-émetteur qui renverrait les mesures du radar au système de guidage du projectile. Il s'agirait alors d'un circuit de rétroaction assez simple. La rétroaction peut, cependant, faire appel à des mécanismes autrement plus compliqués. Ainsi, les cybernéticiens diront qu'il existe un circuit de rétroaction hypercomplexe dans le cerveau humain permettant de renvoyer toute la densité des perceptions et des réflexions humaines vers le cerveau qui les ordonne et les interprète.

Bien entendu, sans l'existence d'un mécanisme de rétroaction quelconque, l'information ne pourrait exercer sa fonction stabilisatrice. L'information dépend donc de la rétroaction. En outre, c'est la présence d'un mécanisme de rétroaction qui fait du système cybernétique un système *autorégulateur*. Cependant, les cybernéticiens disent de la rétroaction qu'elle est toujours *négative*. Pour bien saisir cette notion, nous devons réfléchir à nouveau à la nature de l'information cybernétique.

5. La contrainte ou rétroaction négative

Pourquoi la rétroaction serait-elle négative? Encore une fois, nous allons devoir réfléchir en cybernéticiens. Nous savons déjà que, dans l'exemple de la DCA, l'information cybernétique permet au système de s'autoréguler en maîtrisant son environnement et, ce faisant, d'accomplir avec succès sa fonction. Nous avons donc spontanément tendance à penser que l'information cybernétique *incite* ou *pousse* le système à agir d'une façon appropriée. Les cybernéticiens, toutefois, ne voient pas les choses du même oeil.

Selon eux, l'information cybernétique n'incite pas le système à bien agir mais l'empêche de mal agir. Elle n'est pas une incitation mais une contrainte. L'information cybernétique donne au système des indications sur ce qu'il ne faut pas faire. L'exemple de la DCA peut encore nous éclairer.

Une fois le projectile lancé, il décrit une courbe constante. Toutefois, l'information qui lui parvient par rétroaction lui indique que cette courbe est erronée. À chaque instant, l'information en rétroaction lui indique la trajectoire qu'il ne faut pas suivre.

Par contre, admettons que le projectile soit braqué sur la bonne trajectoire dès les premières secondes de son lancement. Quelle information en rétroaction recevrait-il alors? Aucune, car le système de détection serait incapable de mesurer une disparité entre les objectifs fixés et la performance effective et n'aurait donc aucune donnée à renvoyer. Si le système de détection renvoyait des mesures conformes à la trajectoire appropriée du projectile, l'ordinateur n'aurait rien à calculer et donc aucune modification à effectuer.

On voit donc que l'information cybernétique ne naît que lorsqu'il y a disparité. Ainsi, le mécanisme de rétroaction lui-même ne fonctionne que lorsqu'il y a disparité, c'est-à-dire que lorsqu'il y a non-correspondance entre les objectifs et les performances. Si les choses vont bien, la rétroaction ne fonctionne pas. Si les choses vont mal, la rétroaction fonctionne.

En ce sens, la rétroaction ressemble à la douleur physique. La douleur nous indique que nous sommes blessés ou qu'il faut cesser d'agir d'une certaine façon. Par contre, lorsque nous ne souffrons d'aucun malaise et que rien ne menace le corps, nous ne ressentons aucune douleur. La douleur physique est donc l'exemple parfait de la rétroaction négative : elle ne fonctionne que lorsque les choses ne fonctionnent pas. Et lorsqu'elle fonctionne, c'est pour nous empêcher d'agir, c'est pour dresser une contrainte à notre comportement.

Les éléments cybernétiques que nous avons vus jusqu'ici sont : le système, l'information, la stabilité ou l'homéostasie, la rétroaction ou le feed-back, et la contrainte. Avant d'aller plus loin, tournons-nous brièvement vers deux autres exemples de systèmes cybernétiques. Nous verrons qu'ils comportent tous les éléments dégagés ci-haut et qu'ils sont remarquablement simples.

LE RÉGULATEUR À BOULES

Selon les cybernéticiens, le tout premier appareil cybernétique moderne fut sans doute le régulateur à boules des machines à vapeur du 19e siècle. Pour comprendre le sens de cette affirmation, il faut d'abord connaître le fonctionnement d'une machine à vapeur.

En faisant chauffer de l'eau dans un contenant fermé, on crée de la vapeur. Si on perce le contenant en un point très précis, la vapeur s'en échappe avec beaucoup de force. C'est le principe de la bouilloire domestique. Or, on peut canaliser le jet de vapeur afin de faire tourner une roue et on peut utiliser la rotation de la roue pour actionner une pompe, faire avancer un train ou propulser un navire. Cependant, à moins qu'on ne la surveille constamment, la machine à vapeur traversera nécessairement les étapes suivantes :

- au début, alors qu'il y a peu de vapeur, la roue ne tournera que très lentement;

- ensuite, la roue se mettra à tourner à des vitesses de plus en plus grandes avec le développement de la vapeur;

- finalement, une fois l'eau épuisée ou le feu éteint, la roue s'immobilisera.

Comment peut-on donc empêcher les deux états indésirables d'emballement et d'arrêt total de la roue? La solution fut le régulateur à boules.

À la sortie de la vapeur, on pose une soupape : le régulateur à boules. Le régulateur est lui-même une petite roue composée de trois tiges au bout desquelles se trouvent trois boules. La vapeur fait d'abord tourner la petite roue. La force centrifuge de la petite rotation soulève évidemment les tiges et les boules comme des balançoires tournant autour d'un poteau central. Or, le débit de vapeur est déterminé par la hauteur des boules. Plus la vapeur est forte, plus les boules montent, mais plus les boules montent, moins le débit de vapeur est grand. Le débit amoindri fait baisser les boules qui par leur chute font augmenter le débit de vapeur. De cette façon, les boules et la vapeur tendent à s'équilibrer l'un l'autre et à rester près d'un point moyen de débit et de hauteur. C'est le principe même de la rétroaction négative. Ainsi, la rotation de la grande roue se régularise.

Dans cet exemple, les boules, la vapeur, la petite et la grande roue constituent un système. La hauteur des boules constitue l'information produite par le système qui retourne à la machine à vapeur afin de lui permettre de s'autoréguler. C'est le raccordement des boules au jet de vapeur qui constitue le mécanisme de rétroaction. En outre, le système fonctionne bien lorsqu'il atteint un point homéostatique : débit régulier de vapeur et hauteur constante des boules. Finalement, la rétroaction est purement négative parce qu'elle n'incite pas la roue à tourner mais l'empêche ou bien de s'emballer ou bien de s'immobiliser.

L'information constitue donc une contrainte au comportement de la machine.

LE THERMOSTAT

Le thermostat est sans doute l'exemple le plus simple pour nous puisqu'il nous est déjà familier. Une maison est munie d'un système de chauffage qui est lui-même relié à un thermostat. Le thermostat mesure la température ambiante de la pièce où il se trouve. Si la température tombe en-deçà d'un point prédéterminé, il actionne le système de chauffage. Si, par contre, la température grimpe au-delà du point fixe, il arrête le système de chauffage. Ainsi, le thermostat, le système de chauffage et la température ambiante constituent un système. La mesure de la température ambiante constitue l'information qui retourne au système. Elle retourne selon le mécanisme de rétroaction qui relie le thermostat au système chauffant lui-même. Son but est de permettre au système de se stabiliser (s'autoréguler) autour d'une température prédéterminée. En atteignant cette température, le système devient homéostatique et cherche à maintenir son homéostasie. Encore une fois, la rétroaction est négative parce qu'elle ne rejoint le système de chauffage que lorsque la température ambiante n'est pas la bonne. L'information exerce donc une contrainte sur le comportement du système.

CYBERNÉTIQUE ET COMMUNICATION

Or, en quoi les éléments dégagés des exemples de la DCA, du régulateur à boules et du thermostat constituent-ils une théorie de la communication? À quel titre l'analogie manifestement « machinique » de la cybernétique contribue-t-elle à l'élaboration d'une théorie proprement communicationnelle?

La réponse à cette question est double. D'une part, comme toutes les théories communicationnelles que nous avons étudiées jusqu'ici, la cybernétique se compose effectivement des

deux éléments essentiels de toute théorie communicationnelle : une théorie de la subjectivité humaine et une théorie de
l'organisation sociale. D'autre part, la cybernétique a reçu de
nombreuses applications proprement communicationnelles
dans le domaine des nouvelles technologies de communication et notamment de l'intelligence artificielle. Toutefois, avant
d'aborder les applications, il convient d'approfondir la théorie
cybernétique de la subjectivité humaine et des formes d'organisation sociale car, comme nous le verrons, applications et
théorie sont intimement liées.

Nous pouvons cerner et comprendre la théorie cybernétique de
la subjectivité humaine et des formes d'organisation sociale
en nous concentrant à nouveau sur les concepts d'information et d'homéostasie tels qu'ils sont définis par la cybernétique. Ils contiennent la clef de la théorie cybernétique de la
communication.

Notons d'abord que la cybernétique élabore un modèle de
circulation de l'information à l'intérieur des systèmes. En effet,
les systèmes cybernétiques ne fonctionneraient pas si toutes
leurs parties n'étaient pas constamment interreliées; et c'est
l'information qui assure la liaison en permettant, par exemple,
à l'appareil de chauffage de s'actionner lorsque tombe la
température ambiante. En outre, ce modèle cybernétique de
circulation de l'information ressemble étrangement à la préoccupation fonctionnaliste de la circulation des messages à
l'intérieur des micro-groupes. Effectivement, la cybernétique et
le fonctionnalisme semblent s'acharner également à dépister
les voies par lesquelles l'information ou le message atteignent
leur but. Les deux se fondent donc sur une vision appauvrie de
la communication comme simple transmission du centre vers
la périphérie.

Pourtant, ces ressemblances demeurent superficielles. La
cybernétique n'est pas le fonctionnalisme et plusieurs éléments l'en distinguent profondément. Rappelons-nous que
pour le fonctionnalisme, le message, même s'il émane d'un
centre puissant et non réciproque, se laisse néanmoins happer
et interpréter par de nombreux micro-groupes. Pour le fonctionnalisme, donc, le sens d'un message dépend au moins

partiellement du traitement que lui font subir les micro-groupes. C'était d'ailleurs le phénomène des micro-groupes qui faisait dire aux fonctionnalistes que les médias n'avaient qu'un effet très mitigé sur l'ensemble de la population américaine et que la société américaine était pluraliste et démocratique. En effet, la multiplicité des micro-groupes signifiait la multiplicité des opinions et apportait ainsi la preuve de la démocratie et de l'ouverture de la société américaine ainsi que de l'inefficacité des médias. Pour les fonctionnalistes, donc, le message reste toujours indécidable et multivoque puisque son sens change selon les contextes dans lesquels il pénètre. Qu'en est-il de la cybernétique?

L'information cybernétique n'est pas le message fonctionnaliste. Elle n'est qu'un élément fonctionnel à l'intérieur d'un système. Cela signifie que le seul but de l'information cybernétique est de stabiliser le système. On comprendra mieux en poussant davantage la comparaison avec le fonctionnalisme.

Chez les fonctionnalistes, les messages peuvent émaner de plusieurs sources : chaque média peut transmettre son propre message, les micro-groupes font circuler des messages à l'intérieur et à l'extérieur d'eux-mêmes. En outre, tous ces messages pénètrent selon des voies plus ou moins détournées (les deux étages de la communication) dans des contextes qu'ils ne maîtrisent pas. Au contraire, ce sont les contextes qui transforment et modèlent les messages. Le sens du message fonctionnaliste demeure toujours l'enjeu des nombreuses voix concurrentes de la société américaine. Et il faut bien reconnaître que cette société à plusieurs voix, à plusieurs messages et à plusieurs sens constitue l'image parfaite d'une société ouverte, pluraliste et démocratique où personne ne jouit du monopole de la communication et où tout le monde s'abreuve librement et rationnellement des messages comme bon lui semble. À la limite, on concédera que le but du message dans la conception fonctionnaliste est de nourrir la réflexion personnelle et sociale afin de permettre la transformation rationnelle de la société par le choc des idées.

L'information cybernétique, par contre, est purement interne au système. L'information cybernétique ne provient pas de l'extérieur et n'incarne donc pas un point de vue alterne. Au contraire, l'information cybernétique est produite par le système lui-même afin de lui permettre de régler son propre comportement, c'est-à-dire afin de se stabiliser et d'assurer sa survie. Le rôle ainsi dévolu à l'information est inévitable puisque l'information cybernétique correspond très précisément à la comparaison entre l'état idéal ou voulu du système (sa norme) et son état actuel (sa performance). Le but de l'information est d'amener le système à son état idéal et de l'y maintenir.

En effet, l'information cybernétique n'est produite qu'en cas de divergence entre la norme et la performance. En outre, l'information cybernétique ne se laisse pas happer par de nombreux micro-groupes extérieurs qui la modèlent et la transforment. Au contraire, cette information retourne immédiatement au système par une seule voie hautement déterminée (le mécanisme de rétroaction). En outre, elle ne possède qu'un seul sens immédiatement transparent et univoque. Le sens de l'information cybernétique n'est pas l'enjeu d'interprétations divergentes; il s'impose spontanément et directement au système. D'ailleurs, l'information cybernétique ne sort jamais du système et ne pénètre pas dans des contextes étrangers. Elle ne circule qu'à l'intérieur de son propre contexte qui la produit, l'appelle et l'applique. L'information cybernétique reste donc entièrement et purement interne au système.

Il semblerait donc que la circulation de l'information qui préoccupe tant la cybernétique ne ressemble pas vraiment à la circulation des messages qui préoccupe tant le fonctionnalisme. La circulation de l'information cybernétique renvoie inévitablement à des questions d'efficacité, de rapidité et de performance du système puisqu'en lui restant interne elle devient le meilleur indicateur de son fonctionnement. La circulation des messages fonctionnalistes, par contre, renvoie à des inquiétudes de perte de contrôle et d'échec du système. On voit donc également que le but de l'information cybernétique n'est pas de transformer rationnellement le système mais bel et bien de résister aux transformations en maintenant et en stabilisant le système. Or, il faut aussi reconnaître que le système stable à information univoque, négative et contrainte que dépeint la cybernétique appelle à son tour l'image d'une société et d'une subjectivité remarquablement opposées à celle du fonctionnalisme.

Néanmoins, nous pouvons dépasser ces considérations somme toute abstraites et offrir quelques exemples concrets en réfléchissant maintenant au concept d'homéostasie.

LA NORME ET LA RÈGLE

Selon la cybernétique, tout système se caractérise par l'homéostasie. Comme nous l'avons déjà vu, l'homéostasie signifie que tout système tend vers sa propre stabilité et donc vers sa propre survie. En effet, nous disons des systèmes qui courent à leur propre destruction, comme l'être suicidaire, qu'ils sont gravement détraqués tandis que nous disons des systèmes qui fonctionnent normalement et sans anicroche, comme le corps humain en santé, qu'ils sont stables et équilibrés. Toutefois, nous devons faire extrêmement attention devant le concept d'homéostasie car il y a grand danger à mêler jugement moral ou simplement intéressé avec observation objective. Par exemple, n'avons-nous pas tendance à appeler stable et donc bon tout ce qui ne nous importune pas? En outre, en affirmant que l'homéostasie constitue la finalité de tout système ne nous interdisons-nous pas la possibilité de comprendre des logiques qui ne seraient pas fondées sur la quête de la stabilité?

Néanmoins, admettons l'hypothèse de l'homéostasie comme propriété innée de tout système. Cela signifie que tout système possède un point homéostatique, un point de fonctionnement optimal, bref, une norme, qu'il tente d'atteindre et de perpétuer. Toute divergence par rapport à cette norme appelle un mouvement auto-régulateur déclenché par la rétroaction négative. Or, si tout système possède une norme, il s'ensuit logiquement que tout système possède aussi des stratégies, des critères ou des procédures lui permettant de retrouver sa norme. En d'autres mots, tout système est également gouverné par des règles dont la fonction est de garantir la norme. Bref, il n'y a pas de norme sans *règle*[3].

---

3. On constatera que cette définition de la règle est extrêmement proche du concept structuraliste de « structure ». En effet, selon le structuralisme aussi, la vie humaine est gouvernée par des règles généralement inconscientes qu'il nomme « structures ». Les structuralistes déduisent l'existence des structures de la même façon que les cybernéticiens déduisent l'existence des règles et il y a globalement une grande convergence des vues entre le structuralisme et la cybernétique.

Le système cybernétique est donc gouverné par des règles parce qu'il tend vers une norme. Or, qu'arrive-t-il lorsqu'on tente d'appliquer cette loi, tirée de l'observation empirique des systèmes cybernétiques eux-mêmes, au sujet humain et à la société humaine, bref, qu'arrive-t-il lorsqu'on considère le sujet et la société comme des systèmes cybernétiques?

D'abord, on affirme que le sujet humain et l'organisation sociale tendent vers une norme et sont gouvernés par des règles. Mais cette affirmation appelle de nouvelles questions. Quelles sont les règles de la subjectivité et de la société humaines et quelles normes leur sont propres? En effet, n'y a-t-il pas un grave danger à vouloir énoncer une seule norme pour tout sujet et pour toute société? Qu'arriverait-il s'il existait plusieurs normes? Ou bien la théorie cybernétique serait erronée ou bien toutes les normes sauf une seraient fausses. Néanmoins, la cybernétique se fixe la tâche principale de dégager les règles du système entendu au sens abstrait. C'est-à-dire que la cybernétique cherche à dégager des règles qui s'appliqueraient à n'importe quel système, à la subjectivité humaine comme à l'organisation sociale. C'est pour cette raison que petit à petit on se met à appeler la cybernétique la *théorie des systèmes* ou *théorie systémique*. Pour nos fins, nous allons tirer des exemples essentiellement des applications psychologiques de la cybernétique.

Or, que découvrent les cybernéticiens? Essentiellement, ils découvrent que le comportement humain et l'organisation sociale sont effectivement gouvernés par une multitude de règles qui échappent normalement à notre conscience[4]. Cependant, les cybernéticiens parviennent à cerner les règles, et donc la norme du comportement humain, non pas en examinant ses manifestations les plus typiques mais en étudiant les cas déviants et « anormaux ». Ainsi, Bateson (1979) s'attachera

---

4.   L'étude cybernétique des comportements a surtout été pratiquée par l'école de Palo Alto. Elle s'est spécialisée en sous-disciplines telles que la proxémique (l'étude de l'espace comme élément communicationnel), la kinésique (l'étude du mouvement, du geste), etc. L'étude cybernétique des sociétés est principalement liée à l'élaboration de modèles envisageant la société comme étant composée de systèmes et de sous-systèmes (mass media, système économique, système politique, etc.) exerçant des pressions réciproques afin de se stabiliser dans un équilibre constant.

longuement à l'étude des alcooliques et des schizophrènes. Watzlawick (1972) se consacrera à l'étude des maladies mentales et de la communication dite paradoxale. Rappaport (1978) étudiera une société en Nouvelle-Guinée marquée par des explosions apparemment imprévisibles de violence mais dans laquelle l'homéostasie est constamment rétablie.

Mais quel est donc le but de cette procédure qui consiste à dégager la norme en étudiant l'« anormal »? Les cybernéticiens espèrent qu'en étudiant ce qui trouble la communication dans les cas d'exception, ils comprendront mieux ce qui favorise la communication dans la vaste majorité des cas normaux. Les cybernéticiens recherchent donc dans la schizophrénie, l'alcoolisme, le paradoxe, la maladie mentale et la violence sociale la défaillance de la rétroaction négative. Ils cherchent ce qui empêche la rétroaction négative de s'activer et de rééquilibrer le système.

Or, ce dont souffrent tous ces cas exceptionnels, c'est de rétroaction *positive*, c'est-à-dire de rétroaction qui intensifie la tendance déséquilibrante au lieu de la contrecarrer. On peut mieux comprendre de quoi il s'agit en considérant l'exemple suivant.

Le docteur Watzlawick rapporte le cas d'un étudiant en médecine qui, malgré tous ses efforts, n'arrive pas à se lever à temps pour ses cours. Par conséquent, il rate ses cours du matin, ses collègues le boudent, ses professeurs ont une opinion de plus en plus mauvaise de lui. Mais rien n'y fait : il ne peut se réveiller à l'heure. Ce problème affecte même ses rêves dans lesquels il se voit déjà éveillé et arrivé en classe même s'il continue de sommeiller. Après. évaluation de la situation, le docteur Watzlawick lui donne donc la consigne de rester au lit même après son réveil. Effectivement, après quelques jours, l'étudiant trouve intolérable de garder le lit, se réveille bien avant l'heure de ses cours et arrive à temps. Que s'est-il passé?

Watzlawick conclut que l'étudiant retirait un plus grand bénéfice de son sommeil que de ses études. D'ailleurs, ses songes le prouvaient : le fait de se rêver en classe lui permettait de garder le lit tout en en ayant le coeur net. Quelque chose en lui renforçait sa tendance au sommeil et à l'évitement de ses cours.

Bref, l'étudiant souffre d'une carence de rétroaction négative. Or, en lui donnant la consigne de garder le lit, Watzlawick déplace l'obligation majeure de la vie de l'étudiant : ce ne sont plus ses études qui le contraignent mais son sommeil. Ainsi, la rétroaction positive qui renforçait le sommeil se trouve également désormais à renforcer une obligation. Et comme l'étudiant souhaitait manifestement échapper à ses obligations en évitant ses cours, il souhaite désormais échapper à l'obligation du sommeil. Ainsi, le retour aux études devient la façon la plus efficace et la plus gratifiante d'échapper à la nouvelle obligation et, dans le nouveau contexte fabriqué par l'intervention de Watzlawick, la rétroaction positive devient négative.

Toutefois, quelle est la finalité sociale de la cybernétique? Les cybernéticiens n'étudient pas le comportement humain ou l'organisation sociale dans le seul but d'accumuler des anecdotes amusantes. Au contraire, leur but est de parvenir à la parfaite maîtrise de l'esprit humain.

CYBERNÉTIQUE ET CONTRÔLE

Mais comment l'exemple de l'étudiant endormi est-il relié à la maîtrise de l'esprit humain et au contrôle social? Considérons très précisément ce qui se passe dans cet exemple.

D'abord, la solution apportée par le cybernéticien (le docteur Watzlawick) est très ingénieuse dans la mesure où elle permet à l'étudiant de retourner aux études et de poursuivre le cours normal de sa vie. D'ailleurs, on pourrait dire que la poursuite des études constitue la norme de l'étudiant, son point d'homéostasie. Lorsqu'il se rend en classe à l'heure, tout va bien : il fonctionne normalement. Lorsqu'il arrive en retard, tout va mal : il est détraqué. Le but de l'intervention cybernétique est de rétablir la norme, de retrouver l'homéostasie, et il faut bien reconnaître son succès total et indéniable dans ce cas précis.

Cependant, la cure cybernétique ne guérit rien. Elle modifie le comportement en redistribuant les données mais ne change pas la cause. Ainsi, le docteur cybernéticien constate que l'étudiant retire un bénéfice supérieur de son sommeil que de ses études. Ce bénéfice supérieur constitue la rétroaction positive qui renforce la tendance au sommeil de l'étudiant. L'intervention cybernétique consiste donc à transformer la rétroaction positive en rétroaction négative. Elle accomplit cette transformation en mettant l'étudiant dans une situation paradoxale : le sommeil qui le réconfortait et l'écartait de ses études devient subitement une obligation au même titre que les études elles-mêmes. Or, afin d'échapper à cette nouvelle obligation, l'étudiant retourne aux études. Le docteur modifie donc le contexte de l'étudiant en lui imposant l'ordre paradoxal de garder le lit et, ce faisant, rétablit l'homéostasie, c'est-à-dire le bon fonctionnement du système.

L'étudiant, les études, le sommeil et le paradoxe constituent un système au même titre que le système du thermostat. Comme le thermostat, l'étudiant a une norme à maintenir. Le thermostat doit maintenir la température ambiante de la pièce; l'étudiant doit poursuivre ses études. Tant que les deux accompliront ces fonctions respectives, on dira qu'ils fonctionnent *normalement*. La température ambiante et les études constituent donc les contextes respectifs dans lesquels baignent le thermostat et l'étudiant. Or, dès qu'intervient une perturbation dans la relation entre thermostat et température ou entre étudiant et études, la rétroaction s'active. Le thermostat constate que la température ne rejoint plus son point optimal et cette constatation déclenche l'intervention de l'appareil de chauffage. L'étudiant, cependant, en constatant qu'il ne se rend plus à ses cours, ne déclenche pas un effort supplémentaire de sa part pour arriver à l'heure à ses cours mais succombe à la tentation du sommeil.

Dans les deux cas, une perturbation surgit dans le système mais cette perturbation provoque, dans l'exemple du thermostat, la rétroaction négative qui rétablit la norme tandis que dans l'exemple de l'étudiant, elle provoque la rétroaction positive qui renforce la perturbation elle-même et ne rétablit pas la norme. Pour cette raison, l'étudiant doit faire appel à un intervenant externe, le cybernéticien, qui transformera sa rétroaction positive en rétroaction négative.

Cet exemple nous enseigne ceci. D'abord, la cybernétique envisage l'esprit humain, et l'organisation sociale, comme un mécanisme sujet aux déséquilibres provisoires que l'intervention d'un spécialiste peut corriger. Le cerveau devient donc un appareil cybernétique que l'on peut réajuster à volonté, comme la programmation d'un ordinateur. D'ailleurs, les cybernéticiens recourront volontiers à la métaphore de l'ordinateur pour expliquer l'esprit humain.

Mais au-delà du parallèle homme-machine, cet exemple nous enseigne une autre leçon beaucoup plus grave. Il nous enseigne que les déséquilibres, les perturbations, les déviations par rapport à la norme sont par définition mauvais et doivent être éliminés tandis que la norme est en elle-même bonne et doit être préservée. Toutefois, les conséquences de cet enseignement sont énormes et lourdes.

Par exemple, considérons le cas d'un mouvement social, comme celui de la libération des Noirs aux États-Unis ou comme le mouvement de libération des femmes, qui perturberait l'« harmonie » sociale. Faut-il automatiquement condamner ce mouvement au profit de la « norme »? Faut-il automatiquement affirmer que la perturbation est mauvaise? Ne peut-elle pas parfois apporter des valeurs supérieures à celles de la norme? D'ailleurs, si tout système tend vers l'homéostasie, comment expliquer que les sociétés aient jamais changé, que les sociétés modernes ne ressemblent pas aux sociétés anciennes, comment expliquer que les systèmes changent constamment, comment expliquer que certains changements soient souhaitables?

On ne maintient une norme qu'au nom de l'efficacité du système. C'est dire que l'on privilégie le fonctionnement du système à toute autre considération. Mais ne faut-il pas reconnaître que souvent le système ne fonctionne bien que pour certaines parties de la société, que la norme n'est « normale » que pour certains secteurs du système social?

En effet, la cybernétique n'est-elle pas en train de devenir une *justification du maintien des normes*? En élaborant une théorie de l'équilibre systémique et en définissant les règles de son maintien, la cybernétique ne tend-elle pas à devenir tout simplement une stratégie de normalisation? Dans le cas d'un ordinateur, il est tout à fait légitime de faire fonctionner le système en fonction d'une norme pré-programmée, mais est-il tout aussi souhaitable de faire fonctionner les esprits humains ou les organisations sociales comme des ordinateurs? Est-il souhaitable de dire que l'esprit humain doit fonctionner sur le modèle d'un système homéostatique?

Revenons à l'exemple de l'étudiant endormi. Il est une question capitale que la cybernétique ne pose jamais : pourquoi l'étudiant veut-il éviter ses cours? En effet, son sommeil n'est que le symptôme d'une cause ou de plusieurs causes plus profonde :
– les cours sont ennuyeux,
– les professeurs sont nuls,
– l'étudiant connaît déjà la matière,
– l'étudiant traverse une crise,
– l'étudiant a décidé de changer de carrière, etc.

Pourtant, la cybernétique n'explore aucune de ces possibilités. Le médecin cybernéticien n'essaie pas de comprendre les causes profondes du comportement de l'étudiant, il constate simplement que son comportement perturbe une norme et se contente par la suite de modifier le comportement.

Le comportement de l'étudiant peut avoir plusieurs causes mais la cybernétique les ignore toutes également. Son seul but est de rétablir l'homéostasie du système. Mais si l'étudiant rate ses cours parce que ses professeurs sont nuls, quelle est la meilleure solution? S'agit-il de le plonger dans une situation paradoxale qui l'oblige à poursuivre ses études ou s'agit-il d'exiger de l'établissement qu'il améliore son enseignement? Et qu'elle est la meilleure solution si l'étudiant a décidé de changer de carrière ou s'il traverse une crise ou s'il connaît déjà la matière? Le problème se laisse donc résoudre de plusieurs façons mais la solution de la cybernétique se contente de modifier le comportement. Ainsi, même si l'étudiant retourne aux études parce qu'il ne supporte plus de rester au lit, ses cours se seront-ils pour si peu améliorés? La cybernétique intervient ainsi sur le symptôme et non sur la cause, c'est-à-dire qu'elle n'interroge jamais la valeur du système. Elle se contente simplement de rétablir la norme.

La cybernétique se révèle donc essentiellement comme technique de maintien des normes psychologiques et sociales. C'est sa finalité profonde : tout ce qui déroge à la norme doit être automatiquement rectifié. La norme l'emporte sur tout; et par sa volonté de maintenir les normes coûte que coûte, la cybernétique trahit un esprit profondément conservateur.

RAPPEL

Cybernétique, subjectivité, société

La cybernétique avance une seule et même théorie de la subjectivité humaine et de l'organisation sociale : ce sont des systèmes homéostatiques. Cela signifie qu'une seule et même théorie, la théorie des systèmes, peut expliquer et la subjectivité humaine et l'organisation sociale.

La théorie cybernétique affirme que tout système tend vers l'homéostasie (la stabilité) selon des règles qui lui sont propres. Peu importent les particularités de chaque système, le mécanisme demeure identique. Un système (ensemble d'éléments interdépendants) en interaction avec son milieu (contexte ou environnement) subit une perturbation (déséquilibre). Aussitôt, le système tente de rétablir son équilibre.

Premièrement, le constat du déséquilibre constitue une information nouvelle produite par le système. L'information cybernétique concerne toujours la présence d'une perturbation. Deuxièmement, cette information est renvoyée au système qui la compare avec son état idéal, sa norme, le point homéostatique qu'il veut maintenir. Troisièmement, sur la base de cette information, le système déclenche des mesures de rectification qui ramènent le système à l'homéostasie. Le phénomène du retour de l'information s'appelle la rétroaction. Il faut donc supposer l'existence d'un circuit quelconque qui permette à l'information d'être acheminée.

En outre, puisque l'information déclenche un mouvement correcteur de la part du système, c'est-à-dire un mouvement qui l'*empêche* de se déséquilibrer, on dit que l'information est contraignante et que la rétroaction est négative. La rétroaction négative stabilise le système. Parfois, la rétroaction est positive, c'est-à-dire qu'au lieu de déclencher un mouvement correcteur elle contribue au déséquilibre et le renforce. La rétroaction positive déstabilise le système.

Les exemples les plus simples de systèmes cybernétiques sont le thermostat et le régulateur à boules. Cependant, la cybernétique souhaite aussi s'appliquer à des phénomènes beaucoup plus complexes tels que l'esprit humain et la société humaine. Néanmoins, si nous nous en tenons aux exemples les plus simples, nous constatons que pour bien fonctionner, le thermostat et le régulateur à boules doivent exercer une surveillance constante sur leurs contextes et doivent maintenir leur stabilité coûte que coûte. Heureusement, les contextes du thermostat et du régulateur sont très simples et ces systèmes effectuent des corrections extrêmement limitées. Néanmoins, la cybernétique élabore une théorie fondée sur la surveillance et la normalisation. Rappelons-nous la définition de Wiener : la cybernétique est la science du contrôle et de la communication chez les animaux et chez les machines. En d'autres mots, la cybernétique assimile la communication à la possibilité de surveiller constamment l'environnement et de le stabiliser, c'est-à-dire de le contrôler. En outre, la cybernétique assimile nettement la communication *humaine* à la communication *machinique*.

Lorsqu'on envisage l'esprit humain et l'organisation sociale comme des systèmes homéostatiques, on leur suppose des normes qu'ils tentent d'atteindre coûte que coûte. La cybernétique devient donc la théorie de la normalisation de l'esprit humain et de l'organisation sociale.

Qui plus est, lorsqu'on envisage l'esprit humain et l'organisation sociale comme des systèmes homéostatiques, cela permet de créer des modèles plus ou moins sophistiqués qui fonctionnent comme l'esprit ou la société. Bref, cela permet de créer des simulations, c'est-à-dire des imitations très précises de l'objet étudié. En étudiant la simulation, en la modifiant et en la manipulant, on apprend à modifier, à manipuler et à contrôler l'esprit ou la société eux-mêmes.

Cette volonté de contrôle s'affirme encore plus fortement lorsque l'on sait que la plupart des grands cybernéticiens ont eux-mêmes travaillé pour le compte de l'armée ou de l'industrie américaine sur des projets de contrôle et de surveillance. Deux exemples sont particulièrement révélateurs : Wiener fut professeur au Massachussetts Institute of Technology et conseiller du Pentagone tandis que von Neuman mit au point la première machine calculatrice électrique, ENIAC, pour calculer la trajectoire des projectiles puis s'intéressa à la bombe à hydrogène. N'oublions pas que la cybernétique se définit elle-même comme *science du contrôle*.

Ensuite, les seules institutions disposant des moyens financiers, technologiques, gestionnels et autres pour fabriquer, tester ou utiliser les appareils cybernétiques proposés par les cybernéticiens sont précisément le gouvernement ou la grande entreprise. Il ne faut donc pas s'étonner de découvrir partout dans l'histoire de la cybernétique la présence déterminante des intérêts militaires et industriels. Il faut cependant reconnaître que si le gouvernement et l'industrie ont voulu subventionner et protéger la cybernétique, c'est bien parce qu'ils espéraient en retirer un bénéfice quelconque. Ce bénéfice fut au niveau des techniques de surveillance et de contrôle.

La simulation est, bien entendu, une technique de surveillance et de contrôle. Or, l'exemple le plus percutant de la simulation cybernétique est l'intelligence artificielle. Toutefois, avant d'aborder l'intelligence artificielle, il est une autre conséquence de la cybernétique, la théorie de l'information, qui fait le lien entre cybernétique et intelligence artificielle, que nous devrions étudier.

SUITES DE LA CYBERNÉTIQUE : LA THÉORIE DE L'INFORMATION ET L'INTELLIGENCE ARTIFICIELLE

INTRODUCTION

La cybernétique a eu deux suites communicationnelles importantes : la théorie de l'information et l'intelligence artificielle. De nos jours, on ne distingue plus très clairement la cybernétique de ses suites. On dirait que le terme « cybernétique » est passé de mode puisque la cybernétique elle-même a été plus ou moins absorbée par d'autres disciplines ou courants de pensée. Par exemple, le cas de l'étudiant endormi diagnostiqué par le docteur Watzlawick (voir chapitre 7) illustre très bien cette absorption puisqu'il s'agit d'un raisonnement manifestement cybernétique sur un cas psychologique. En outre, de nos jours les termes « théorie des systèmes » ou « systémisme » sont devenus plus ou moins équivalents de « cybernétique ». Or, cela n'est guère surprenant étant donné l'importance que la cybernétique accorde au « système ». Néanmoins, la finalité profonde de la cybernétique et de toute sa descendance théorique reste de maintenir les normes d'un système en réduisant l'information.

Le cas de l'étudiant endormi constitue aussi un bon exemple du maintien des normes par réduction d'information. Rappelons-nous que le comportement de l'étudiant est une information multivoque renvoyant à un ensemble de causes. Toutefois, la psychologie cybernétique n'interroge aucun des sens possibles du comportement; elle n'interroge pas sa *multivocité*. Au contraire, elle transforme l'information (le comportement de l'étudiant) en indicateur univoque d'une perturbation puis s'attache à faire disparaître la perturbation. Le comportement de l'étudiant cesse de soulever une multitude de causes possibles et devient asservi au rétablissement (à la stabilisation) du système. La richesse de ses sens multiples est écartée. En cela, la cybernétique réduit bien la complexité du comportement humain à la simplicité du fonctionnement *machinique* tout comme le thermostat. Le thermostat ne se demande pas s'il est bon de maintenir la température ambiante, il la maintient tout simplement. Bien entendu, puisque le thermostat est un simple mécanisme, on ne s'attend pas à ce qu'il pose des questions de valeur. Mais on ne s'attend pas non plus à ce que les questions de valeur qui concernent l'être humain soient réduites à de simples comportements de machine. Nous allons toutefois remarquer la même réduction du sens dans la théorie de l'information.

LA THÉORIE DE L'INFORMATION

La théorie de l'information descend directement de la cybernétique. On se souviendra qu'en cybernétique l'information désigne une donnée développée par un système afin de régler son comportement. La théorie de l'information concerne les conditions de maximisation de cette information. Ses implications pour l'informatique et le perfectionnement des systèmes cybernétiques de simulation sont énormes.

La théorie de l'information fut énoncée pour la première fois par Claude E. Shannon, en 1948, dans un texte désormais célèbre, « A Mathematical Theory of Communication » (Une théorie mathématique de la communication) publié dans le *Bell System Technical Journal*. Les éléments suivants sont à retenir.

D'abord, Shannon fut l'étudiant de Norbert Wiener lui-même au département de mathématiques du Massachussetts Institute of Technology. Il devint ensuite ingénieur à la compagnie de téléphone Bell où il poursuivit ses recherches et publia ses résultats les plus importants. On peut dire de la théorie de l'information qu'elle est une *théorie des ingénieurs*.

Ce fait est remarquable surtout si l'on compare la théorie de l'information aux autres grandes théories qui l'ont précédée. Les fonctionnalistes, comme les théoriciens du modèle stimulus-réponse, étaient tous des sociologues ou des psychologues. Malgré les forces et les faiblesses de leurs théories ou de leurs formulations particulières, ils envisageaient tous la communication comme un phénomène humain, c'est-à-dire comme un phénomène mettant en jeu au premier chef la personne humaine et ses conditions de vie.

Les cybernéticiens et les théoriciens de l'information, par contre, sont presque tous des mathématiciens et des ingénieurs. Pour eux, la communication cesse subitement d'être un

phénomène essentiellement humain pour devenir un phénomène essentiellement *machinique*. Cela veut dire qu'ils envisagent la communication comme un phénomène mettant en jeu
au premier chef des relations systémiques et non plus des
relations humaines.

Cette distinction prend plus de sens si nous considérons
brièvement l'attitude respective des grandes théories vis-à-vis
la technique ou la technologie. Dans le modèle S-R, la technique
(les mass média) constitue un danger potentiel pour l'esprit
humain et la société. La technique peut entraîner les masses à
agir de façon asociale et dangereuse. Ce qui reste important, ce
n'est pas la technique elle-même mais son impact sur la
condition humaine et sociale.

Pour le fonctionnalisme, la technique ne constitue plus un
danger, mais uniquement parce qu'on la croit désormais faible.
En fait, selon les fonctionnalistes, la technique peut devenir
puissante — dans les conditions appropriées — mais dans une
société démocratique et pluraliste, la liberté et l'autonomie
humaines lui résistent. La technique se trouve donc obligée de
devenir gratifiante afin de s'insinuer dans la vie humaine. Mais
qu'elle soit menace ou gratification, c'est néanmoins l'esprit
humain (la subjectivité) et ses conditions d'existence (l'organisation sociale) qui constituent le centre de ces théories : on
interroge l'impact possible de la technique parce qu'on s'intéresse à la subjectivité humaine et à l'organisation sociale.

Or, avec la cybernétique et la théorie de l'information, la technique cesse d'être menace ou gratification; elle devient le
modèle même de la communication. On cesse de questionner
l'impact de la technique sur l'être humain ou l'organisation
sociale et on se met à chercher comment l'esprit et la société
peuvent ressembler à la technique.

La théorie de l'information et la cybernétique marquent donc le
triomphe d'un point de vue purement technicien dans la théorie
communicationnelle. Les questions de sens, de subjectivité et
d'organisation sociale sont évacuées au profit de questions
d'efficacité et de performance. La meilleure preuve de cette
évacuation se trouve dans le concept d'information lui-même.

Comme nous l'avons vu, l'information cybernétique n'est pas une information humaine sujette à interprétation mais un pur signal univoque finalisé (n'ayant qu'une seule fonction, un seul but). La théorie de l'information fera donc la théorie de cette information-là.

Or, non seulement s'agit-il d'une théorie des ingénieurs, mais aussi s'agit-il d'une théorie *mathématique*. En effet, les équations mathématiques l'emportent largement et le non-mathématicien éprouve une difficulté insurmontable à la lecture de celles-ci. Or, même si la mathématique peut exprimer adéquatement certaines relations, on peut douter de son habileté à exprimer des relations humaines et sociales.

La théorie de l'information est donc une théorie de l'efficacité ou de la maximisation de l'information à l'intérieur d'un système. Puisque Shannon était ingénieur chez Bell, on ne s'étonnera pas que la plupart de ses exemples concernent la transmission de l'information par voie téléphonique. Néanmoins, voici ce que dit la théorie de l'information.

Tout système de communication se compose de cinq éléments :
1. une *source d'information* qui produit un message,
2. un *émetteur* qui décompose, code, transmet le message,
3. un *canal* par lequel le message est acheminé,
4. un *récepteur* qui reçoit, décode, recompose le message,
5. un *destinataire* qui est la personne (ou chose) à laquelle le message est destiné.

Accessoirement, les systèmes de communication peuvent être affectés par le *bruit* qui perturbe la transmission et la réception du message. Le bruit, c'est tout signal extérieur au système et qui empêche le signal interne d'arriver rapidement ou efficacement à son but. Le bruit peut être le brouillage électrostatique d'une ligne téléphonique comme il peut être des mouvements de contestation sociale. La figure 8.1 montre comment Shannon schématise ces éléments.

Selon les théoriciens de l'information, ce modèle peut expliquer tout acte de communication et Shannon suggère lui-même comme exemple typique la transmission d'une séquence télégraphique. Toutefois, remarquons que Shannon ne s'intéresse pas au *sens du message* mais seulement à l'*efficacité de la transmission*. La théorie pose donc deux questions : (1) que faut-il faire pour que l'information soit transmise le plus vite possible et (2) que faut-il faire pour que l'information soit reçue telle que transmise?

FIGURE 8.1   **Un système communicationnel général**

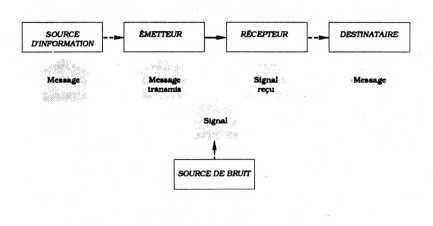

En ce qui concerne la vitesse de transmission, force nous est de constater que la transmission électrique moderne constitue vraisemblablement la limite infranchissable des techniques modernes. Puisqu'il nous est à toutes fins pratiques impossible d'accélérer la vitesse de transmission, nous devons chercher à abréger le message. Or, Shannon lui-même fit des calculs afin de déterminer la fréquence des lettres et leurs séquences les plus probables. Ainsi, en français, la lettre « e » est la plus fréquente et certaines séquences telles que « le, » « les, » « ce » sont très communes. Si donc nous remplacions chaque lettre par un signal sonore, nous donnerions à la lettre « e » le signal le plus court et à la lettre la moins utilisée (« w ») le signal le plus long. C'est d'ailleurs le principe du code télégraphique : les lettres les plus communes sont composées de simples points ou traits tandis que les lettres les plus rares sont composées de combinaisons plus complexes de points et de traits. En outre, plusieurs messages se comprennent très aisément malgré la suppression de mots tels que « le » ou « la ». Et ce qui plus est, certaines séquences très typiques comme « c'est-à-dire » peuvent être remplacées par un signal très simple.

Ainsi, un message se laisse abréger de plusieurs façons et Shannon a formulé dans son célèbre article l'équation mathématique de ce procédé permettant de calculer la forme la plus rapide de n'importe quel message. Le procédé de transposition d'un message de langue française en une forme rapide s'appelle le *codage*. Si l'on revient brièvement à la figure 8.1, on voit que la source d'information correspond à la personne qui énonce une phrase. Cette personne transmet sa phrase à un émetteur qui la *code* et qui transmet un signal. C'est manifestement ce qui se passe lorsqu'on amène un message chez le télégraphiste. On lui énonce des phrases complètes et il les code en forme télégraphique. C'est aussi ce qui arrive lorsque nous parlons au téléphone : nos phrases complètes sont transformées, c'est-à-dire *codées* par l'appareil en impulsions électriques. Le procédé inverse s'appelle le *décodage* et correspond à la retransposition du signal codé en phrases complètes compréhensibles à l'auditeur humain. Bien entendu, c'est le récepteur qui opère le décodage.

Le code est donc un ordre déterminé de signaux ou de symboles. Shannon appela le procédé d'imposition d'un code aux éléments d'un message l'*entropie négative*. Pourquoi? Entropie veut dire simplement la tendance apparemment naturelle de toute chose appartenant à l'univers vers le désordre ou la désorganisation. Ainsi, la nature tend vers la désorganisation progressive : tout ce qui était formé, vivant et orienté vers un but, meurt, se dissipe, devient informe, se désagrège, etc. L'entropie négative est le contraire de l'entropie : c'est l'imposition d'un ordre malgré cette tendance naturelle. Plus un message est complexe, plus il comporte d'éléments, plus il aura tendance à se désorganiser et à se désagréger. L'imposition d'un ordre déterminé (un code) à un message complexe exigera plus d'entropie négative. L'entropie négative constitue alors la mesure de la complexité d'un message et Shannon en a également donné des calculs mathématiques.

Remarquons, toutefois, que malgré les formulations mathématiques de Shannon, la théorie de l'information n'a rien à dire quant au *sens* des messages. Un système téléphonique peut fort bien coder les phrases complètes d'un interlocuteur humain en signaux électriques, mais que savons-nous du sens des phrases? Absolument rien. Au contraire, Shannon offre une formule qui permet d'écarter le sens de la communication au profit de sa seule efficacité, et en cela nous reconnaissons sa filiation profonde avec la cybernétique.

Mais la théorie de l'information, rappelons-le, s'était posée une deuxième question : que faire pour que le signal transmis soit reçu tel quel ? À cela, plusieurs solutions : (1) le code doit être absolument rigide afin d'éliminer toute ambiguïté; (2) le canal de transmission doit être sécuritaire afin d'éliminer tout parasite et toute interférence; (3) les sources de bruit doivent elles-mêmes être contrôlées ou éliminées. Nous rejoignons là une des préoccupations fondamentales de la cybernétique : la surveillance constante et serrée de la communication, la réduction forcée de l'information au code le plus strict, au statut de pur signal.

Cependant, cette exigence de précision et d'exactitude débouche sur une nouvelle possibilité : la *programmation*. En effet, un programme d'ordinateur est une information codée claire fonctionnant à l'intérieur d'un système fermé. L'ordinateur ne fonctionne que s'il accomplit sa tâche et pour ce faire, l'information doit circuler efficacement, rapidement et sûrement. En perfectionnant la vitesse et l'exactitude de la communication, en élaborant la théorie mathématique de la circulation de l'information, en décomposant la communication en cinq éléments constants, la théorie de l'information, à la suite de la cybernétique, jette les bases de l'informatique moderne et rend possible la problématique de l'intelligence artificielle[1].

D'ailleurs, tout comme les cybernéticiens, les théoriciens de l'information vont s'enthousiasmer pour les problèmes d'intelligence artificielle.

---

1. En effet, il est vrai qu'historiquement la théorie de l'information se situe après la cybernétique et juste avant l'ère de l'information moderne.

Résumons les liens de la théorie de l'information avec la cybernétique. La théorie de l'information, comme la cybernétique, réduit l'information à un pur signal. Elle ne se préoccupe pas de son sens. Comme la cybernétique, elle transforme la communication en acte machinique se produisant entre les éléments d'un système. Comme la cybernétique, elle prétend énoncer des lois valables pour tout acte et toute situation de communication. Comme la cybernétique, elle s'intéresse à la circulation systémique de l'information. Comme la cybernétique, elle fait appel à la surveillance constante de la communication et des canaux de communication. Bref, la théorie de l'information formule la théorie mathématique de l'information cybernétique. On trouve même une ressemblance entre la cybernétique et la théorie de l'information dans la valeur qu'accorde la théorie de l'information à la mathématique.

La théorie de l'information fait donc avancer le projet cybernétique d'un pas. La théorie de l'information construit réellement les appareils de communication et de contrôle dont la cybernétique avait formulé la possibilité. Maintenant, en donnant la théorie mathématique de la communication, la théorie de l'information rend possible l'informatique et l'intelligence artificielle.

L'INTELLIGENCE ARTIFICIELLE

Le projet de l'intelligence artificielle est certainement un vieux rêve de l'humanité. En effet, les êtres humains ont toujours rêvé d'autres êtres ou d'appareils plus parfaits qu'eux-mêmes, plus solides, arrachés à la mortalité et aux défauts humains et pourtant soumis à la volonté humaine. Ces êtres accompliraient plus rapidement et plus efficacement les tâches les plus pénibles et les plus ennuyeuses généralement dévolues aux humains. En effet, on retrouve dans la littérature occidentale de nombreuses références à ces « êtres » ou « machines » doués d'« intelligence artificielle ». On reconnaît, par exemple, dans le *Frankenstein* (1817) de Mary Shelley un des premiers récits modernes traitant d'un homme artificiel ou automate doué d'intelligence[2]. L'on sait par ailleurs tout l'attrait des robots et machines pensantes dans le cinéma et la littérature. Il suffit de songer au film allemand *Le cabinet du Dr. Caligari* (1919) de Robert Wiene qui met en scène un homme hypnotisé qui tue sous les ordres du Dr. Caligari, aux rêveries fantastiques de *Métropolis* (1926) de Fritz Lang, aux robots d'Isaac Asimov et surtout sa série littéraire *I, Robot* (1950), à l'ordinateur meurtrier HAL du film *2001* (1968) de Stanley Kubrick (tiré du roman du même nom d'Arthur C. Clarke), aux robots quasi-humains du film *La Guerre des Étoiles* (1977) de Stephen Spielberg ou au policier-robot du film *Robocop* (1987) de Paul Verhoeven.

En outre, on retrouve dans l'histoire de nombreuses tentatives de création de machines imitant le comportement humain ou animal. Par exemple, dès 1737, Vaucanson, inventeur du premier métier à tisser entièrement automatique, créa des « automates » : un joueur de flûte et un canard capable de nager. Au 18e siècle, un auteur anonyme explicita un mécanisme, semblable à un programme d'ordinateur, capable de produire des menuets. En 1833, Babbage conçut des « machines à calculer » dont sont tirées les principes de l'informatique moderne. Mais c'est au 20e siècle avec les perfectionnements de l'électronique et de l'informatique que l'intelligence artificielle prit tout son essor. Ainsi, en 1912, L. Torrès Y Quevedo mit au point un automate capable de jouer une finale particulière du jeu d'échecs (roi contre tour et roi). En 1920, l'auteur tchèque Karel Capek introduisit dans la littérature internationale le mot « robot » qui veut dire en tchèque « ouvrier ». Avec la Deuxième Guerre mondiale, la cybernétique de Wiener, les recherches

---

2. Avant Shelley, il y eut de nombreux héros artificiels semblables au sien. Ainsi, le dieu grec du fer et des métaux Héphaïstos fabriquait dans son atelier des guerriers de bronze dont le plus célèbre fut Talos, le robot de Crète, et la déesse Aphrodite insuffla la vie à une statue nommée Galatée qu'épousa le sculpteur Pygmalion. La légende veut aussi que les astrologues arabes aient inventé une machine pensante appelée la *zaïrja*. Au 16e siècle, Paracelse prétendit avoir inventé un « homunculus », ou petit homme artificiel tandis qu'on dit du rabbin tchèque Judah ben Loew qu'il sculpta au 16e siècle un homme d'argile vivant, Joseph Golem.

mathématiques de *von Neumann*[3], les hypothèses et recherches de Shannon ainsi que le perfectionnement de l'informatique, l'intelligence artificielle reçut une assise matérielle et conceptuelle réelle.

La simulation

Évidemment, l'enjeu de l'intelligence artificielle est de créer des machines qui « simulent » le comportement humain, c'est-à-dire de créer des machines qui « pensent » ou qui, au moins, donnent tellement l'impression de penser qu'on ne les distingue pas du comportement humain. Ces machines pensantes pourraient accomplir pour nous des tâches extrêmement compliquées, répétitives, dangereuses, etc. Bien entendu, avant d'arriver à un tel stade de développement, il faut encore passer par de nombreuses étapes. Toutefois, si l'on s'arrête au concept de « simulation », on s'aperçoit qu'il soulève une difficulté profonde. Peut-on « simuler » la pensée humaine, c'est-à-dire en donner tous les traits et toutes les fonctions à une machine, sans savoir préalablement et jusque dans ses moindres détails ce qu'est « penser »? La volonté de simulation de l'intelligence artificielle exige donc que l'on décompose la pensée humaine en ses moindres étapes et cette exigence même soulève donc des questions philosophiques fondamentales : qu'est-ce que l'humain, qu'est-ce que penser, qu'est-ce qu'agir?

Mais prenons un exemple simple et concret : la machine à jouer aux échecs. On arrive relativement facilement de nos jours à fabriquer des machines qui jouent aux échecs avec beaucoup de succès. Ces machines donnent d'ailleurs toutes les apparences de la pensée humaine : elles semblent faire des choix et prévoir des stratégies et peuvent même déjouer bon nombre de leurs adversaires humains. Mais ces machines « pensent »-elles?

---

3. John von Neumann, d'origine hongroise, fut un des mathématiciens les plus marquants du 20e siècle. Il contribua, pendant la période 1939-1945, à l'élaboration de la théorie des jeux puis à la création du premier ordinateur moderne, *L'ENIAC* (Electrical Numerical Integrator and Calculator) en 1943-1944, servant à calculer les trajectoires de projectiles. En 1946, il participa à la mise au point de l'ordinateur *MANIAC* (Mathematical Analyser Numerical Integrator and Computer) dont l'armée américaine se servit à Los Alomos pour tester certains aspects de la bombe à hydrogène.

Rappelons-nous que le jeu d'échecs consiste en un ensemble de choix précodés, c'est-à-dire que chaque pièce ne peut se déplacer que de façon strictement déterminée, que la finalité du jeu (rafler le roi de l'adversaire) ne varie jamais, et que le nombre de coups possibles dans n'importe quelle situation est limité par les règles du jeu. Dans ces circonstances, il devient possible de programmer les combinaisons de coups dans un appareil. En fait, si l'on y réfléchit bien, le jeu d'échecs ressemble remarquablement au système décrit par la théorie de l'information : un nombre limité de choix qu'il s'agit de rendre aussi performants que possible. En outre, comme le problème de l'efficacité, le jeu d'échecs ne comporte pas de décisions de nature esthétique ou éthique qui échapperaient aux possibilités de programmation.

Le jeu d'échecs est, cependant, une simple combinatoire, c'est-à-dire que l'ordinateur examine les unes après les autres toutes les possibilités puis joue le coup le plus efficace. Mais l'intelligence humaine ne se limite pas au simple examen des possibilités successives. Il peut fort bien examiner successivement un ensemble de choix mais ce serait une grave erreur que de vouloir réduire toutes les manifestations de l'intelligence humaine à ce seul procédé. En effet, pour résoudre un problème, l'être humain utilise une série de connaissances sur le monde. Ces connaissances prennent la forme de points de repères ou de cadres conceptuels. Ceux-ci proviennent à la fois du contexte, de l'expérience, de la culture, et ainsi de suite. Ils sont en outre extrêmement nombreux et tellement imbriqués les uns dans les autres et dans notre personnalité que nous les apercevons à peine.

Finalement, reconnaissons aussi que le robot joueur d'échecs est essentiellement une prouesse technique, une réalisation intéressante mais dont l'impact social est plutôt limité. En fait, le joueur d'échecs n'est qu'une première étape qui doit servir de tremplin à la simulation de comportements humains plus complexes et plus utiles.

Cependant, le comportement humain soulève inévitablement une question extrêmement difficile et incontournable : la question du rapport de l'esprit au corps, au contexte social et

physique, au stock de connaissances et d'expériences personnelles et de tics individuels. Cette relation peut effectivement
paraître anodine et secondaire, mais imaginons ce qui se passe
lorsque nous essayons de simuler un comportement humain
simple, moins codé que le jeu d'échecs.

Imaginons que nous allons apprendre à un robot à manger
au restaurant, c'est-à-dire à simuler le comportement d'une
personne humaine au restaurant. Que faut-il faire? Comment
faut-il programmer le robot pour qu'il se comporte réellement
comme un être humain?

D'abord, il faut lui enseigner que dans certains restaurants,
on attend d'être placé à table tandis que dans d'autres on
s'assied soi-même. Or, puisque ce comportement assez particulier dépend généralement du prestige de l'endroit, il faudrait
aussi enseigner au robot à reconnaître les marqueurs du
prestige social. Bref, nous entrevoyons déjà qu'un comportement d'apparence aussi simple et inintelligent qu'attendre
d'être placé à table implique une connaissance relativement
approfondie des conventions sociales. Néanmoins, admettons
que nous puissions programmer toutes ces connaissances
dans notre robot.

Il faudrait, ensuite, lui apprendre à lire un menu ou une carte.
Cela implique donc une connaissance de la langue humaine.
Toutefois, la science se bute à des difficultés incroyables dans
la simulation des langues humaines et reste encore extrêmement loin du jour où les machines pourront parler. Néanmoins,
admettons que nous ayions réussi à douer notre robot de
parole.

Il nous resterait encore à lui apprendre les bonnes manières et
la politesse. Heureusement pour notre robot, la politesse est un
des comportements humains les plus codés qui soient. Nous
allons donc pouvoir la lui enseigner relativement facilement.
Toutefois, il lui faudra aussi apprendre à reconnaître les
moments où il convient d'exercer la politesse. Par exemple, il ne
convient pas d'être poli lorsqu'on vous menace. Néanmoins,
admettons qu'en plus de la politesse, nous ayions réussi à lui
apprendre à l'exercer.

Ensuite, il faudrait enseigner au robot à choisir un repas de façon « intelligente » et humaine, c'est-à-dire à choisir des mets qui sont complémentaires, à ne pas mêler la salade et le dessert, et ainsi de suite. Or, nous choisissons nos mets non seulement suivant l'ordre dans lequel il convient de les consommer mais aussi en fonction de nos goûts et préférences personnels. En d'autres mots, il est vrai que nous ne mêlons pas la salade et le dessert mais il est aussi vrai que nous ne choisissons pas non plus n'importe quelle salade ou n'importe quel dessert. Comment donner au robot des goûts et préférences personnels? Comment lui faire ressentir des sensations subjectives? Comment simuler l'existence humaine dans ce qu'elle a de plus immédiatement physique : les sensations gastronomiques? La question n'a peut-être aucune réponse. Or, si nous ne lui répondons pas, nous ne parviendrons pas à simuler réellement le comportement humain.

En outre, il nous reste un dernier comportement à enseigner à notre robot, un comportement d'une extrême complexité et délicatesse : savoir donner un pourboire. Nous pourrions lui inculquer une règle simple et constante : donner toujours 15 % de l'addition. Toutefois, si nous lui inculquons une règle, nous transformerons le comportement en acte purement mécanique. D'ailleurs, le pourboire regorge de sens aux yeux de ceux qui le donnent et le reçoivent. Par exemple, le pourboire peut signifier que l'on a ou que l'on n'a pas aimé la qualité du service, la succulence du repas ou l'ambiance du décor. Mais ce n'est que son sens premier. Lorsque l'on invite son patron ou des amis à dîner, on est parfois tenté de donner un pourboire exceptionnel malgré la qualité du repas afin de démontrer sa magnanimité. Ou encore on peut refuser par principe de laisser des pourboires. Ou on peut toujours en laisser par sympathie pour les serveurs. Bref, le pourboire est un comportement humain extrêmement subjectif, nuancé et circonstanciel. Toutefois, le robot est dépourvu de sensations gastronomiques, il n'a pas d'amis à impressionner, il n'a pas de souvenirs à projeter sur le présent, bref, il n'est pas humain. Il ne peut ressentir ni physiquement ni même intellectuellement la qualité d'un repas, la composition d'un mets, l'odeur d'un plat. Puisqu'il n'a pas de corps qui lui donnerait des sensations, comment peut-il jamais savoir s'il a aimé ou non un repas et donc le pourboire qu'il convient de laisser?

L'acte humain le plus ordinaire est donc chargé de sens et de complexité. Il nous met devant des interrogations monumentales : Qu'est-ce que le goût, la préférence ou la sensation? Qu'est-ce qu'« aimer » une chose? Comment transmettre ces connaissances à un ordinateur? La solution n'est guère évidente et elle pose un défi de taille à l'intelligence artificielle. Toutefois, à moins d'y répondre nous n'aurons jamais de machines « intelligentes » puisque l'intelligence humaine n'est pas seulement un amassis d'informations disparates mais aussi un univers de sensations, de jugements et d'attentes purement subjectifs et personnels.

Mais que signifient ces exemples du robot joueur d'échecs et du robot mangeur au-delà de l'évidente difficulté de programmer l'intelligence artificielle? Ils désignent sans doute certaines des distinctions fondamentales entre l'intelligence humaine et l'intelligence artificielle.

D'abord, l'intelligence humaine ne porte pas uniquement ni même essentiellement sur des combinaisons précodées en nombre limité comme dans le jeu d'échecs. Elle porte aussi sur des questions d'ordre esthétique, éthique et moral. En d'autres mots, l'intelligence humaine porte aussi sur des questions comme : Tel acte est-il bon ou mauvais? Tel objet est-il beau ou utile? Telle loi est-elle juste ou injuste? Telle chose possède-t-elle une valeur?

Ensuite, l'intelligence humaine procède de plusieurs sources. Il existe vraisemblablement une assise biologique à certains aspects du comportement humain, mais l'expérience personnelle, qui est fortement colorée par l'âge, le sexe, le lieu, la classe sociale, ainsi que la mémoire, les désirs, les aspirations, contribuent aussi de façon extrêmement complexe à créer le comportement humain. Ainsi le philosophe américain Hubert Dreyfus (1976) fait de cette caractéristique la distinction essentielle entre l'intelligence humaine et l'intelligence artificielle. Selon lui, l'existence du corps humain, le fait que l'intelligence humaine ne s'exerce qu'à partir d'un corps sujet aux désirs, aux

impulsions, au vieillissement et à la mort, conditionne tellement profondément l'intelligence humaine que l'intelligence
artificielle est, à strictement parler, impossible. L'ordinateur
ne pourra pas dans l'avenir imaginable, posséder un corps
humain ou être soumis aux contraintes qui forment inextricablement la complexité humaine.

En effet, force nous est de concéder que l'ordinateur n'est pas
soumis à un contexte social. Il n'est pas comme un enfant qui
acquiert à travers son contexte et sa condition sociale, fussent-
ils favorisés ou défavorisés, un ensemble d'attitudes, d'attentes, de croyances, d'opinions, d'aspirations, de connaissances,
de désirs, etc. À strictement parler, l'ordinateur est *a-contextuel*.
Par ailleurs, force nous est aussi de constater que l'ordinateur
n'est pas soumis au désir sexuel, aux impulsions inconscientes
ou aux contraintes qui forment le caractère humain.

De l'autre côté, cependant, nous devons aussi reconnaître que
certains appareils d'intelligence artificielle, comme les *systè-
mes-experts*[4], font preuve d'une certaine autonomie dans la
cueillette et l'interprétation des données. Toutefois, même si
l'autonomie fait incontestablement partie de l'intelligence
humaine, elle n'en est pourtant pas le seul élément.

L'Intelligence artificielle et le contrôle social

Étant donné toutes les contraintes qui pèsent sur l'intelligence
artificielle, quel but sert-elle réellement? En d'autres mots,
pourquoi cherchons-nous à simuler le comportement humain?
Souhaitons-nous réellement que les robots se mettent à manger? Souhaitons-nous réellement donner un tel comportement
à une machine? Bien entendu, nous n'avons évidemment pas
besoin de machines mangeuses et affamées. Mais pourquoi
donc persistons-nous à vouloir simuler un tel comportement?

---

4. Un système-expert est un programme d'ordinateur suffisamment complexe pour entreprendre une série de tâches spécialisées. Par exemple, un
programme-expert pourrait poser des questions à un malade et sur la base
des questions et des réponses de plus en plus précises arriver à faire un
diagnostic correct. Dans ce cas, le système semble savoir d'avance les
questions qu'il faut poser afin d'obtenir les renseignements essentiels, tout
comme un docteur humain.

Qu'avons-nous à y gagner? Quel intérêt l'espèce humaine y trouve-t-elle?

Pour simuler le comportement humain, il faut d'abord le décomposer jusque dans ses moindres détails. La simulation est donc avant tout une analyse très fine et très poussée de l'être humain. Mais qu'arrive-t-il lorsque l'on se met à décortiquer et à étudier ainsi le comportement humain? D'abord, on accumule un vaste stock de connaissances sur tous les aspects, même les plus privés, des hommes et des femmes. Ensuite, on devient capable de produire des modèles du comportement : c'est la simulation. La simulation est une reproduction exacte du comportement. Or, si on arrive à faire n'importe quoi à la simulation, n'arrivera-t-on pas aussi à faire n'importe quoi à l'humain?

Certes, l'intelligence artificielle comporte des avantages utilitaires incontestables. Par exemple, les machines peuvent remplacer l'être humain lorsque le travail est trop ardu, dangereux ou répétitif. Et plus ces machines seront autonomes, plus nous pourrons compter sur elles, moins il sera nécessaire de les surveiller. Par contre, l'effort de simulation du comportement humain comporte aussi certains risques.

Prenons un exemple réel : le simulateur de vol. Le simulateur de vol est un appareil dans lequel on forme les pilotes sur le sol. Cet appareil possède un avantage évident. Il est beaucoup trop dangereux de former un nouveau pilote dans un appareil réel; les risques d'écrasement sont trop grands. Le simulateur de vol permet, cependant, de reproduire toutes les conditions du vol sans aucun des dangers. Le simulateur est donc la reproduction exacte du vol. Avec le simulateur de vol, on soumet le pilote à toutes les conditions : les plus dangereuses comme les plus banales. On teste ainsi sa compétence, son habileté, son endurance.

Toutefois, considérons ceci : en simulant le vol, on provoque des réactions chez le pilote. Le simulateur l'oblige à réagir. En outre, il ne l'oblige pas à réagir n'importe comment mais d'une façon extrêmement déterminée. Le simulateur de vol oblige le pilote à adopter l'unique comportement qui maintienne l'équilibre de l'avion. En d'autres mots, le simulateur de vol oblige le pilote à agir comme un système cybernétique, c'est-à-dire à trouver et à maintenir le point d'équilibre, l'homéostasie de l'appareil.

Or, le simulateur de vol est un entraînement au comportement. Il apprend aux gens à agir. Il est évidemment souhaitable que les pilotes d'avion se comportent de façon compétente. Cependant, la simulation est une façon de former, de contrôler, de maîtriser le comportement humain. Dans le cas du robot mangeur, nous cherchions à inculquer à une machine un comportement humain. Dans le cas du simulateur du vol, une machine cherche à inculquer un comportement efficace à un humain.

Bref, en décomposant le comportement humain jusque dans ses moindres détails, on parvient à le maîtriser. Nous reconnaissons dans cette volonté de maîtrise la signature caractéristique de la cybernétique. La cybernétique, à travers la théorie de l'information et l'intelligence artificielle, permet de développer des systèmes qui maîtrisent non seulement l'environnement mais qui parviennent aussi à maîtriser l'homme. La projection du comportement humain dans les machines que développe l'intelligence artificielle risque donc de devenir la projection des finalités machiniques sur la vie humaine.

Finalement, nous pouvons nous demander si l'intelligence artificielle, comme l'intelligence humaine, est indissociable de la bêtise et du désir. En effet, ne faudra-t-il pas aussi tenter de créer la bêtise artificielle et le désir artificiel? La bêtise et le désir ne font-ils pas autant partie du comportement humain que l'intelligence? Ne faudrait-il pas créer une machine intelligente, bête et désirante afin de simuler réellement le comportement humain?

RAPPEL

La théorie de l'information est un prolongement de la cybernétique. Comme la cybernétique, elle est une théorie mathématique. Elle prolonge la cybernétique en se concentrant sur le concept d'information. À l'instar de la cybernétique, la théorie de l'information définit l'information comme un pur signal qui reste interne à un système. Cependant,

elle décompose le système communicationnel en les éléments suivants : la source, l'émetteur, le canal, le récepteur, le destinataire et le bruit. Elle ajoute au concept
d'information les concepts d'entropie (tendance universelle
vers la désorganisation) et d'entropie négative (le contraire
de l'entropie donc tendance vers l'organisation).

Cette façon de concevoir la communication écarte, cependant, le sens et le contexte de la communication au profit de
sa seule « performativité ». En effet, la théorie de l'information fait porter l'essentiel de ses efforts sur l'élaboration de
systèmes de communication rapides, efficaces et sécuritaires.
Or, en se concentrant sur ces caractéristiques de la communication — la réduction de l'information au statut de signal
et la maximisation de sa performance — la théorie de
l'information jette les bases de l'informatique moderne et
ouvre la voie à l'intelligence artificielle. En effet, un système
informatique est un système fonctionnant à base de code
(programme) rapide, efficace, univoque et purement interne.

L'intelligence artificielle est un autre prolongement de la
cybernétique qui profite des progrès considérables de l'informatique. L'intelligence artificielle applique les découvertes de la théorie de l'information et de la cybernétique à la
simulation du comportement humain. Dans cet effort, la
tendance vers le contrôle social et humain de la cybernétique se manifeste de façon surprenante. En effet, la simulation du comportement humain exige la maîtrise parfaite de
ce comportement. Autant l'intelligence artificielle permet de
créer des appareils qui seraient un bienfait en déchargeant
l'espèce humaine de ses tâches les plus ingrates, autant
elle permet de créer des appareils qui intègrent le comportement humain afin de mieux le re-projeter sous forme
efficace et épurée sur l'espèce humaine.

TROISIÈME
PARTIE

COMMUNICATION, POUVOIR ET CONTEXTE

LE TÉLÉGRAPHE
ET L'APPROCHE HISTORIQUE

LA TRANSITION VERS
UNE COMPRÉHENSION HISTORIQUE

Nous avons étudié jusqu'ici un certain nombre d'approches et de théories de la communication : le modèle stimulus-réponse, le fonctionnalisme, la cybernétique, l'intelligence artificielle. En outre, nous avons aussi examiné un certain nombre de problématiques : la foule, la société moderne, l'influence personnelle, l'effet médiatique, l'histoire, le pouvoir et le contexte.

Cependant, nous avons également pu constater que les diverses théories communicationnelles, ainsi que les critiques que nous leur adressions, semblaient devenir de plus en plus complexes. Ce phénomène de complexité accrue est normal et souhaitable mais il faut néanmoins se demander pourquoi la théorie communicationnelle se complexifie. Globalement, nous pouvons affirmer que la théorie communicationnelle se complexifie pour trois grandes raisons :

1. l'accumulation et la contradiction des théories,
2. la complexification du contexte institutionnel ou technique,
3. la prise en charge du discours critique lui-même.

Considérons les trois exemples suivants.

1. L'accumulation et la contradiction des théories

D'habitude, les nouvelles théories s'inscrivent en faux contre celles qui les ont précédées. Le fonctionnalisme, par exemple, s'inscrit nettement en faux contre la théorie du stimulus-réponse. En effet, en affirmant le caractère pluraliste et ouvert de la société américaine, le fonctionnalisme rejette l'idée même d'une masse homogène soumise à l'action unique et manipulatrice des mass media. Pour cette raison, le fonctionnalisme rejette le fondement même de la théorie du stimulus-réponse. Toutefois, afin d'éviter les erreurs du modèle stimulus-réponse dont il dénonçait la naïveté sociologique, le fonctionnalisme dut raffiner sa propre théorie de la société. Ainsi, le fonctionnalisme approfondit les concepts de groupe d'appartenance, de leader d'opinion, de médias faibles, et ainsi de suite. Dans ce cas très précis, donc, du passage du modèle stimulus-réponse à la théorie fonctionnaliste, c'est l'accumulation et la contradiction des théories qui amène la théorie communicationnelle à se complexifier.

2. La complexification du contexte institutionnel ou technique

Comme le fonctionnalisme, la cybernétique est aussi une théorie relativement compliquée. Toutefois, la complexité de la cybernétique ne lui provient pas de son opposition à des théories précédentes. Au contraire, elle lui provient de *la complexité accrue de son milieu technique et institutionnel*. Par exemple, sur plusieurs points — notamment le pouvoir et l'efficacité des médias — la cybernétique adopte sensiblement la même position que le modèle stimulus-réponse. Ainsi, la cybernétique ne s'oppose pas à une théorie précédente mais la prolonge. Toutefois, elle la prolonge dans un sens qui correspond bien à la complexité accrue de son milieu.

Souvenons-nous que le modèle stimulus-réponse dénonçait les médias parce qu'il craignait la manipulation des masses et que cette crainte se fondait sur la supposition d'une masse faible confrontée à des médias forts. Or, la cybernétique suppose aussi une subjectivité faible confrontée à une technique puissante. Toutefois, elle se distingue du modèle stimulus-réponse par la conclusion qu'elle tire de cet état de fait : le contrôle social lui semble être une visée louable et souhaitable. C'est pour cette raison que la cybernétique ne cesse de proclamer sa capacité de direction et de gestion, bref de simulation, des réflexes et des comportements humains. Dans une perspective cybernéticienne, les médias et appareils de simulation ne sont pas des menaces à craindre ou à réglementer mais des instruments à perfectionner et à parachever.

Mais alors, pourquoi la cybernétique, en partant des mêmes prémisses que le modèle stimulus-réponse, tire-t-elle des conclusions diamétralement opposées? Pour la simple raison que la cybernétique n'évolue pas dans le même contexte institutionnel ou technique que le modèle stimulus-réponse. La cybernétique est l'émanation des exigences de contrôle et de rationalisation du complexe militaire-industriel. La cybernétique bénéficie des progrès techniques de l'informatique. La cybernétique est entièrement orientée vers une visée de contrôle social affirmée. Dans ce cas très précis, donc, la théorie communicationnelle se complexifie parce que ses contextes institutionnel (les intérêts du complexe militaire-industriel américain) et technique (l'informatique, la mathématique, la théorie de l'information, les appareils de simulation) se sont préalablement complexifiés.

3. La prise en charge du discours critique

Certaines théories communicationnelles, cependant, se complexifient non pas principalement parce qu'elles s'inscrivent en faux contre leurs prédécesseurs ou parce que leurs contextes institutionnel et technique ont évolué, mais surtout parce qu'elles tentent d'intégrer en elles-mêmes, de *prendre en charge*, les critiques qu'on leur a adressées. C'est notamment le cas des théories inspirées de la réflexion historique que nous verrons dans les chapitres suivants.

Par exemple, il est certain que le texte de James Carey sur le télégraphe que nous verrons plus loin s'oppose aux théories qui l'ont précédé. L'auteur avance une nouvelle conception des médias et de leurs effets et propose d'analyser le phénomène en termes de critères historiques, économiques et idéologiques. Or, la cohérence de ce texte ne lui vient pas essentiellement de la simple opposition aux théories précédentes. Elle lui vient d'une volonté de prendre en charge les critiques mêmes adressées aux théories précédentes.

Considérons ceci : les critiques principales adressées aux théories communicationnelles concernaient leur inaptitude à cerner adéquatement le pouvoir parce qu'elles négligeaient l'histoire et le contexte. Or, c'est précisément à ces accusations que l'approche historique tente de répondre. Elle cherche à élaborer une théorie de la communication qui tienne justement compte de la dimension historique, qui réinscrive les phénomènes communicationnels dans leurs contextes d'émergence et d'évolution et qui, pour cette raison précisément, démontre les liens entre la communication et le pouvoir. Ainsi, l'approche historique attache beaucoup d'importance à l'analyse de l'émergence des grandes entreprises, au jeu des intérêts sociaux, aux conflits économiques, etc.

Pourtant, la complexification de l'approche historique par rapport aux théories précédentes ne dépend manifestement pas d'une complexification du milieu technique ou institutionnel. Cette théorie ne se complexifie pas à cause d'une évolution des moyens techniques modernes ou d'une transformation institutionnelle. Par ailleurs, elle ne se complexifie pas non plus simplement à cause d'une opposition aux théories précédentes. Au contraire, son but n'est pas de s'opposer aux autres théories mais de les expliquer et de les expliciter. *La complexification de l'approche historique est due à une volonté de prise en charge par la théorie elle-même des reproches ou critiques adressées à l'ensemble des théories communicationnelles.* On observe plus ou moins le même phénomène dans le cas du texte de Todd Gitlin et dans celui de l'approche du « gate-keeper » (voir chapitre 10). Ces deux approches tentent aussi d'intégrer les critiques les plus probantes adressées globalement aux théories de la communication et de produire des réponses satisfaisantes aux problèmes de l'histoire et du pouvoir. Dans ce cas particulier, donc, la complexification de la théorie communicationnelle provient d'une prise en charge par la théorie elle-même du discours critique.

Parfois, donc, les théories communicationnelles se complexifient à cause d'une opposition aux théories précédentes, à cause d'une complexification de leur contexte ou à cause d'une prise en charge du discours critique lui-même. Avec chaque mutation, les critiques que nous pouvons adresser aux théories tendent aussi à se complexifier.

Les théories communicationnelles proposent donc des découpages très variables de la réalité sociale, des comportements humains et du phénomène communicationnel. Elles assignent des rôles et une importance très distinctes au pouvoir, au contexte, aux effets, aux médias et ainsi de suite. Elles s'appuient sur des exemples très différents et proposent des preuves qui leur sont propres. Bref, le débat sur les théories communicationnelles est loin d'être clos.

Dans les chapitres qui suivent, nous aborderons des théories et des théoriciens qui prolongent l'interrogation du pouvoir, du contexte et de la communication, qui en donnent des définitions nouvelles et souvent très utiles, et qui jettent des éclairages parfois insoupçonnés sur cet enjeu primordial des sociétés modernes, la communication.

Nous entreprenons de répondre dans ce chapitre aux objections inspirées par les théories communicationnelles précédentes. Ainsi, nous nous rappellerons que le modèle stimulus-réponse, le fonctionnalisme ou la cybernétique, ainsi que leurs dérivés, ont tous provoqué deux objections constantes et fondamentales : ils ignorent l'*histoire* et le *pouvoir*.

Nous avons effectivement remarqué que chacune de ces théories proposait certaines interprétations et réaménagements de la communication moderne. Par exemple, le modèle stimulus-réponse, craignant les nouvelles formes de communication, appelait à leur surveillance. Le fonctionnalisme, pour sa part, approuvait fortement les nouvelles formes de communication et recommandait leur négligence. Quant à la cybernétique, elle les approuvait également mais souhaitait leur renforcement. Or, comme nous l'avons vu dans les chapitres précédents, chacune de ces interprétations renvoie à des visions distinctes de l'organisation sociale et de la subjectivité humaine. La surveillance des médias, leur négligence ou leur renforcement supposent tous des formes d'organisation sociale et de subjectivité humaine différentes.

Toutefois, nous avons aussi noté que ces théories avançaient leurs propositions sans vraiment étudier le contexte d'émergence et d'évolution du phénomène qu'elles étudiaient. Par exemple, aucune de ces théories n'interroge réellement la longue évolution des médias modernes. Aucune d'elle n'interroge réellement l'origine de la masse moderne. Aucune d'entre elles n'interroge réellement les intérêts sociaux que soutiennent les médias modernes. Par conséquent, aucune de ces théories n'interroge l'*histoire* de la communication moderne. Et en n'interrogeant pas l'histoire, elles n'interrogent pas non plus la dimension du *pouvoir* de la communication moderne. En effet, si on ne se demande pas d'où viennent les médias, si on les accepte tels quels, on se condamne aussi à méconnaître le pouvoir social qu'ils exercent.

C'est aux objections de l'histoire et du pouvoir que nous allons commencer de répondre en étudiant le télégraphe et l'approche historique.

POURQUOI LE TÉLÉGRAPHE?

Le choix du télégraphe peut paraître surprenant à maints égards. En effet, le télégraphe est une technologie désuète largement dépassée par d'autres moyens de communication plus efficaces et plus rapides. Le télégraphe ne préoccupe certainement plus les gouvernements et les entreprises. D'ailleurs, on a presque entièrement cessé de l'étudier.

Pourtant, à une certaine époque — de 1845 à 1900 environ — le télégraphe faisait l'objet des réflexions et des débats les plus vifs. On s'arrachait ses droits d'exploitation. Les poètes lui dédiaient des odes; les gens de religion lui consacraient des sermons; des foules massives acclamèrent son arrivée; des fortunes princières furent gagnées puis perdues à cause de lui. À une certaine époque, donc, le télégraphe incarnait le monde moderne lui-même. Il était l'objet de tous les mythes et de tous les espoirs populaires. Il inspirait la joie et l'enthousiasme. On eut facilement cru que le monde entier était emporté par une vague d'engouement massive.

Pourtant, malgré son passé riche et coloré, malgré les passions et débats qu'il suscita, le télégraphe est presque entièrement inconnu de nos jours. Quelle est donc son importance pour nous aujourd'hui? Il est certain que l'importance du télégraphe ne réside pas dans sa complexité technologique car il s'agit d'une technologie périmée et démodée. Son importance se trouve ailleurs.

D'abord, le télégraphe est le *premier média électrique moderne*. En étudiant l'*histoire* du télégraphe, c'est-à-dire son contexte d'émergence et d'évolution, nous pourrons observer et saisir le schéma caractéristique de tous les médias ultérieurs. Bref, nous pourrons accomplir ce que les théories précédentes se contentaient de proclamer : nous allons pouvoir commencer à expliquer non seulement le rôle et la fonction des médias dans la société moderne mais aussi le rôle et la fonction des communications modernes elles-mêmes.

Deuxièmement, le télégraphe peut nous servir d'exemple de l'approche historique. Il nous permettra d'exposer le genre de questionnement typique de cette approche. En outre, cette approche, qui jette une tout autre lumière sur le phénomène de la communication moderne, nous permettra de poser des questions et de tirer des conclusions très différentes de celles de la cybernétique, du fonctionnalisme ou du stimulus-réponse.

L'APPROCHE HISTORIQUE

Nous pouvons définir l'approche historique ainsi : l'approche historique situe son objet dans le contexte de son émergence et de son évolution et permet ainsi de repérer des *continuités* ou *séries* historiques. En l'occurrence, l'objet de l'approche historique est le télégraphe. Une continuité est une série ou une suite d'événements ou de phénomènes parfois dissemblables. Il faut pouvoir expliquer pourquoi les continuités ou séries se forment et aussi pourquoi elles se rompent.

Pour bien comprendre le sens de la continuité, revenons à l'idée que le télégraphe soit le premier média *électrique* moderne. Cela signifie que le télégraphe se place en tête d'une longue série de phénomènes et d'événements semblables à cause de leur caractère *électrique*. Ainsi, après le télégraphe il y eut le téléphone, l'ampoule électrique à incandescence, l'électrification des centres urbains, la radio, le cinéma parlant, la télévision, l'informatique, le jeu vidéo. En d'autres mots, le télégraphe n'est pas un phénomène isolé. Au contraire, il dépend d'une capacité technique — la maîtrise de l'électricité — à laquelle il donne une forme ou application sociale particulière.

Comprenons bien ceci : le télégraphe est une *forme* ou *application sociale* d'une capacité technique. Toutes les autres technologies électriques sont aussi des applications sociales de cette même capacité technique. La capacité technique n'entraîne donc aucune application en particulier. Elle n'en privilégie aucune et ne débouche sur aucune de façon nécessaire ou inéluctable. Au contraire, la capacité technique se laisse toujours appliquer *en fonction des intérêts sociaux d'une époque donnée*. En outre, ces intérêts sociaux peuvent déboucher sur plusieurs applications. Lorsque nous aurons appris à relier l'application sociale d'une capacité technique aux intérêts déterminants d'une époque donnée, nous aurons appris à maîtriser l'approche historique.

Rappelons-nous : la continuité que nous faisons surgir concerne le caractère électrique du télégraphe. Nous constatons que le télégraphe n'est pas la seule technologie électrique même si elle est la première. Une question légitime et historique que nous pouvons nous poser est donc : pourquoi la société se met-elle à exploiter et à appliquer la capacité technique de l'électricité à une époque donnée?

LE TÉLÉGRAPHE

Le mot « télégraphe » vient de l'ancien grec et veut dire « écriture à distance ». Le télégraphe est donc un moyen d'écrire à distance, c'est-à-dire un moyen de transmettre un message d'un endroit à un autre.

Toutefois, la transmission à distance des messages ne constitue guère le trait original du télégraphe car il existe plusieurs façons de ce faire. Par exemple, la poste est une technique de transmission à distance, comme le sont l'équitation, la marche, le sémaphore. En effet, tout moyen de *transport* est par définition un moyen de transmission des messages. D'ailleurs, avant le télégraphe électrique, il existait bien des télégraphes mécaniques qui dépendaient de la vue directe des opérateurs et qui fonctionnent sur de courtes distances.

La spécificité du télégraphe électrique — le trait qui marque son appartenance au monde moderne — se trouve dans la transmission *électrique* et donc *simultanée* des messages. Contrairement à tous les moyens de communication et de transport antérieurs, le télégraphe électrique est instantané; et il est instantané parce qu'il est électrique. Le télégraphe inaugure donc l'ère de la communication instantanée.

C'est un peintre américain, Samuel Morse, qui donna les premières démonstrations du télégraphe électrique entre 1830 et 1838. Morse cherchait une façon d'assurer son indépendance économique afin de se consacrer entièrement à son art. Mais à vrai dire, Morse n'« inventa » pas lui-même le télégraphe. Plusieurs personnes étudiaient le phénomène de l'électricité à peu près à la même époque. Nous ne savons pas exactement comment Morse s'est intéressé au télégraphe. Nous savons seulement qu'il fut celui qui eut le plus de succès à commercialiser la technologie de la transmission électrique. On peut légitimement lui attribuer, cependant, l'invention du code télégraphique qui porte son nom : le code ou alphabet morse.

Or, les premières démonstrations de Morse interloquèrent littéralement ses contemporains. Ils furent stupéfaits et ébahis par le fonctionnement de cette nouvelle technologie. Certains refusèrent carrément de croire à la transmission électrique et traitèrent Morse de fumiste ou de sorcier. D'autres le prenaient simplement pour un forain doué. Mais dans toutes les villes de son passage, le télégraphe électrique de Morse provoqua de vives réactions.

Avec le temps, cependant, la réalité du télégraphe électrique s'imposa. On se mit à vouloir tester ses capacités. Ainsi, dans un test, on confia à un cavalier et à Morse des messages identiques afin de déterminer lequel l'acheminerait à destination en premier. Le cavalier partit à toute allure et Morse émit le message. Évidemment, la vitesse électrique du télégraphe l'emporta sur le galop du cheval mais on accusa Morse de tricherie. On prétendit qu'il avait soufflé le contenu du message à son assistant afin de donner l'illusion de la victoire. Ces accusations conduisirent à d'autres tests consistant de messages secrets soumis à l'observation de témoins assermentés. Petit à petit, les sceptiques se rendirent à l'évidence de la transmission électrique.

Néanmoins, une question d'une grande importance devrait déjà se poser : pourquoi le peintre Samuel Morse donnait-il des démonstrations *publiques* de son invention? Évidemment, il cherchait des associés financiers car le télégraphe était une technologie relativement coûteuse et Morse ne pouvait seul en assumer les frais de développement. Mais remarquons ceci : afin de se procurer des fonds, Morse porta son invention devant le public. Il souhaitait donc que l'enthousiasme populaire incitât les financiers privés. Or, cette liaison entre l'enthousiasme populaire et l'action financière privée, que nous apercevons à l'état naissant dans le cas du télégraphe, constitue un des traits les plus caractéristiques des médias modernes.

Les médias modernes recourent toujours à l'enthousiasme populaire pour se justifier. Par ailleurs, cet enthousiasme constitue l'une des premières manifestations de la foule moderne et la foule s'y dévoile sous deux jours. D'un côté, elle révèle sa puissance : par son enthousiasme, la foule sanctionne la modernité. Elle manifeste ainsi sa force politique et confirme le caractère démocratique de la société moderne car seule la foule est autorisée à sanctionner le monde moderne. Mais de l'autre côté, la foule se constitue aussi en *objet* de l'intérêt privé. En effet, en manifestant son enthousiasme, la foule se révèle comme objet éventuel d'exploitation économique. En d'autres mots, l'engouement populaire pour la technologie montre qu'il est désormais possible de s'enrichir en exploitant cet enthousiasme. Quelqu'un, quelque compagnie pourra désormais profiter de l'enthousiasme des autres pour asseoir ses intérêts économiques. Le télégraphe nous offre donc un exemple percutant du capitalisme qui commence à se détourner de l'exploitation de la nature afin d'exploiter la nature humaine.

Mais Morse se confrontait à un autre problème. Il trouva jusqu'en 1845 peu de bailleurs de fonds pour la simple raison que personne ne savait très bien à quoi pouvait servir le télégraphe. L'appareil impressionnait, certes, mais pourquoi l'utiliserait-on? Bref, les applications sociales du télégraphe ne transparaissaient pas dans sa technologie.

Bien entendu, on imagina des utilisations et les suggestions adoptèrent inévitablement le langage et les attentes du siècle. On pensait, par exemple, que tout le monde disposerait d'un appareil télégraphique personnel permettant de contacter n'importe quelle autre personne. En outre, la croissance des contacts télégraphiques devait mener à une nouvelle ère de paix et d'harmonie sociales.

L'idée que la technologie conduirait à un nouvel ordre social était très répandue à l'époque et on la retrouve avec chaque nouvelle technologie ultérieure. En effet, le premier argument de n'importe quelle nouvelle technologie est qu'elle améliorera la qualité de la vie personnelle et sociale. Or, cette croyance, si elle est fondée, devrait logiquement se traduire par la fabrication de technologies personnelles destinées à un usage individuel et privé. Pourtant, force nous est de constater que l'écrasante majorité des nouvelles technologies se laisse happer par les grandes industries qui les réalisent sous forme de médias de masse. Pourquoi l'espoir en la technologie ne se concrétise-t-il pas ou rarement?

Néanmoins, en 1844, Morse obtint du Congrès des États-Unis une somme suffisante pour construire une ligne télégraphique souterraine entre les villes de Washington et de Baltimore — une distance d'environ 50 kilomètres. Cette ligne permettrait d'entreprendre les premières expériences à grande échelle du télégraphe et confirmerait son utilité aux yeux de tous. En fait, Morse souhaitait vendre son invention au gouvernement américain afin qu'elle fût exploitée pour le bien de tous les citoyens, comme service public analogue à la poste, aux grandes voies, aux canaux, et ainsi de suite. La ligne Washington-Baltimore devait donc convaincre le gouvernement de la sagesse de cet investissement.

La ligne fut terminée et en 1844 le premier message émis par Morse fut : « Que donc Dieu a-t-il fait? ». Ce message rend bien l'esprit d'enthousiasme, de religiosité et de confiance au progrès qui régnait à l'époque. La ligne fut un énorme succès mais le gouvernement américain décida de ne pas acheter le télégraphe électrique de Morse. Au contraire, il limita son intervention à cette première expérience préférant laisser le développement de la technique à l'entreprise privée.

Or, cette décision du gouvernement américain fut d'une extrême importance. En abandonnant le secteur de la télégraphie aux intérêts privés, le gouvernement américain établit un précédent que l'on retrouve avec toutes les technologies ultérieures. Bref, l'intervention gouvernementale américaine se limite dans tous les cas à la création d'un climat favorable à l'entreprise privée. En effet, les médias américains — et il s'agit d'une configuration propre presque exclusivement aux États-Unis — sont des entreprises privées dont les conséquences sont sociales et publiques. Désormais, la rapacité privée devenait un facteur déterminant de la politique publique.

Presque aussitôt, il y eut une explosion de petites entreprises de télégraphe. Leur principe de fonctionnement était partout le même : on pouvait transmettre un message à n'importe qui *moyennant un prix.* Bref, l'ère de la paix et de l'harmonie sociales était à vendre.

Il résulta du foisonnement télégraphique une situation typique du développement capitaliste : l'anarchie des services. Les régions des États-Unis les moins riches et les moins peuplées étaient aussi les moins desservies tandis que les régions les plus riches et les plus peuplées débordaient de compagnies concurrentes. Cependant, la plupart des compagnies n'utilisaient pas le même code ou alphabet. Par conséquent, les messages ne pouvaient pas vraiment circuler au-delà de la région ou du système desservis par la compagnie. En outre, les diverses compagnies ne partageaient pas les mêmes tarifs, les mêmes heures d'ouverture ou les mêmes normes techniques. Les plus petites compagnies avaient beaucoup de mal à maintenir leurs lignes télégraphiques et plusieurs firent faillite.

Par ailleurs, la pose des lignes télégraphiques elles-mêmes constituait un problème majeur. D'abord, dans les premières années, toutes les lignes étaient souterraines; il fallait donc creuser le sol. Or, cela coûtait très cher en hommes et en capital et de nombreuses villes refusèrent d'autoriser le piochage de leurs artères principales. Par conséquent, plusieurs compagnies se trouvèrent aux abords des villes loin de leur clientèle. En somme, l'industrie du télégraphe ne disposait pas encore d'une infrastructure efficace ou sûre, et cela découragea le public.

Étant donné la situation chaotique des premières années, l'inévitable se produisit : une seule compagnie en vint à racheter et à dominer toutes les autres. Cette compagnie s'appelait la Western Union et elle fut le premier grand monopole moderne.

TECHNOLOGIE ET FORME SOCIALE

Le télégraphe pouvait acheminer n'importe quel message mais les compagnies de télégraphe s'intéressaient à une catégorie particulière de message : les messages provenant de l'entreprise privée et des commerces. Pourquoi? Simplement parce que les particuliers avaient tendance à n'envoyer que des messages sporadiques et irréguliers comme les souhaits d'anniversaire ou de Noël. Les grandes entreprises, cependant, avaient besoin de communiquer constamment et régulièrement. Leur trafic communicationnel était donc continu et continuel. En effet, les compagnies de télégraphe s'intéressaient encore plus particulièrement à la presse, aux chemins de fer et aux maisons de courtage. D'ailleurs, l'article « Technologie et idéologie : le cas du télégraphe » de Carey (1983) est extrêmement éloquent à ce sujet.

Remarquons, toutefois, que la technologie qui devait au début servir de moyen de communication personnel se transforma rapidement en instrument de commerce. Or, cette transformation inspira chez ceux dont les espoirs avaient été déçus une haine profonde du pouvoir des compagnies de télégraphe (puis de téléphone) qui devint un thème constant de la politique populaire américaine jusqu'à nos jours.

Par ailleurs, cette transformation s'enracine aussi dans le refus du gouvernement américain d'assumer le contrôle de la télégraphie en 1844. Il ne faut certes pas croire naïvement que la télégraphie d'État eût nécessairement été meilleure que la télégraphie privée mais il ne faut pas oublier non plus qu'une télégraphie soumise à la responsabilité publique eût certainement provoqué des effets sociaux très différents d'une télégraphie soumise à la cupidité privée.

Néanmoins, arrêtons-nous ici afin de considérer plus précisément une particularité capitale que le télégraphe nous révèle et qui s'applique à tous les médias modernes. Il est évident que la technologie elle-même ne contient pas et ne dicte pas sa forme ou son application sociale. En d'autres mots, le seul fait de l'existence d'une technologie comme le télégraphe ne préjuge en rien de ses utilisations. Au contraire, les utilisations de la technologie, la forme ou l'application sociale des médias relèvent presque entièrement de décisions d'ordre politique. Et ces décisions tendent à refléter parfaitement la distribution réelle du pouvoir social. En d'autres mots, la télégraphie américaine eût pu se développer autrement mais elle ne l'a pas fait à cause de la configuration du pouvoir dans la société américaine.

Mais remarquons aussi que l'observation capitale que nous venons de faire — pourquoi le télégraphe ou tout autre média se développe-t-il d'une façon et non d'une autre — correspond précisément et jusque dans ses moindres détails à la question principale que les théories américaines classiques sont incapables de poser. En effet, nous venons de lier technologie et intérêts sociaux, nous venons d'interroger ces dimensions de l'*histoire* et du *pouvoir* dans la communication moderne. Bref, nous venons de cerner le contexte d'émergence et d'évolution d'un phénomène communicationnel. Or, nous savons que ce sont précisément les dimensions qui échappent aux théories américaines classiques parce qu'elles acceptent les médias tels qu'ils s'offrent à nous sans jamais interroger les intérêts sociaux qui les sous-tendent.

Bien entendu, la reconnaissance du rôle des intérêts sociaux aura de nombreuses conséquences. Par exemple, en interrogeant la dimension du pouvoir social, nous constatons que devant chaque nouvelle technologie moderne — le téléphone, l'électrification urbaine, la radio, la télévision, l'informatique — le gouvernement américain a toujours limité sa responsabilité. En d'autres mots, le gouvernement américain a systématiquement abandonné le contrôle des technologies aux plus puissants des intérêts privés en limitant son intervention à la préparation du climat le plus propice pour l'entreprise privée. Et le résultat historique de cet abandon systématique est la structure médiatique particulière des États-Unis : la propriété privée et centralisée des grands moyens de communication dont les effets s'étendent néanmoins à l'ensemble de la société.

En somme, c'est la domination des intérêts privés sur les moyens de communication massifs qui caractérise le plus succinctement le modèle américain.

Il ne sera donc guère surprenant de constater que l'impact des médias américains est en grande partie attribuable à la domination des intérêts privés. En d'autres mots, si les médias américains exercent une influence certaine sur la vie moderne, ce n'est pas seulement à cause de leur technologie avancée mais surtout à cause *des intérêts sociaux qui leur donnent leur forme sociale*. Cela signifie qu'il faut moins étudier les impacts psychologiques et sociologiques immédiats et à moyen terme des médias et se concentrer davantage sur la relation entre les médias et les intérêts sociaux. En somme, cela signifie que l'approche historique ouvre pour nous un nouveau champ d'investigation.

QUELQUES SÉRIES OU CONTINUITÉS HISTORIQUES

Nous savons déjà que le télégraphe s'inscrit dans la continuité de l'électricité. Le télégraphe n'est qu'une des multiples applications sociales ouvertes par la maîtrise de l'électricité. Nous venons aussi de voir que dans le contexte américain, le télégraphe s'inscrivait également dans une continuité de désistement gouvernemental. C'est-à-dire que nous venons de repérer une nouvelle série : devant chaque nouvelle technologie moderne, le gouvernement américain se refuse à assumer ses responsabilités.

Or, d'autres continuités s'offrent également à notre observation. Par exemple, toutes les nouvelles technologies — radio, télévision, etc. — sont d'abord envisagées comme des moyens de communication personnels mais finissent toujours sous le contrôle de grands monopoles ou oligopoles[1]. En effet, l'histoire

---

1. En effet, considérons l'exemple tout à fait contemporain de la micro-informatique. Les microordinateurs sont présentés comme des appareils personnels axés sur la communication et l'efficacité de l'individu. Pourtant, les micro-ordinateurs sont aussi l'objet de multinationales géantes comme IBM et Apple.

de la communication américaine regorge d'exemples d'entreprises ou de monopoles géants. Ainsi, la Western Union contrôla le télégraphe; AT&T contrôla la téléphonie; les entreprises Marconi puis RCA contrôlèrent la radiophonie; RCA seule contrôla la télévision; les studios hollywoodiens contrôlèrent le cinéma; IBM contrôle l'informatique; AP, UPI et quelques autres agences contrôlent la presse; etc. Cette longue suite d'entreprises dominantes dans les divers secteurs de la communication constitue une autre continuité ou série qui devrait retenir notre attention. Ces grandes entreprises concentrent le jeu des intérêts sociaux autour des nouvelles technologies de communication.

On voit donc qu'il est beaucoup plus important d'étudier les contextes d'émergence et d'évolution des technologies que les simples technologies elles-mêmes. Ce faisant, nous pouvons interroger les aspects des médias de communication modernes qui nous semblent les plus inévitables : la taille gigantesque des médias modernes, leur organisation économique, leur consommation privatisée, etc. Tous ces traits renvoient non pas à quelque qualité immuable de la technologie elle-même mais bel et bien aux institutions sociales et à leurs jeux d'intérêts.

L'approche historique se concentre donc sur l'examen des contextes d'émergence et d'évolution des phénomènes et pas uniquement ni même principalement sur les dates ou séquences d'événements. En étudiant les contextes, l'approche historique fait ressortir les jeux d'intérêts qui sous-tendent les phénomènes et nous permet de construire des continuités révélatrices comme le désistement régulier du gouvernement américain devant les intérêts privés. L'élaboration de ces continuités peut, par ailleurs, jeter un éclairage nouveau sur la vie de tous les jours.

DU TÉLÉGRAPHE AU TÉLÉPHONE

Tentons maintenant d'appliquer à un exemple concret ce que nous venons de voir. Tournons-nous vers l'étude des institutions de communication que sont le télégraphe et le téléphone et essayons d'en dégager le jeu des intérêts.

Le téléphone, dont on attribue l'invention à Alexander Graham Bell en 1876, est essentiellement un prolongement du télégraphe : il est fondé sur la même technologie que lui. Ainsi, le téléphone et le télégraphe dépendent tous deux de la transmission *par fil* d'un courant électrique porteur de message. Techniquement, la seule distinction est que le téléphone transmet aussi la voix humaine tandis que le télégraphe se limite aux points et aux traits. Or, sur la base de cette très petite différence technique, le téléphone et le télégraphe reçurent des applications sociales tout à fait particulières.

Nous avons spontanément tendance à croire que le téléphone remplaça le télégraphe à cause de sa souplesse. C'est-à-dire que la transmission de la voix humaine nous semble être un avantage tellement prépondérant que le téléphone ne pouvait éviter de s'imposer et de l'emporter sur le télégraphe. Est-ce vrai?

Il ne fait aucun doute que le téléphone est un instrument plus aisément manipulable que le télégraphe : il n'exige ni code spécialisé ni opérateur qualifié. Au contraire, même un enfant peut s'en servir parce qu'il transmet un message non codé tandis que le télégraphe transmet des messages codés.

Toutefois, dans les années 1880, le caractère non codé du téléphone soulevait précisément des objections. D'abord, contrairement au téléphone, le télégraphe était déjà une technique sûre et opérationnelle : il fonctionnait bien, les entreprises en connaissaient les limites et les capacités, il n'exigeait plus de mises à épreuve, bref, on pouvait compter sur lui. Le téléphone, cependant, n'était encore qu'une technologie nouvelle sans assise sociale réelle. Contrairement au télégraphe, le téléphone ne disposait même pas de réseau de fils. En outre, le caractère non codé du téléphone posait des problèmes particuliers. Le téléphone, à cause même de sa souplesse, pouvait encourager les employés d'une entreprise à bavarder inutilement. En plus, le caractère codé du télégraphe les obligeait à se concentrer sur leur travail. En outre, le recours obligé à un opérateur qualifié permettait de contrôler la diffusion des messages. Le télégraphe permettait de limiter la connaissance d'un message au chef d'entreprise et au télégraphiste. Le téléphone, pour sa part, encourageait la diffusion incontrôlée des informations. Il pouvait donc constituer un désavantage, voire une menace, au sein d'une entreprise.

Bien entendu, ces craintes ne font que confirmer la transformation complète du télégraphe en instrument de commerce. C'était un moyen efficace de transmission d'un type particulier de message très abrégé (d'où le « style télégraphique ») à tarifs fixes. En somme, le télégraphe correspondait parfaitement aux exigences de la grande entreprise. Or, c'est précisément à cause de cette correspondance parfaite que le télégraphe ne ressentit jamais le besoin de modifier sa technologie afin de transmettre d'autres formes d'information. D'ailleurs, pendant les trente premières années de son existence, le télégraphe régnait seul sur le domaine de la transmission électrique. Il n'existait aucun concurrent qui l'eût poussé dans une nouvelle direction.

Cela ne signifie pas, cependant, que la technologie télégraphique stagna. Au contraire, comme c'est le cas de toutes les technologies, la simple pratique du télégraphe révéla de nouvelles possibilités techniques qui lui permirent d'augmenter son efficacité dans le strict cadre des besoins de sa clientèle et donc de réduire ses frais d'exploitation. Ainsi, le télégraphe fut à l'origine de nombreuses innovations techniques comme les fils de plus en plus longs et de plus en plus adaptés à la transmission des signaux électriques, les techniques d'amplification des signaux électriques, les réseaux partagés (plusieurs messages sur la même ligne), etc. Mais remarquons que les innovations apportées par le télégraphe à ses propres services et à son propre fonctionnement devinrent à leur tour les conditions de possibilité du téléphone. En d'autres mots, le télégraphe jeta l'assise technique du téléphone lui-même.

Ainsi, le téléphone naît du triomphe du télégraphe et non pas de son échec. Le télégraphe prépare les conditions techniques du téléphone. Les technologies existantes développent toujours les conditions de celles qui les remplaceront. Mais afin de s'imposer socialement, le téléphone devait trouver sa propre niche, il devait découvrir un créneau inoccupé par le télégraphe. Or, puisque le télégraphe décourageait le bavardage inutile, le téléphone allait se loger précisément à l'endroit où ce bavardage était utile et bienvenu : les conversations personnelles et privées. Bien entendu, avec le temps le téléphone s'est aussi imposé dans le monde du commerce mais n'oublions pas qu'encore de nos jours les compagnies de télégraphe comme la Western Union aux États-Unis et CNCP au Canada font un chiffre d'affaires énorme grâce aux communications commerciales qui ont toujours besoin d'être rapides, efficaces et abrégées. Par ailleurs, pour que le téléphone s'impose dans le monde du commerce, il fallait que le bavardage inutile fût perçu comme une forme de contact personnel qui pouvait améliorer les échanges commerciaux. Néanmoins, le téléphone est devenu le moyen de communication moderne que le télégraphe promettait d'être. Et encore de nos jours, toute la publicité téléphonique nous encourage précisément à bavarder inutilement, à retrouver le plaisir d'un contact lointain, à recommuniquer avec un parent éloigné ou des amis perdus de vue.

Par ailleurs, le téléphone lui-même développa aussi les conditions techniques des technologies qui lui succédèrent, notamment de la radiodiffusion et de la télévision. Il n'est donc guère surprenant d'apprendre que les compagnies de téléphone furent dans les années 20 et 30 à l'avant-garde des expériences radiophoniques et télévisuelles.

En résumé, le passage du télégraphe au téléphone souligne à nouveau le fait que tous les médias reposent sur des intérêts sociaux repérables. L'approche historique, en étudiant les institutions et les conditions d'émergence des divers médias, nous permet justement de repérer ces intérêts. Elle nous permet de construire des séries ou continuités historiques qui jettent un éclairage nouveau sur les médias, leurs opérations, leurs applications sociales, leurs contenus. Ainsi, les formes et contenus des médias modernes dépendent peu de leur configuration technologique et beaucoup des intérêts sociaux qui les saisissent et les infléchissent.

LES EFFETS DU TÉLÉGRAPHE

Nous savons déjà que la Western Union fut le premier grand monopole moderne. Elle fut fondée en 1856 par Ezra Cornell, inventeur du poteau de télégraphe et fondateur de l'Université Cornell à Ithaca dans l'État de New York. En effet, la Western

Union avait acquis un certain nombre de petites compagnies de télégraphe et se mit à amalgamer et à rationaliser leurs opérations. Dès 1880, la Western Union contrôlait 92 % du trafic télégraphique américain et s'accaparait 89 % des revenus. Cela faisait un revenu annuel de 5 millions de dollars, somme gigantesque à l'époque. D'ailleurs, en 1880, la Western Union était devenue la plus importante entreprise du monde. Quiconque voulait communiquer rapidement à distance devait d'abord communiquer avec la Western Union.

Or, les effets du télégraphe furent nombreux et James Carey dans son excellent article « Technique et Idéologie : le cas du télégraphe » est extrêmement éloquent à ce sujet. À la lecture de cet article, on constatera que Carey donne une nouvelle définition du concept d'effet. Effectivement, il faut convenir avec lui que les effets du télégraphe semblent relever d'un autre ordre, ou plus précisément, que l'approche historique nous permet de concevoir la problématique des effets sous un nouveau jour. Les effets du télégraphe ne sont ni directs ni indirects, ni psychologiques ni même sociologiques. Ils sont *structuraux*. Ce sont des effets structuraux à très long terme qui touchent les autres institutions bien plus qu'ils ne touchent les êtres humains. En d'autres mots, ce sont des effets que seule une approche historique attachée à l'étude des contextes d'émergence et d'évolution d'un phénomène pourrait découvrir. Suivons l'excellent exemple que donne Carey des effets structuraux du télégraphe sur la presse et sur les chemins de fer.

1. Les effets du télégraphe sur la presse : la décontextualisation de l'information

Aux États-Unis, avant la télégraphie — soit de l'époque révolutionnaire (1776) jusque vers 1840 — tous les petits villages possédaient leur journal. Ces journaux étaient de petites entreprises privées centrées sur la communauté et sur la personnalité de l'éditeur. Il n'y avait pas de reporters, pas de journalistes, pas d'agences de presse.

Benjamin Franklin est l'archétype même du petit éditeur de journal. Il disposait d'une fortune personnelle mais était aussi éminemment pratique. Il n'avait que très peu d'employés (deux ou trois) et connaissait lui-même toutes les étapes de l'impression du journal dont il s'occupait souvent personnellement. Par ailleurs, son journal était l'émanation directe de sa personnalité : farouchement partisan et plein de bons mots. En outre, Franklin ne tirait qu'un très petit nombre d'exemplaires de son journal que lisaient essentiellement ses amis, connaissances et voisins. Jusque vers 1840, donc, on compte des centaines et même des milliers de journaux de ce genre aux États-Unis et leur nombre va croissant au même rythme que la population.

Les nouvelles venant de loin étaient presque dénuées d'intérêt précisément parce qu'elles arrivaient trop tard. On ne peut rien changer aux événements passés. Les nouvelles éloignées devaient donc nécessairement être comprises en fonction des conditions locales. Il n'y avait pas d'autres points de repère. Le contenu important et passionnant consistait donc des opinions partisanes de l'éditeur sur les questions locales.

Le télégraphe, cependant, bouleversa totalement cette situation. Grâce à lui, on pouvait connaître la même nouvelle partout et au même moment. Ainsi, on pouvait connaître les noms des candidats à la présidence le jour même de leur désignation. Subitement, les nouvelles éloignées acquirent un intérêt et une spontanéité inattendus. Leur importance dépassait même celle des nouvelles locales. Ainsi, les journaux se mirent à rapporter des « informations télégraphiques ».

En effet, avec le télégraphe, le concept même d'information naît pour la première fois et se met à remplacer celui de nouvelle. Une nouvelle, c'est ce qui concerne la communauté, c'est ce qui est proche de soi, c'est ce qui se laisse interpréter et comprendre en fonction des intérêts et de l'expérience personnels du lecteur. Une information, par contre, n'est pas une nouvelle. Une information est un fait venant de loin et qui ne se laisse pas interpréter ou comprendre en fonction des intérêts ou de l'expérience du lecteur. Une information est une nouvelle dégagée de tout contexte.

Nous comprendrons mieux la nature de l'*information* journalistique en approfondissant les caractéristiques du message télégraphique. Si un seul message doit être transmis partout à tous, il faut évidemment qu'il soit compréhensible partout et de tous. En d'autres mots, il faut en éliminer toutes les références locales qui pourraient confondre le lecteur éloigné : il faut en éliminer cela même qui lui donne son sens contextuel. L'information ne peut être partisane, elle ne peut contenir d'expressions régionales ou de couleur locale, elle doit supprimer tous les mots vaguement obscurs. En d'autres mots, il faut la rédiger comme si elle ne s'adressait à personne en particulier mais à tout le monde en général. Bref, il faut *décontextualiser* le message.

Ce procédé de décontextualisation est à l'origine de la conception moderne de l'objectivité. La personne qui cueille l'information, le reporter, ne peut cueillir seulement les informations qui l'intéressent personnellement ou qui correspondent à ses valeurs et croyances individuelles. Au contraire, elle doit cueillir toutes les informations pour la simple raison qu'elles sont des informations. En outre, cette personne doit aussi les cueillir *de la même manière*. Elle ne peut leur impartir une coloration ou une tournure personnelles. Elle ne peut commenter l'information. Bref, elle doit élaborer un ensemble de procédures garantissant la cueillette égale et impartiale de toutes les informations. C'est la définition même de l'objectivité et c'est aussi la raison pour laquelle les journaux se mettent à adopter un style abrégé dénué d'adjectifs, d'adverbes et de verbes d'action.

Le journal ne s'adresse désormais plus à la petite communauté de ceux qui connaissent l'éditeur mais à un vaste public anonyme. À l'intérieur du journal, on assiste à la séparation nette des fonctions d'information et d'opinion. L'opinion, c'est-à-dire l'éditorial (littéralement : l'opinion de l'*éditeur*) est de plus en plus confinée à une seule page tandis que le reste du journal est de plus en plus consacré à l'information pure et objective. Le contenu du journal ne correspond plus à des critères d'opinion et de communauté mais à des critères d'envergure et d'opportunité. Un fait est rapporté non pas parce qu'il conforte l'opinion partisane de l'éditeur ou qu'il possède un sens pour les lecteurs locaux mais parce qu'il possède suffisamment d'envergure et d'éclat pour intéresser tous les lecteurs de tout le continent. Les critères d'envergure et d'opportunité sont donc essentiellement décontextualisés et tendent précisément à exclure les considérations d'opinion et de communauté[2].

Or, il s'agit certes d'effets télégraphiques mais on peut difficilement dire qu'ils sont psychologiquement ou sociologiquement mesurables. Ce sont des effets à long terme qui s'exercent d'abord sur les autres institutions et seulement secondairement sur les personnes. Ce sont des effets qui déterminent le cadre global de la rationalité moderne.

2. Les effets du télégraphe sur les chemins de fer : la décontextualisation du temps et de l'espace

Carey est encore plus éloquent au sujet des effets du télégraphe sur les chemins de fer. Puisque le télégraphe fait circuler l'information plus rapidement que les moyens de transport, c'est-à-dire puisque les messages circulent plus vite que les objets, la télégraphie devint le moyen idéal de contrôler les déplacements ferroviaires.

Par exemple, il devint possible de rationaliser les déplacements ferroviaires à partir d'un point central. Ainsi, grâce au télégraphe, on pouvait savoir à Montréal que cent passagers attendaient le train à Toronto et qu'il fallait, par conséquent, ajouter deux wagons avant son départ. Auparavant, le train entrait en gare et il pouvait ou non manquer de places.

En outre, il devint possible de planifier le mouvement rationnel des trains eux-mêmes afin de les rentabiliser. Par exemple, on pouvait envoyer un train à Calgary pour embarquer du boeuf, puis le diriger sur Toronto pour troquer le boeuf contre du blé, puis le ramener à Montréal pour échanger le blé contre des produits finis qui seraient ré-expédiés à Calgary. Ainsi, le

---

2. Il faut reconnaître que l'information décontextualisée promue par la télégraphie constitue aussi l'une des bases sociales de la cybernétique. La décontextualisation transforme le sens en message tout comme la cybernétique transforme l'information en signal. Cela crée un climat dans lequel la décontextualisation de l'information est déjà pratique courante et tend à légitimer et à normaliser toutes les tentatives ultérieures semblables. En outre, l'objectivité journalistique accrédite le concept de règles cognitives que la cybernétique tente de simuler.

télégraphe devint le système nerveux du système ferroviaire nord-américain et plus généralement de toute l'industrie nord-américaine[3].

Avant le télégraphe, les déplacements ferroviaires n'étaient guère coordonnés et les trains pouvaient arriver et partir à presque n'importe quelle heure. Prenons un exemple. Un train quittant Montréal à midi devrait arriver à Vancouver à heure fixe. Cependant, qu'arrive-t-il si chaque ville et chaque village sur le parcours du train, ne disposant d'aucun moyen de communication instantanée, règle son heure locale comme on l'a toujours fait selon un cadran solaire? Il en résulte la confusion totale. Ainsi, s'il est midi à Montréal, heure solaire, il peut être 11 h 53 à Ottawa, 11 h 39 à Toronto, 10 h 12 à Winnipeg, 9 h 06 à Calgary, etc. En effet, l'heure solaire varie d'environ une minute tous les cinquante kilomètres. Donc, si le train quitte Montréal à midi, compte tenu de sa vitesse moyenne et de la durée de ses arrêts, à quelle heure entrera-t-il en gare de Vancouver?

Évidemment, l'absence d'heure normale causa des problèmes énormes pour les chemins de fer. Ils ne pouvaient jamais dire à leurs voyageurs l'heure d'arrivée du train. Les chemins de fer furent donc à l'origine de l'heure normale. Les chemins de fer souhaitaient que toutes les villes délaissassent leurs conditions locales et leur relation immédiate au soleil afin de régler leurs horloges en fonction d'une *heure normale*. L'heure normale consisterait d'un signal télégraphique transmis tous les jours de Montréal et capté sur toute la ligne. De cette façon, on pourrait découper le continent nord-américain en fuseaux horaires de distance égale. Les déplacements ferroviaires s'effectueraient donc à travers un espace temporel rationnel déterminé à partir d'un point central. Il va sans dire que l'établissement de l'heure normale est la contrepartie précise de la décontextualisation de l'information journalistique. Dans les deux cas, il s'agit de délaisser les conditions locales au profit d'une condition sans lieu qui s'impose logiquement partout.

---

3. Il faut noter que cette fonction de contrôle tend à faire du contrôle social un but légitime de la communication dont on reconnaît les effets les plus prononcés dans la cybernétique.

En 1883, toutes les horloges d'Amérique du Nord furent réglées en fonction de l'heure normale. Cette heure, cependant, produisit à son tour de nouveaux problèmes à l'échelle spatiale. Considérons la côte est du continent nord-américain : elle est extrêmement échancrée. En outre, les frontières politiques entre les États et les provinces sont elles-mêmes très échancrées et irrégulières puisqu'elles suivent les accidents géographiques, les cours d'eau, les chaînes de montagne. Cette irrégularité provient du fait que la partie est du continent fut colonisée longtemps avant le télégraphe et la voie ferrée, à une époque où les gens vivaient sur un territoire très restreint avec peu de contacts extérieurs.

Le découpage de la partie est du continent en fuseaux horaires provoqua certaines difficultés. On ne pouvait dessiner des fuseaux parfaitement rectilignes car ils risquaient de scinder villes, villages, États et provinces. Afin d'éviter ce problème dans la partie ouest du continent, les frontières politiques furent établies de façon « rationnelle ». Il suffit de regarder les limites de la Saskatchewan pour s'apercevoir qu'il s'agit de deux lignes parfaitement parallèles qui ne tiennent nullement compte des conditions locales ou des accidents géographiques. De la même façon, l'État du Wyoming est un quadrilatère parfait. Il s'agit évidemment d'espaces imaginaires sans relation au contexte géographique réel et destinée à faciliter la mesure du temps et de l'espace.

Encore une fois, nous sommes confrontés à un effet télégraphique qui pourtant n'affecte pas la psychologie ni même la sociologie. Il affecte le cadre global de la compréhension du temps et de l'espace. C'est donc un effet structural global à très long terme.

RAPPEL

L'approche historique nous a révélé les étapes suivantes :

1. Les nouvelles technologies sont généralement accueillies par l'enthousiasme général.

2. Les nouvelles technologies sont généralement comprises dans un premier temps comme moyens de communication personnels.

3. Les nouvelles technologies se légitiment généralement en promettant d'améliorer la qualité de la vie personnelle et sociale.

4. Dans le cas des États-Unis, le gouvernement américain refuse systématiquement d'exercer sa responsabilité en matière de nouvelles technologies.

5. Les intérêts sociaux puissants interviennent.

6. Ces intérêts sociaux donnent à la technologie une forme contingente, c'est-à-dire une application sociale, dont l'une des fonctions principales est de protéger la position des intérêts eux-mêmes.

7. Ces intérêts sociaux tendent à prendre la forme du monopole.

8. La nouvelle technologie qui s'annonçait comme service public se transforme en entreprise privée.

9. Toutefois, en poursuivant ses intérêts privés, chaque monopole tend à développer de nouvelles connaissances et de nouvelles possibilités techniques.

10. Sur la base du nouveau savoir, de nouveaux monopoles émergent qui remplacent les anciens.

11. Les formes sociales données aux technologies produisent des *effets structuraux*.

12. Ces effets ne sont ni personnels, ni directs ni même indirects, ils ne sont ni psychologiques ni même sociologiques.

13. Ce sont des effets structuraux à très long terme qui affectent d'abord les institutions.

14. En affectant les institutions, les effets structuraux affectent aussi, de façon détournée et insoup onnée, le cadre global de la rationalité moderne.

15. Ainsi, certains types de contenu, une certaine façon de comprendre le temps et l'espace, une certaine façon d'entretenir les relations humaines en viennent à sembler normales et souhaitables.

L'approche historique nous invite donc à envisager la communication non plus en termes d'effets directs, isolables et mesurables, mais comme *phénomène culturel global*. La communication agit sur l'ensemble de la culture et ne se laisse pas facilement isoler, repérer ou mesurer. Elle ne tient guère à ses technologies qui ne sont que le lieu de manifestation des intérêts sociaux.

La question fondamentale que se pose l'approche historique est : pourquoi les choses sont-elles comme elles sont? En imaginant que le monde ou les médias auraient pu être différents, l'approche historique nous oblige à examiner les conditions d'émergence et d'évolution des phénomènes afin précisément de rendre compte de leur forme actuelle.

De cette façon, l'approche historique tend à élaborer des séries ou continuités historiques. Les principales séries historiques que nous avons cernées dans le cas du télégraphe sont :

– la série du développement de l'électricité,
– la série des monopoles de communication,
– la série du désistement gouvernemental,
– la série de la décontextualisation.

Dans les prochains chapitres nous étudierons d'autres approches ou théories qui interrogent également les dimensions du pouvoir et de l'histoire de la communication moderne.

LE SÉLECTIONNEUR :
UNE APPROCHE DU POUVOIR

INTRODUCTION

La méthode historique que nous avons abordée dans le chapitre précédent nous a montré l'importance de l'étude des contextes et du pouvoir. En effet, l'approche historique nous permet d'interroger la communication non pas comme phénomène purement individuel ou technique mais comme phénomène social et culturel diffus mettant en jeu plusieurs intérêts sociaux, plusieurs acteurs, plusieurs croyances, idées, attitudes, attentes. En ce sens, donc, l'approche historique est beaucoup plus complexe et subtile que les autres théories communicationnelles étudiées jusqu'ici et on peut dire d'elle qu'elle est une approche *critique*.

Qu'est-ce que cela veut dire? Cela ne veut certainement pas dire que l'approche historique adresse des critiques ou des reproches aux phénomènes qu'elle étudie. Au contraire, cela veut dire qu'elle interroge les fondements et les origines des phénomènes étudiés. Elle refuse de les accepter spontanément tels qu'ils s'offrent à première vue au regard naïf. Critique veut donc dire interrogateur et l'approche historique est l'approche interrogatrice par excellence. Elle nous invite très précisément à interroger les contextes, l'histoire et les intérêts sociaux qui sous-tendent tout phénomène communicationnel. D'ailleurs, à la suite de cette interrogation, il n'est plus possible de réduire la communication à la technologie, à l'information, aux stimuli, ou aux chaînes d'influence. Au contraire, il faut saisir la communication par rapport au contexte, à l'histoire et au pouvoir.

Or, nous entreprenons maintenant l'étude d'une nouvelle façon d'aborder le pouvoir et ses contextes : l'approche du « gate-keeper ». Ce terme anglais veut dire littéralement *le gardien* ou *le portier*, c'est-à-dire celui qui garde la porte et décide de ce qui peut ou ne peut pas passer. Le « gate-keeper » est donc un *filtre*, c'est-à-dire un *sélectionneur d'informations et de connaissances*. Il exerce aussi très visiblement un réel pouvoir non seulement sur le mouvement des informations mais aussi sur leurs chances d'être connues du grand public. Néanmoins, nous devons nous poser deux questions préliminaires : (1) d'où vient l'approche du sélectionneur et (2) pourquoi nous intéresse-t-elle?

LE CONCEPT DE « SÉLECTIONNEUR »

En 1950, le sociologue américain David Manning White publiait dans la revue américaine, *Journalism Quarterly*, les résultats d'une enquête menée l'année précédente. Il présenta dans cet article la notion de « sélectionneur ». Qu'était un « sélectionneur »? Très simplement, un sélectionneur était une personne qui, à l'intérieur d'un média donné, décidait des informations à retenir et celles à rejeter. Dans le cas précis de Manning White, le sélectionneur était un chef de pupitre, employé par un journal de taille moyenne du Midwest américain. Manning White nomma son sélectionneur Monsieur S. (Mr. Gates, en anglais)[1]. Remarquons, toutefois, que le sélectionneur pourrait être presque n'importe qui. Il n'est pas nécessaire qu'il soit chef de pupitre ni qu'il travaille pour un journal. En effet, n'importe quelle personne responsable de la sélection et de l'acheminement de certains éléments de contenu ou d'information peut être un sélectionneur. Ainsi, un programmeur de réseau de télévision est un sélectionneur puisqu'il choisit certains contenus pour la diffusion mais en rejette d'autres et le conseiller d'un premier ministre est aussi un sélectionneur puisqu'il filtre les informations qui parviennent à son supérieur. Les deux sont des sélectionneurs parce qu'ils exercent une fonction de contrôle, de choix, de tri et d'élimination des informations ou contenus qui parviennent finalement au bout de la chaîne communicationnelle.

Or, qui était et que faisait précisément Monsieur S? Manning White nous apprend qu'en plus d'être chef de pupitre d'un journal de taille moyenne du Midwest américain, Monsieur S était aussi un homme conservateur d'une quarantaine d'années possédant 25 ans d'expérience du journalisme. Sa fonction consistait précisément à faire ceci : Monsieur S relisait toutes les dépêches envoyées au journal par les agences de presse (en l'occurrence, Associated Press, United Press et International News Service), choisissait celles que le journal publierait en première page, les réécrivait au besoin, et compo-

---

1. Les règles de l'enquête sociologique obligent que l'on respecte l'anonymat des sujets observés afin de ne pas les exposer à des pressions abusives et aussi pour écarter autant que possible la personnalité propre du chercheur. De cette façon, l'expérience peut être répétée par n'importe quel chercheur avec n'importe quel sujet.

sait les titres. Monsieur S sélectionnait donc à partir de l'avalanche de dépêches qui lui parvenaient celles dont les abonnés du journal prendraient connaissance. Il s'agit donc d'une fonction très importante au sein d'un journal et tous les journaux, pour ne pas dire tous les médias, emploient des sélectionneurs pour filtrer la masse documentaire qui risque fort aisément de les submerger.

Mais qu'est-ce que Manning White cherchait? Très simplement, Manning White avait constaté que les agences de presse expédiaient tous les jours des centaines de pages de dépêches mais que le journal de monsieur S, comme tous les journaux d'ailleurs, n'en publiait qu'une fraction. En outre, le journal semblait constamment publier *les mêmes sortes* d'informations. Manning White se posa donc la question suivante : en fonction de quels critères Monsieur S choisit-il et élimine-t-il les dépêches? En d'autres mots, Monsieur S choisit-il les nouvelles uniquement en fonction de ses préjugés personnels ou en fonction d'une règle professionnelle ou encore en fonction d'un mélange de préjugés et de professionnalisme?

Ayant posé la question, quelle méthode Manning White employa-t-il pour y répondre? Il procéda très simplement de la façon suivante. Lorsque les dépêches arrivaient au bureau de Monsieur S, celui-ci les lisaient. Celles qu'il retenait étaient réécrites au besoin, mises en pages et expédiées à l'imprimerie. Les autres étaient jetées à la poubelle. Manning White récupéra donc le contenu de la poubelle, c'est-à-dire toutes les dépêches rejetées, et demanda à Monsieur S, à la fin de la journée, d'expliquer en quelques mots pourquoi il avait refusé chacune des dépêches jetées. Il faut signaler que non seulement Monsieur S se prêta de bon gré à l'enquête de Manning White mais que la méthode elle-même est d'une élégante simplicité. En effet, plus la méthode est simple et pragmatique, plus elle est réitérable par d'autres chercheurs, et moins elle est sujette aux aléas des préjugés personnels des chercheurs eux-mêmes. En d'autres mots, le pragmatisme de la procédure la rend difficilement critiquable d'un point de vue méthodologique. On ne saurait donc reprocher à Manning White de n'avoir retenu que les dépêches qui confirmeraient son hypothèse car il se soumettait lui-même à une règle impitoyable qu'il ne maîtrisait pas, la règle de la poubelle.

Néanmoins, Monsieur S nota rapidement sur chaque dépêche rejetée la raison qui l'avait motivé. Il s'agissait de raisons comme celles-ci : les dépêches avaient été laissées de côté parce qu'elles étaient inintéressantes, mal rédigées, trop vagues, répétitives, trop suggestives, etc. Ainsi, Manning White pouvait commencer à cerner pourquoi certaines informations se rendaient jusqu'au journal tandis que d'autres en étaient écartées.

LES RÉSULTATS DE L'ENQUÊTE

L'enquête de Manning White donna les résultats suivants. Manning White conclut que le choix du contenu d'un journal dépendait fortement des expériences, attitudes et attentes *personnelles* du sélectionneur. En outre, le sélectionneur en était lui-même inconscient et tendait à ne pas reconnaître le caractère personnel et subjectif de ses choix. Au contraire, le sélectionneur tendait à croire qu'il agissait principalement si non exclusivement en fonction de critères impersonnels d'objectivité et de professionnalisme. Comme le dit lui-même Manning White (1973) :

> *Il semble (si ce sélectionneur est bien représentatif de sa profession) que, dans sa position de sélectionneur, le rédacteur de journal se rende compte (sans peut-être en avoir jamais claire conscience) que la communauté ne reconnaîtra que ces événements que le journaliste, en tant que représentant de sa culture, croit être vrais.*
>
> *[...]*
>
> *L'examen des raisons ouvertement données par lui du rejet de certaines nouvelles envoyées par les associations de presse montre combien la communication des nouvelles est en réalité subjective, ne reposant que sur les propres expériences, attitudes et attentes du sélectionneur.* (p. 214)

Que faut-il penser des résultats de l'enquête? Est-ce bien vrai que toutes les informations, tous les contenus qui nous parviennent par l'intermédiaire des médias sont colorés par la subjectivité personnelle des sélectionneurs? Voilà une question assez délicate à laquelle il est extrêmement difficile de répondre. D'abord, nous ne disposons pas de tous les renseignements nécessaires et pour les obtenir il faudrait entreprendre une étude de cas de chaque média, chaque sélectionneur, chaque exemple de choix et d'acheminement des informations dont on soupçonne la partialité. C'est seulement sur la base d'un vaste échantillonnage que nous pourrions réellement savoir si oui ou non la subjectivité des sélectionneurs joue le rôle prépondérant que lui attribue Manning White. Mais pouvons-nous généraliser? Pouvons-nous affirmer que *généralement* ou *globalement* les préjugés personnels des sélectionneurs déterminent le contenu des divers médias? Encore une fois, la généralisation s'étendant à plusieurs cas, devrait elle-même s'appuyer sur plusieurs exemples.

Néanmoins, nous pouvons poser une autre question moins piégée et plus proche de nos préoccupations : quelle est l'importance de l'étude de Manning White et de l'approche du sélectionneur du point de vue des théories communicationnelles?

LA PERTINENCE DE L'ÉTUDE DU SÉLECTIONNEUR

L'étude de Manning White, quels que soient ses résultats ou l'importance que nous leur accordions, revêt un grand intérêt du point de vue communicationnel. Pourquoi?

Remarquons d'abord que l'étude de Manning White s'inscrit dans la plus ancienne tradition de recherche communicationnelle qui se profile du modèle stimulus-réponse jusqu'à la théorie de l'information : l'étude des canaux ou de la circulation de la communication. Bref, l'approche du sélectionneur, tout comme le fonctionnalisme et la cybernétique et toutes leurs variantes, interroge *la circulation des informations*. Mais il les interroge en ajoutant ce détail capital qui en fait toute l'originalité et toute l'importance : les canaux de communication ne sont pas envisagés comme de simples conduits *neutres* mais comme des *filtres*, comme des *mécanismes de sélection*.

Cette distinction est absolument indispensable et mérite que nous l'analysions attentivement. Rappelons-nous d'abord le rôle de la circulation de l'information dans le fonctionnalisme et la cybernétique.

Pour le fonctionnalisme, la circulation de l'information concerne essentiellement les chaînes d'influence personnelle qui acheminent des opinions multiples. Le contenu ou la nature des opinions acheminées est secondaire pour l'instant. L'élément essentiel est que, selon le fonctionnalisme, les canaux de circulation eux-mêmes, c'est-à-dire les médias, n'imposent aucune restriction aux messages. Le fonctionnalisme estime que tous les messages peuvent transiter par les médias *parce que les médias sont neutres*. Tous les messages auraient donc une chance égale d'être acheminés. Toutefois, si quelques messages seulement sont effectivement reçus, c'est parce que les groupes d'appartenance *et non les médias* imposent des contraintes. Ainsi, selon le fonctionnalisme, la circulation de l'information est un procédé libre, ouvert et démocratique. Rien ne s'oppose à la circulation de l'information dans les médias. Toutes les contraintes se situent à la *réception* de l'information qui dépend des valeurs communes des membres des groupes d'appartenance. Donc, l'essentiel à retenir est que le fonctionnalisme ne conçoit aucune contrainte proprement médiatique à la circulation de l'information.

Quant à la cybernétique, on s'en souviendra, la circulation de l'information concerne essentiellement l'efficacité et la rapidité des canaux. Rappelons-nous que l'information cybernétique est un signal purement interne dont la fonction est de contribuer à la stabilité du système. Pour cette raison précisément, la cybernétique considère que la seule information qui doit circuler est une information rapide et performante. Peu importe la nature du signal ou de la stabilisation qu'elle effectue, l'important est que le signal soit efficace. Ainsi, la cybernétique impose un critère *fonctionnel* à la circulation de l'information. Le canal cybernétique est un canal qui doit favoriser les informations performantes. Le canal n'accueille pas et ne rejette pas les informations en fonction de leur sens mais uniquement en fonction de leur « performativité ». La cybernétique conçoit donc effectivement une contrainte médiatique à la circulation de l'information mais cette contrainte n'est pas fondée sur le sens, l'interprétation ou l'effet du message; c'est une contrainte fondée purement sur la fonctionnalité systémique de l'information, sur sa capacité d'autoréguler le système. C'est donc un critère technique.

Or, notons bien ce que dit Manning White à ce sujet car il fait intervenir une contrainte qui relève strictement du domaine du *pouvoir*. Selon Manning White, la circulation de l'information relève *des choix personnels et subjectifs de la personne qui occupe une position stratégique dans la chaîne de communication*. Qu'est-ce que cela veut dire?

Cela veut dire que, contrairement au fonctionnalisme, les canaux de communication, la circulation de l'information, les médias, ne sont pas neutres et librement ouverts à tous. Au contraire, ils sont soumis aux choix de certaines personnes. Cela veut aussi dire que, contrairement à la cybernétique, le critère essentiel pesant sur la circulation de l'information n'est pas celui de la performativité mais bel et bien celui du choix personnel et subjectif. Ainsi, selon l'approche du sélectionneur, la circulation de l'information n'est ni une question de libre expression ni une question d'efficacité mais une question de *pouvoir*.

Pourquoi disons-nous qu'il s'agit d'une question de pouvoir? Pour deux raisons. D'abord, selon l'approche du sélectionneur seules certaines personnes disposent du droit de décider des contenus et des informations auxquels les autres auront accès. En effet, afin d'affecter la circulation de l'information il faut d'abord *occuper une position stratégique*. Nous ne sommes donc pas en présence de canaux neutres acheminant la libre opinion de tous mais en présence de canaux soumis à la volonté de ceux qui occupent des positions stratégiques. La personne qui occupe la position stratégique possède par ce fait même le droit et le pouvoir de décider pour les autres. Ensuite, les choix de la personne occupant la position stratégique seront exercés en fonction de ses préjugés ou croyances personnels et subjectifs.

Ainsi, la circulation de l'information est gouvernée, selon l'approche du sélectionneur, par certaines personnes occupant des positions stratégiques et s'y comportant selon leur bon vouloir. Il s'agit donc d'un *pouvoir personnel de décision pour les autres*. Voilà pourquoi l'approche du sélectionneur fait intervenir dans la circulation de l'information un critère qui n'est pas celui de la convivialité ni celui de l'efficacité mais qui est celui du *pouvoir*, le pouvoir personnel du sélectionneur qui choisit pour et à la place des autres. La circulation de l'information ne relève donc pas de la libre expression de l'opinion, comme l'envisageait le fonctionnalisme, *parce que l'information est soumise à un critère de sélection personnelle*. Et la circulation de l'information ne relève pas non plus de l'efficacité ou de la rapidité, comme l'envisageait la cybernétique, *parce que l'information n'est pas performante ou fonctionnelle*.

L'approche du sélectionneur fait intervenir le critère du pouvoir et en cela il s'apparente à l'approche historique. L'approche du sélectionneur n'aborde donc pas les médias naïvement : elle ne les accepte pas tels quels. Elle ne dit pas que les médias fonctionnent indépendamment des circonstances sociales ou de la volonté humaine. Au contraire, elle affirme sans ambiguïté que la volonté humaine, les préjugés subjectifs et personnels, sont au principe même du fonctionnement des médias. L'approche du sélectionneur prend l'intérêt personnel ou humain et en fait son point de départ. Elle n'accepte pas que les choses marchent toutes seules ou pour nous faire plaisir ou parce qu'elles correspondent à des fonctions ou parce qu'elles recherchent leur propre équilibre. L'approche du sélectionneur dit très clairement que si les choses marchent, *c'est parce qu'on les fait marcher*, c'est-à-dire à cause d'un intérêt personnel.

Or, si les médias sont soumis à l'intérêt personnel, comment convient-il de les concevoir? Les médias ne sont pas de simples canaux neutres et efficaces ouverts à tous les messages; ils sont des *techniques de traitement de l'information*. En d'autres mots, les médias n'acheminent que certaines informations en fonction de certains critères subjectifs. Ils traitent donc l'information avant de l'acheminer, c'est-à-dire qu'ils la trient conformément aux critères subjectifs des sélectionneurs.

L'approche du sélectionneur est donc une *analyse processuelle*, c'est-à-dire une analyse qui suit le procédé du traitement et de l'acheminement de l'information. Ainsi, elle prend une information ou un message et en suit le cheminement. C'est d'ailleurs très précisément ce que fait Manning White lorsqu'il suit le cours des dépêches des agences de presse, au bureau de Monsieur S, au journal ou à la poubelle. Les questions que pose

Manning White et que doit poser toute analyse de ce type sont : Qui entre en contact avec l'information? À quel moment de son cheminement? Comment chaque intervenant transforme-t-il l'information? En fonction de quels critères? Où achemine-t-on l'information après chaque étape?

L'approche du sélectionneur offre donc une vision *dynamique* des médias : les médias agissent, ils fonctionnent, ils traitent les informations. Ils ne sont pas de simples conduits ou canaux. Ils ne font pas que transmettre l'information : ils en éliminent aussi et en transforment d'autre. Les médias sont des filtres interposés entre nous et le monde. Les médias et ceux qui y travaillent filtrent ou tamisent ou contrôlent notre information.

LE POUVOIR DU SÉLECTIONNEUR

Les médias et les sélectionneurs possèdent le pouvoir de choisir pour les autres. En outre, ce pouvoir s'exerce en fonction de critères purement personnels et subjectifs. L'approche du sélectionneur fait donc ressortir la dimension du pouvoir dans le fonctionnement des médias.

Le pouvoir n'est certes pas le même que le pouvoir décerné par Carey dans l'analyse historique du télégraphe. Le pouvoir du télégraphe, selon Carey, est un pouvoir diffus à très long terme s'exerçant d'abord sur les autres institutions et ensuite seulement sur nos notions abstraites du temps et de l'espace. Le pouvoir cerné par Manning White dans son analyse du sélectionneur, par contre, est un pouvoir beaucoup plus immédiat et personnel. Il ne s'enracine pas dans la configuration institutionnelle d'une entreprise mais dans l'expérience personnelle du sélectionneur lui-même.

Néanmoins, il faut bien mesurer toute la distance qui sépare l'approche du sélectionneur du fonctionnalisme et de la cybernétique. Ces deux dernières théories n'interrogent même pas le pouvoir car elles ne soupçonnent ni son existence ni son efficacité. Au contraire, le fonctionnalisme méconnaît le pouvoir en se concentrant sur la convivialité de la vie démocratique

partagée également par tous les citoyens tandis que la cybernétique le méconnaît en célébrant la « performativité » interne
du système. L'approche du sélectionneur, par contre, conçoit
le pouvoir, même s'il s'agit d'un pouvoir essentiellement
personnel, comme rouage du fonctionnement des médias; elle
montre en quoi le pouvoir introduit des inégalités dans la
circulation de l'information car, en effet, certaines informations
ne circulent pas.

Ainsi, l'approche du sélectionneur ouvre une nouvelle perspective sur la question des *effets* médiatiques. En fait, les effets
révélés par l'approche du sélectionneur ne ressemblent guère
aux effets du modèle stimulus-réponse, du fonctionnalisme ou
de la cybernétique mais s'apparentent beaucoup aux effets
révélés par l'approche historique. En effet, les médias qui
filtrent l'information structurent nos connaissances et nos
perceptions. Celui qui a le droit de contrôler notre information
exerce un pouvoir sur nous et souvent à notre insu. Son pouvoir
est de définir le champ des questions abordables et recevables
au sein d'une société.

Par exemple, le sélectionneur qui n'acheminerait par les moyens
à sa disposition (presse, radio, télévision, cinéma, etc.) que des
informations favorables aux armements nucléaires et qui filtre-
rait toutes les informations défavorables à elles, influencerait
certainement les opinions, les croyances, les attitudes et les
comportements de ses récepteurs. Son influence ne serait pas
directe et comportementale comme dans le cas du modèle
stimulus-réponse mais elle serait certainement indirecte et à
long terme. Son influence consisterait à amener ses récepteurs
à considérer comme normales, légitimes et souhaitables certaines prises de positions seulement.

On peut imaginer que cet effet est semblable à celui que les
parents exercent sur leurs enfants. Ainsi, des parents qui
n'autoriseraient que certains comportements ou que la consommation de certaines émissions télévisées chez leurs enfants
seraient des sélectionneurs. Ils filtreraient les représentations
et attitudes auxquelles leurs enfants auraient accès et parvien-
draient par ce moyen à modeler profondément la personnalité
de leurs enfants. Bien entendu, cet effet n'est pas immédiat et

spontané. Il s'exerce au cours de nombreuses années et porte sur la relation de l'enfant au cadre global de la société et de la normalité. En contrôlant les représentations et informations auxquelles nous avons accès, les sélectionneurs exercent un pouvoir réel sur notre conception générale de la normalité.

Toutefois, n'oublions pas que l'approche du sélectionneur fait du pouvoir un attribut *personnel* exercé en fonction de critères *subjectifs* tandis que l'approche historique fait du pouvoir un attribut *institutionnel* exercé en fonction d'intérêts *institutionnels et idéologiques*. Ces deux approches se ressemblent, néanmoins, parce qu'elles interrogent toutes deux le pouvoir et son contexte et refusent d'accepter les médias tels quels.

Pourtant, c'est précisément sur la question du pouvoir que nous pouvons adresser nos critiques les plus sévères à l'approche du sélectionneur. En effet, si l'interrogation du pouvoir possède des avantages incontestables pour une théorie communicationnelle, la constitution d'un pouvoir purement personnel possède des désavantages tout aussi incontestables.

CRITIQUE DE L'APPROCHE DU SÉLECTIONNEUR

Que le pouvoir ne soit envisagé que de façon personnelle pose un réel problème. Le contexte social est ramené aux dimensions contestables d'une seule personne et de son individualité. Ainsi, cette conception purement personnelle du pouvoir exclut d'emblée le jeu des intérêts sociaux. Nous nous trouvons donc confrontés à un paradoxe intéressant. D'un côté, l'approche du sélectionneur manifeste clairement sa volonté d'interroger le pouvoir et son contexte et en cela s'apparente à l'approche historique. De l'autre côté, cependant, elle réduit le pouvoir et le contexte aux dimensions d'une seule personne et en cela s'apparente au psychologisme des théories américaines dominantes.

En effet, l'approche du sélectionneur situe son interrogation sur le plan du personnel, tout comme le modèle stimulus-réponse qui interroge les impacts médiatiques sur le comportement immédiatement individuel et le fonctionnalisme qui fait de la communication et de sa circulation un attribut également personnel. L'approche du sélectionneur est donc amenée à « psychologiser » le pouvoir et la société, c'est-à-dire les analyser purement en termes psychologiques et personnels.

Ainsi, on remarquera que toutes les raisons relevées par Manning White dans son analyse de Monsieur S pour expliquer l'inclusion et l'exclusion des dépêches, c'est-à-dire pour expliquer l'exercice du pouvoir, sont des raisons entièrement personnelles. En d'autres mots, selon Manning White, les dépêches sont retenues ou rejetées uniquement en fonction de choix subjectifs. Il écarte par là même tout le jeu des intérêts qui soustend n'importe quelle institution médiatique.

Par exemple, suffit-il d'affirmer que le télégraphe achemine des informations uniquement ou même principalement en fonction des préjugés personnels des opérateurs? La réponse est évidemment non. Les informations acheminées par le télégraphe sont déterminées par une vaste constellation de forces et d'intérêts renvoyant bien plus à des conditions économiques, sociales, idéologiques et institutionnelles qu'à des partis-pris personnels. De la même façon, pouvons-nous réellement prétendre que tous les journaux sont soumis aux préjugés de leurs chefs de pupitre? Il est sûr que le jugement et les préjugés des chefs de pupitre comptent pour quelque chose mais ils n'expliquent pas tout. D'autres critères, tels que l'opportunité et l'envergure d'une information, le professionnalisme du journaliste, les contraintes financières du journal, l'espace disponible dans ses pages, etc., gouvernent aussi l'inclusion et l'exclusion des informations. Les journaux, en tant qu'institutions médiatiques, sont soumis à un ensemble de pressions et de contraintes idéologiques, politiques, économiques, professionnelles, journalistiques, qui ne relèvent nullement de la personnalité des sélectionneurs.

Il est donc abusif de réduire la dimension du pouvoir médiatique à la seule personnalité de quelques sélectionneurs. Cela ne veut pas dire que la personnalité des sélectionneurs n'a aucune importance. Cela veut dire qu'on ne peut tout expliquer en ayant recours exclusivement ou principalement à la personnalité des sélectionneurs. Il faut inclure d'autres critères, d'autres facteurs, d'autres contraintes.

RAPPEL

L'approche du sélectionneur nous intéresse dans la mesure où elle comporte un élément critique, c'est-à-dire dans la mesure où son point de vue l'empêche simplement d'accepter les médias comme des conduits neutres mais l'amène à interroger les intérêts qui sous-tendent leur fonctionnement. Dans cette mesure précisément, elle s'apparente à l'approche historique.

Elle entrevoit les médias comme des mécanismes de traitement de l'information et non comme des canaux neutres. En effet, selon cette approche, le pouvoir s'exerce au niveau du choix et de l'acheminement des contenus. Elle est donc une approche processuelle parce qu'elle suit le cheminement d'une information. Les médias sont donc constitués d'un certain nombre de portes que certaines informations ne franchissent pas. Le franchissement ou non d'une porte dépend de l'exercice du pouvoir du sélectionneur.

Or, la particularité du pouvoir du sélectionneur est d'être entièrement personnelle. C'est-à-dire que le sélectionneur exerce son pouvoir uniquement en fonction de préjugés subjectifs. Cette façon de comprendre le pouvoir exclut par définition l'ensemble des jeux d'intérêt institutionnels, sociaux, idéologiques, et autres que nous avait révélés l'approche historique.

L'approche du sélectionneur est donc une théorie ambiguë. D'un côté, elle se veut critique parce qu'elle interroge la dimension du pouvoir dans le fonctionnement des médias. De l'autre côté, cependant, elle réduit ce pouvoir aux dimensions de la personnalité individuelle. D'un côté, elle tente de se détacher des théories américaines dominantes qui sont incapables d'interroger le pouvoir. De l'autre côté, elle retombe dans les explications « psychologisantes » propres aux théories dominantes elles-mêmes.

Son principal avantage est de nous faire voir que les médias ne sont pas des conduits neutres mais qu'ils répondent effectivement à des jeux de pouvoir. Son principal désavantage est de ramener ses jeux de pouvoir à la psychologie de l'individu.

COMMUNICATION, POUVOIR ET SAVOIR : LA THÉORIE DE HAROLD ADAMS INNIS

INTRODUCTION

Nous nous tournons dans ce chapitre vers une théorie qui se veut l'*histoire sociale de la communication*, la théorie communicationnelle de Harold Adams Innis. Or, son intérêt particulier pour nous est de conduire l'interrogation entamée au cours des chapitres précédents sur le contexte et le pouvoir vers une zone nouvelle : le savoir. En effet, l'objet d'étude de Innis fut précisément les liens entre la communication, le pouvoir et le savoir.

Or, afin de bien cerner ce dont il s'agit, il convient d'adopter la procédure suivante. Nous examinerons en premier lieu le contexte de la théorie elle-même, puis, nous étudierons à l'aide d'exemples, le contenu ou la substance même de la théorie avant d'en tirer certaines conclusions et conséquences.

LE CONTEXTE DE LA THÉORIE DE INNIS

Harold Adams Innis naquit le 5 novembre 1895, l'aîné de quatre enfants, de parents pauvres sur une petite ferme près d'Otterville, dans le sud de l'Ontario. Or, malgré sa pauvreté familiale qui le traqua tout au long de son enfance et de son adolescence, des conditions de scolarité difficiles et l'irruption de la Première Guerre mondiale, Innis fit des études brillantes et connut une carrière professionnelle et universitaire éclatante. Auteur de nombreux ouvrages et articles savants, il obtint son doctorat en économie de l'Université de Chicago en 1920, devint directeur du département d'économie politique de l'Université de Toronto, président de l'Association canadienne de science politique, président de la Société royale du Canada. Les honneurs furent nombreux et il fut vers la fin de sa vie l'intellectuel canadien le plus important. Il mourut en 1952.

Toutefois, relevons ce détail extrêmement significatif. Contrairement à la vaste majorité des théoriciens dont nous avons jusqu'à maintenant étudié la pensée, il convient de noter que Harold Adams Innis n'était ni psychologue, ni ingénieur, ni sociologue. Il était, au contraire, économiste politique. Il n'abordait donc pas la communication selon une approche psychologique afin d'en mesurer les effets comportementaux; il ne l'abordait pas non plus selon une approche sociologique afin d'en cerner l'impact sur les groupes d'appartenance ou pour défendre une certaine image de la société américaine; et il ne l'abordait surtout pas selon une approche technicienne afin d'en mesurer et d'en contrôler l'efficacité. Au contraire, Innis abordait la communication selon une approche d'économie politique.

Cela veut dire qu'il interrogeait d'abord et surtout la façon dont la communication contribuait au maintien du pouvoir, ou à la constitution de ce qu'il appelait des *monopoles du savoir*, c'est-à-dire des concentrations de savoir et de pouvoir au profit de certains classes sociales, dans des contextes donnés.

Par ailleurs, Innis élaborait sa théorie dans un contexte tout à fait particulier qui donnait à son interrogation des monopoles du savoir une importance aiguë : la montée internationale des totalitarismes modernes, le fascisme et le communisme, et de la Deuxième Guerre mondiale. En effet, une grande partie de l'effort théorique de Innis est orientée vers la détermination des conditions nécessaires au maintien et au fonctionnement de la démocratie. Innis craignait que le mode de vie moderne, hautement technologisé et rationalisé, ne fût que le prolongement par d'autres moyens du totalitarisme lui-même. Il situait donc les conditions du maintien et de l'expansion de la démocratie dans la communication et dans les médias de communication.

Néanmoins, la théorie de Innis nous est léguée principalement par deux ouvrages majeurs et difficiles qu'il rédigea à la fin de sa vie : *Empire and Communication* en 1950 et *The Bias of Communication* en 1951. « L'oiseau de Minerve », tiré du second ouvrage, constitue le point d'entrée le plus éloquent de la pensée de Innis. Or, la plupart des étudiants éprouvent une certaine difficulté à la lecture de Innis. En effet, Innis possède une écriture extrêmement dense et pleine d'allusions. Ainsi, ses textes sont souvent difficiles d'accès à cause de leur remarquable concentration. Chaque énoncé mérite presque une attention particulière tant ils contiennent d'idées et de références. Innis possédait évidemment une vaste culture classique mais il possédait aussi une écriture relativement dispersée que certains ont qualifié d'énigmatique. Par conséquent, on a souvent l'impression de lire une série d'aperçus fulgurants dont les relations logiques sont faiblement dessinées. Il en résulte que la responsabilité d'intégration des nombreuses idées de l'auteur incombe presque entièrement au lecteur[1]. Néanmoins, tournons-nous maintenant vers la substance de la théorie elle-même.

LA THÉORIE COMMUNICATIONNELLE DE INNIS

La théorie communicationnelle de Innis consiste à montrer, comme il l'affirme lui-même dans « L'oiseau de Minerve » (1983) que : « la communication a profondément marqué la civilisation occidentale, que les changements majeurs intervenus dans ce domaine ont eu d'importantes répercussions dans les autres » (p. 267).

L'échelle temporelle que Innis se donne, la civilisation occidentale dans son ensemble, est évidemment extrêmement vaste mais Innis ne s'intéresse ni premièrement ni nécessairement à une forme de société, un comportement ou une difficulté actuels. Sa théorie tente de décrire les grandes formes de civilisation telles qu'elles se sont succédées afin d'en dégager des principes généraux. À partir du principe de l'évolution des civilisations, Innis espère pouvoir repérer les tendances profondes de la nôtre.

Cependant, qu'entend Innis par *la communication* dont il a le projet de faire l'histoire sociale? S'agit-il de l'histoire du contenu qui a été communiqué? S'agit-il de l'évolution d'une forme appropriée ou efficace de circulation des messages? S'agit-il des formes de la communication comme la persuasion? Non, la communication, selon Innis, est l'ensemble des *moyens* matériels et intellectuels mobilisés par une civilisation afin de transmettre et de stocker, dans le temps et pour les générations à venir, le savoir : la tablette d'argile, le style, le poinçon, le papyrus, le pinceau, l'écriture, le papier, les bibliothèques, etc.

---

1. Il convient de signaler que la traduction de « L'oiseau de Minerve » par Roger de la Garde, l'unique texte de Innis traduit en langue française, respecte l'original tout en l'allégeant.

Or, cette idée est extrêmement importante. Toutes les civilisations auront un savoir, c'est-à-dire des idées, des coutumes, des pratiques, des rites, des arts, etc., à conserver et à transmettre. Pourtant chaque civilisation les transmettra et les stockera différemment selon ses médias de communication. En outre, les médias eux-mêmes auront une incidence sur la nature même du savoir et non seulement sur les modes de stockage et de transmission.

Ainsi, la communication est constituée par ce que Innis nomme des *médias* ou moyens. Ces médias sont parfois des objets, parfois des techniques ou des technologies rudimentaires, parfois des formes culturelles, parfois des assemblages de tous ces éléments. L'histoire des communications est donc l'histoire des *médias* ou moyens de communication dans leurs relations avec la société. Innis utilise donc le mot *média* dans son sens premier, c'est-à-dire comme *moyen*. Un média n'est donc pas seulement un média de masse moderne mais tout moyen ou assemblage de moyens permettant la communication. Ainsi, le papyrus et la route sont tous deux des médias. Par conséquent, étudier les répercussions de la communication sur la civilisation occidentale signifie étudier les répercussions des divers moyens ou *médias* de communication.

Le découpage historique retenu par Innis afin d'établir et de repérer les influences réciproques entre médias et civilisations est le suivant :

1. de la Mésopotamie jusqu'à l'Empire gréco-romain (3000 av. J.-C. à 500 av. J.-C.);

2. l'époque de l'Empire gréco-romain (700 av. J.-C. à 410);

3. de la fin de l'Empire gréco-romain jusqu'au Haut Moyen Âge (410 au 10e siècle);

4. du Haut Moyen Âge jusqu'à la Renaissance (10e siècle au 16e siècle);

5. de la Réforme jusqu'à la Révolution française (16e siècle au 19e siècle);

6. l'époque moderne (les 19e et 20e siècles).

Bien entendu, à l'intérieur de chaque grande époque, Innis repère aussi des mouvements historiques de moindre envergure mais aussi beaucoup plus nombreux. Ainsi, à l'époque

mésopotamienne correspondra, par exemple, l'empire baby-
lonien. Néanmoins, à chacune de ces grandes époques correspond un ou des médias de communication prédominants.

L'argument fondamental de Innis se résume donc ainsi : la
coloration particulière de chaque civilisation — de ses arts, de
ses lois, de sa philosophie, bref, de *son savoir* — est fortement
conditionnée par ses médias de communication. À tel média
correspond telle philosophie, tel droit, telle architecture, tel
savoir. On voit que les influences réciproques dont parle Innis
n'ont rien à voir avec les impacts psychologiques ou sociaux. Il
lie forme de pensée (philosophie) à forme de communication
(média). Son intérêt principal n'était donc pas simplement de
décrire la suite historique des moyens de communication ni
même de raconter la succession des diverses civilisations. Il
s'intéressait aux liens précis à établir entre moyens de communication et civilisations ou comme il l'affirmait lui-même :

> *Pour chaque époque, je tenterai de dégager l'impact des médias de
> communication sur la nature du savoir [...]* (p. 268)

Innis inaugure donc l'*histoire sociale de la communication* dans
la mesure précise où il s'intéresse au rôle des communications
dans le développement et le déploiement des civilisations. Son
objet n'est ni la forme sociale en elle-même ni la communication
en soi. Son objet est *les relations entre les civilisations et les
communications*. Innis montrera donc que les réalignements politiques, c'est-à-dire des transformations de l'organisation sociale, et les nouvelles formes de subjectivité suivent la réorgani-
sation du savoir conditionnée par les médias de communication.

TABLEAU 11.1 **Les correspondances historiques entre les époques
et les médias selon Innis**

ÉPOQUE	MÉDIAS
1. 3000 av. J.-C. — 500 av. J.-C.	tablette d'argile, style, poinçon, écriture cunéiforme
2. 700 av. J.-C. — 400	papyrus, pinceau, écritures hiérogly-phique et hiératique, alphabet, roseau taillé
3. 410 — 10e siècle	parchemin, papier, plume
4. 10e — 15e siècles	imprimerie, papier, plume, pinceau
5. 16e — 19e siècles	presses mécaniques, papier
6. 19e — 20e siècles	celluloïd, radiophonie

L'influence des médias de communication se reconnaît au savoir transmis et stocké par chaque civilisation. La méthode de Innis consistera donc à mettre en relation les médias de communication — papyrus, papier, imprimerie, etc. — et le savoir — les arts, les récits, les pratiques religieuses, etc. Or, la difficulté stylistique de Innis provient très précisément de ceci : son approche exige de la part de l'auteur et présuppose de la part du lecteur un énorme bagage intellectuel. Le texte de Innis mérite donc lecture et relecture.

La complexité, la richesse et la fertilité de l'approche innissienne se révéleront mieux à nous, cependant, si nous nous penchons sur un exemple concret.

UN EXEMPLE : LA MÉSOPOTAMIE

Nous présentons d'abord un bref extrait du texte « L'oiseau de Minerve » contenant un des premiers exemples de Innis, la Mésopotamie. Par la suite, nous commenterons cet extrait afin d'en tirer les éléments de l'approche innissienne et d'en souligner l'originalité et la position par rapport aux autres théories. Voici donc l'extrait :

> Dans les vallées de l'Euphrate et du Tigre, la dépendance à l'égard de l'argile entraîne une technique particulière d'écriture et l'usage d'un instrument tout à fait spécial, le roseau taillé en pointe. L'écriture cunéiforme sur argile nécessite une grande habileté, un entraînement intensif et la concentration en un nombre limité de lieux de documents durables. Les temples et leurs prêtres se situent alors au centre de la vie des cités. Les invasions armées que rendent possibles les nouvelles techniques militaires fondées surtout sur l'usage du cheval — d'abord le char de guerre puis la cavalerie —, forgent l'union des Cités-États. Mais une culture fondée sur l'apprentissage intensif de l'écriture rendait instable le contrôle social centralisé et conférait à la religion organisée une influence capitale. Le droit apparaît alors afin de restreindre l'emprise du pouvoir et de la religion. L'influence de la religion dans les empires babylonien et assyrien s'est manifestée aussi dans le développement de l'astronomie et de l'astrologie, dans la croyance au destin, dans l'établissement de la semaine de sept jours et dans la division sexagésimale du temps dont nous avons hérité. En Égypte, la domination du pouvoir tel que personnifié par le Pharaon entraîne la mise sur pied

d'une organisation sociale de caractère impérial, même si l'Empire égyptien dépend de l'écriture cunéiforme pour assurer ses communications. Il en est de même pour les Empires assyrien, perse, alexandrin et romain. (p. 270)

Commençons par quelques commentaires très généraux. On constatera d'abord que Innis fait intervenir une multitude de facteurs — l'argile, les chevaux, les prêtres, les Cités-États, la semaine de sept jours — qui n'ont pas nécessairement tous le même poids. Par ailleurs, il semble les présenter pêle-mêle et passer de l'un à l'autre avec une extrême vitesse. Or, voilà toute la difficulté du style innissien : on a l'impression qu'il n'explique pas suffisamment, qu'il ne dit pas tout. Toutefois, la difficulté relève de ceci : Innis compte que le lecteur saura se montrer à la hauteur de sa vaste culture historique. Si chacun de ces éléments mériterait à lui seul un développement d'un paragraphe, d'une page ou d'un chapitre, Innis demeure conscient du fait qu'il rédige un seul texte. Il adopte donc un style extrêmement condensé, *rapide*, plein d'allusions, et demande au lecteur en retour qu'il soit minimalement informé. Par ailleurs, il convient aussi de noter que Innis, conscient et respectueux des multiples enchevêtrements historiques, se garde d'avancer des propositions nettes et tranchées. Au contraire, il laisse se chevaucher les époques et les traditions, attitude qui se répercute certainement sur le style enchevêtré de son propre texte.

Néanmoins, tentons maintenant quelques observations plus précises orientées vers l'extraction du savoir et de la méthode contenus dans l'extrait. Ce bref extrait nous apprend ceci :

– La civilisation mésopotamienne se trouvait dans la vallée, riche en argile, de l'Euphrate et du Tigre.

– L'argile pouvait servir de support à la communication pourvu qu'on développât un instrument d'écriture approprié (le roseau taillé en pointe) et un système symbolique ou « alphabet » convenable (l'écriture cunéiforme).

– Or, puisque ce média (argile, roseau, écriture cunéiforme) exigeait une grande dextérité et un long entraînement, il était réservé à une petite caste sociale disposant d'un temps long non consacré au travail, en l'occurrence, les prêtres.

– La maîtrise de l'écriture conféra aux prêtres un vaste pouvoir religieux car l'écriture leur permettait de maîtriser le temps et la mort.

– Cette maîtrise se manifestait, d'abord, par la possibilité de calculer la crue des eaux, ce qui conférait un indéniable pouvoir sur l'agriculture, base économique des anciennes civilisations, mais aussi par la possibilité de calculer les mouvements planétaires.

– La maîtrise de l'écriture et donc du savoir mettait en quelque sorte les prêtres en contact avec le lieu mythique de la transcendance divine, le lieu des ancêtres, bref, l'autre monde, et le pouvoir religieux se répercuta sur l'ensemble de la société : développement de l'astrologie et de l'astronomie, et donc de la semaine de sept jours, préoccupation des rites religieux, manifestés dans les cérémonies d'enterrement, etc.

– Toutefois, et indépendamment de l'écriture, des invasions armées, rendues possibles par la domestication du cheval, menaçaient l'ensemble de la Mésopotamie; les peuples étrangers pouvaient attaquer et mettre à sac les lieux de la civilisation mésopotamienne.

– Sous cette menace guerrière, les communautés se formèrent en Cités-États afin de se protéger.

– Cependant, la formation des Cités-États créa un nouveau pouvoir politique ou temporel, le pouvoir du prince, parallèle au pouvoir religieux mais ne disposant pas d'un système d'écriture autonome.

– Le pouvoir politique ou temporel dépendait du monopole du savoir religieux, il ne pouvait se passer de celui-ci et se mit donc à le contester; les pouvoirs politique et religieux entrèrent donc en un conflit long de plusieurs siècles afin de déterminer lequel aurait préséance.

– Du conflit entre les pouvoirs politique et religieux naquit le droit dont la fonction n'était pas d'établir la justice mais de faire le juste partage entre les deux pouvoirs.

On voit donc dans cet exemple extrêmement concentré comment un média, en l'occurrence, l'agencement de l'argile, du roseau et de l'écriture cunéiforme, favorise l'émergence d'un *monopole du savoir* religieux dans le contexte de la Mésopotamie. C'est-à-dire qu'il permet à une caste particulière de la société, en l'occurrence le clergé, de contrôler la transmission et le stockage du savoir et donc d'avoir préséance sur l'ensemble de la vie de la communauté. Sous l'influence du pouvoir religieux on développe les arts de la contemplation (astrologie, astronomie, rites) orientés vers le contact avec la transcendance divine et on ne développe pas les arts guerriers ou temporels orientés vers le contrôle du monde ici bas. Évidemment, cette orientation particulière du savoir ouvre la communauté mésopotamienne aux menaces externes mais elle atteste aussi du pouvoir religieux. Selon Innis, le *monopole du savoir* est donc très précisément ce pouvoir exercé par un groupe social sur l'ensemble de la vie intellectuelle, culturelle, religieuse et politique d'une société grâce à sa maîtrise du média de communication privilégié de l'époque.

On voit aussi, cependant, à travers cet extrait, d'où Innis prend ses preuves et comment il raisonne. Ses preuves se trouvent dans les formes culturelles ou intellectuelles de l'époque : l'astrologie, l'astronomie, la croyance au destin, la semaine de sept jours, etc. Or, tous ces phénomènes sont à ses yeux la preuve de la domination religieuse. En effet, la maîtrise de la transcendance divine — manifeste dans le savoir particulier qu'il décrit — est le signe classique du pouvoir religieux tandis que la maîtrise du monde ici-bas est le signe classique du pouvoir politique ou temporel.

Toutefois, comment les prêtres sont-ils arrivés à maîtriser ou à entrer en contact avec la transcendance divine? Ils y parvinrent en maîtrisant l'écriture qu'ils s'approprièrent en disposant des conditions d'apprentissage favorables (longue période d'entraînement, perfectionnement de la dextérité). Ainsi, la position sociale privilégiée du clergé lui permit de maîtriser l'écriture qui lui permit à son tour de stocker et de transmettre un savoir relatif à la crue des eaux, aux planètes, au temps, et ce, jusque dans le lieu d'après la mort.

Le portrait des relations sociales dessiné par Innis est donc d'une très grande complexité. Il comprend les positions sociales des diverses fractions sociales, la disponibilité de certains matériaux de communication, la maîtrise d'un média communicationnel, le développement de savoirs particuliers. En d'autres mots, son explication mêle des éléments purement concrets et matériels tels l'argile et le roseau à d'autres éléments purement abstraits et immatériels tels le développement de savoirs particuliers.

L'histoire sociale des communications révèle dans toutes les civilisations, la nôtre y compris, l'existence de tels monopoles du savoir et donc l'existence d'idéologies, de formes d'organisation particulières, de subjectivités humaines particulières propres à leurs contextes. Du concept de monopole du savoir ressort donc une vision de l'histoire qui n'est pas la simple succession des époques mais qui est la lutte des groupes sociaux pour le contrôle de la communication.

Toutefois, il convient aussi de noter que chaque monopole du savoir reste aussi la proie à des attaques et des bouleversements. D'autres monopoles, fondés sur d'autres médias, peuvent s'établir des facteurs tout à fait externes peuvent s'abattre sur une société donnée, et ainsi de suite. En effet, dans l'exemple cité, le Pharaon fonda un régime impérial opposé au pouvoir religieux malgré sa dépendance à l'égard de l'écriture cunéiforme. Comme le dit Innis :

> *Il existe, dans (chaque civilisation), un processus par lequel se crée progressivement un monopole ou un oligopole du savoir qui se renforce constamment jusqu'à ce que survienne un point de rupture.* (p. 268)

Le monopole du savoir dépend donc de la maîtrise de la communication mais aussi d'une constellation d'autres facteurs sociaux d'ordre économique, politique, religieux. Le modèle proposé par Innis en est donc un de causalité multiple dont la cause privilégiée, mais non unique, est la communication.

LES BIAIS DE LA COMMUNICATION : LE TEMPS ET L'ESPACE

Or, nous arrivons maintenant au coeur de la théorie de Innis. Admettons que des monopoles du savoir se constituent, que ceux-ci favorisent les intérêts et promeuvent le pouvoir de certains groupes sociaux et qu'ils s'appuient fortement sur des médias particuliers. Comment alors les médias influencent-ils la nature même du savoir? La réponse en est ce que Innis appelle *le biais de la communication.*

Le concept de biais de la communication constitue un élément important mais difficile dans l'oeuvre de Innis. Examinons-le donc lentement et systématiquement. Très succinctement, le biais de la communication est la tendance qu'ont les médias à favoriser soit la maîtrise du temps, soit la maîtrise de l'espace. Toutefois, expliquons ce que signifient maîtrise du temps et maîtrise de l'espace.

LA MAÎTRISE DU TEMPS

Imaginons, comme Innis, une société sans écriture : une société de l'oralité pure. Que serait une telle société du point de vue de son savoir et de sa transmission? Une telle société aurait sans doute existé dans un passé extrêmement reculé mais son trait distinctif serait de ne posséder aucun moyen de consigner ou de préserver concrètement ses mots, ses idées, ses pratiques. Les relations humaines et sociales ne s'étendraient jamais au-delà de la portée de la voix humaine. Ces sociétés seraient donc très locales. Ainsi, leur forme privilégiée de stockage et de transmission du savoir serait le mythe : un récit oral permettant d'ordonner le monde et qui se répète de génération en génération.

Mais la limitation de la mémoire et de la structure sociale à la seule voix humaine signifierait aussi et surtout que les sociétés orales ne pourraient jamais se mettre à distance d'elles-mêmes. En d'autres mots, ne pouvant consigner leurs paroles et leurs idées à l'écriture, celles-ci ne pourraient jamais devenir l'objet d'un débat critique et objectif soutenu. Ne pouvant figer la parole, ne pouvant l'arrêter concrètement afin de l'analyser, de la comparer, de la critiquer, les mots acquerraient un pouvoir quasi magique. Il n'y aurait aucune distance entre les mots et les choses; parler serait agir sur le monde. Les sociétés orales se caractérisaient ainsi par des formules incantatoires, des rites religieux, la prédominance de la coutume, qui toutes attestent du pouvoir magique des mots, du rapprochement des mots et des choses, de l'utilisation de la parole pour conjurer la divinité.

L'absence d'écriture, bref de mise à distance, condamnerait aussi les sociétés orales à vivre éternellement proches d'elles-mêmes, c'est-à-dire qu'elles ne pourraient jamais comparer le passé et le présent et donc jamais préparer l'avenir. Leur mémoire collective serait extrêmement courte et elles ne connaîtraient que le présent immédiat de leurs paroles et de leurs coutumes. Elles projetteraient le présent sur le passé et sur l'avenir et en arriveraient ainsi à imposer une infinie fixité sociale : le monde présent serait ce qui a toujours été et sera toujours. Le monde deviendrait facilement l'expression d'une volonté divine qui l'a fait immuable. La tâche principale d'une telle société serait de préserver intact le présent qui n'est que la reconstitution du passé divin. Ces sociétés seraient donc dominées par le culte des ancêtres, la conjuration de la divinité, le respect des rites funéraires, etc.

Mais quelle leçon Innis tire-t-il de ce portrait? La société orale n'a visiblement aucune extension géographique; elle est restreinte et locale. Cependant, c'est une société qui compose beaucoup, sinon essentiellement, avec la transcendance divine. Sa préoccupation première est le temps et la maîtrise du temps car elle tente continuellement de réinstituer un passé mythique et de préserver le présent pour l'avenir. L'oralité est donc un média *biaisé* vers le temps. Elle ne permet aucune maîtrise spatiale mais elle permet, en revanche, une forte emprise temporelle.

Or, qu'arriverait-il si nous introduisions l'écriture dans une telle société? Innis nous en donne la réponse dans l'exemple de la Mésopotamie : l'écriture se ferait happer par la caste sociale dominante. Mais que fait la classe dominante de ce nouveau média? Elle en fait un instrument d'une grande complexité nécessitant une longue période de formation; elle s'en sert pour conjurer la volonté divine qui fait le monde. Bref, les usages de l'écriture propres à la situation mésopotamienne sont des usages relevant de la tradition orale : l'écriture *prolonge* dans ce cas-ci la tradition orale.

Nous voilà donc confrontés à un *usage oral de l'écriture*. Ainsi, comme l'oral est restreint et local, l'écriture tend à reproduire les formules incantatoires et à demeurer au sein des temples de la caste dominante; il suffit de penser aux livres sacrés conservés dans le temple auxquels seuls les prêtres ont accès. Comme l'oral réinstitue perpétuellement un présent infini, l'écriture rappelle l'immuabilité du passé. Comme l'oral mésopotamien permet une mise en contact avec la transcendance divine, l'écriture adopte un usage purement religieux. Bref, le monopole du savoir religieux s'appuie sur une forme d'écriture lourde, compliquée, difficilement transportable et vouée à l'extension de sa propre tradition orale.

LA MAÎTRISE DE L'ESPACE

Toutefois, l'écriture provoque aussi ses propres conséquences. Petit à petit, elle s'affranchit de l'oralité et acquiert son autonomie. On se rend compte qu'elle peut non seulement servir le monopole du savoir religieux d'une société orale mais qu'elle peut aussi favoriser l'émergence d'autres monopoles du savoir.

D'ailleurs, contrairement à l'oral, un écrit peut résister au temps; les écrits durent. L'écrit permet de comparer ce qui fut avec ce qui est et, par là même, ouvre la possibilité d'un avenir autre. Contrairement à l'oralité, l'écriture permet de consigner concrètement les idées et les pensées et donc de les soumettre à l'investigation rationnelle. Contrairement à l'oralité, l'écriture permet une mise à distance de chaque personne vis-à-vis d'elle-même et ouvre donc la possibilité de l'individualisme détaché des normes sociales. En effet, lorsque les membres d'une société prennent de la distance par rapport au savoir ou à l'organisation de leur société, il leur devient possible de la transformer. Or, cette mise à distance est précisément ce qui caractérise toutes les formes historiques de l'individualisme : la capacité de se concevoir soi-même comme détaché du tout social afin d'opérer des transformations sur lui.

Ainsi, lorsque l'écriture s'affranchit de l'oralité, les sociétés s'intéressent de moins en moins à la conjuration de la divinité et de plus en plus à la transformation du monde matériel. Comme le signale Innis : « La progression de l'écriture contint la croissance de la mythologie et inculqua aux Grecs le scepticisme envers leurs dieux » (p. 273). En d'autres mots, l'assignabilité de la pensée signifie que les coutumes, les pratiques, les savoirs, etc., sont désormais objectivables et discutables. Ils ne proviennent plus d'une volonté purement divine mais peuvent être soumis à la transformation et au débat humains. L'immuabilité temporelle et sociale est remplacée par la possibilité du changement.

En s'affranchissant de l'oralité, l'écriture favorise l'émergence d'un nouveau monopole du savoir qui n'est plus lié au clergé ou à la maîtrise du temps. Ce nouveau monopole du savoir sera désormais lié à une classe politique. Les indices de la prise en charge de l'écriture par un nouveau monopole du savoir sont nombreux : (1) l'écriture cunéiforme difficile à apprendre et à maîtriser est remplacée par des écritures alphabétiques faciles à apprendre et à maîtriser; (2) l'argile, contrôlée par le clergé, est remplacée par le papyrus, contrôlé par l'État; (3) la fonction rituelle et religieuse de l'écriture est remplacée par la fonction administrative et guerrière de l'écriture — bref, l'écriture disparaît progressivement des inscriptions tombales et se retrouve de plus en plus dans les textes de lois, les ordres militaires, etc.

Ainsi, lorsque les intérêts politiques commencent à l'emporter sur les intérêts religieux, ils s'emparent de l'écriture et la simplifient. Elle n'exige plus un long entraînement; elle n'est plus liée aux temples du clergé; elle perd sa fonction essentiellement religieuse. Elle devient désormais fonctionnelle. L'écriture contribue ainsi à l'émergence d'un nouveau monopole du savoir politique et étatique. Le lien entre pouvoir, savoir et média en est donc un d'*interdétermination*. Bref, le pouvoir appelle et se saisit de médias mais ceux-ci à leur tour favorisent le développement d'un savoir qui supporte le pouvoir. Il est donc difficile d'affirmer simplement que le média détermine le pouvoir ou que le pouvoir détermine le média. Il est plus prudent, dans une perspective innissienne, d'affirmer que l'un et l'autre s'« interdéterminent ».

Par ailleurs, ce nouveau monopole politique, étayé par la mise à distance de l'écriture, se désintéresse de la transcendance divine et s'oriente vers des préoccupations proprement sociales et même politiciennes. Bref, le savoir qu'il privilégie ne concerne plus la divinité mais l'administration étatique. Le nouveau monopole du savoir étend son hégémonie non plus sur le temps mais sur l'espace. L'empire romain nous fournit, d'ailleurs, un excellent exemple d'une civilisation scripturale orientée vers la maîtrise de l'espace. C'est une civilisation à très vaste étendue géographique orientée vers la lutte politique et non religieuse. Ainsi, les écrits romains ne sont guère religieux mais administratifs; ils ne dépendent plus de la pierre mais de l'argile, n'adoptent pas l'écriture cunéiforme mais alphabétique, ne sont guère lourds mais légers.

Mais la route romaine peut aussi illustrer le principe du biais spatial. La route romaine était une extension du pouvoir impérial de Rome. Elle permettait de diffuser le droit romain, les coutumes romaines, la langue latine, bref, la voix de Rome, aux quatre coins de l'Europe. À l'époque moderne, la radiophonie et la télévision accomplissent une fonction analogue. Elles diffusent sur un vaste territoire le point de vue d'un centre.

En résumé, la société orale favorise une écriture complexe liée à un support difficilement transportable (la pierre) tandis que la société scripturale favorise une écriture simplifiée liée à un support aisément transportable (le papyrus). La pierre est un média biaisé vers le temps; le papyrus est un média biaisé vers l'espace. Rappelons aussi que les médias favorisent des formes particulières de société mais que les formes de société appellent et défendent aussi des médias particuliers.

Toutefois, que devient l'oral dans une civilisation scripturale axée vers la maîtrise de l'espace? Très simplement, il perd son importance. Le savoir anciennement mythique et oralement transmis est remplacé par un nouveau savoir livresque et scientifique. Les rites religieux perdent leur extrême signification, le pouvoir passe du clergé vers la classe politique.

Le biais des médias favorise donc l'émergence de types de société diamétralement opposés : la société orale-temporelle et la société scripturale-spatiale. Évidemment, le passage d'un type de société à l'autre s'accomplit sur des pans historiques vastes. En outre, les médias propres à chaque type de société continuent de coexister et de s'influencer réciproquement.

L'ORAL *vs* L'ÉCRIT

Les civilisations orales-temporelles reposent sur des médias lourds, compliqués et difficilement transportables qui prolongent les intérêts du monopole du savoir existant. L'écriture cunéiforme au moyen d'un roseau sur argile ou pierre est l'exemple même de ce genre de média. La lourdeur de son support rend son déplacement extrêmement difficile. Elle est, par ailleurs, très difficile à apprendre et à utiliser. Ces caractéristiques la réservent donc à une caste privilégiée qui s'en sert essentiellement pour des fins religieuses. En effet, l'utilisation de l'écriture cunéiforme à des fins incantatoires et sur des inscriptions tombales, tout comme l'utilisation de l'écriture hiéroglyphique dans des inscriptions pyramidales, atteste amplement du caractère essentiellement religieux de ces écritures et du fait qu'elles prolongent la tradition orale du pouvoir religieux. Dès qu'elles s'emparent de l'écriture, elles s'en servent pour fonder des écrits à forte durabilité mais à très faible mobilité : les écrits rupestres, les inscriptions tombales, les hiéroglyphes pyramidaux, etc. Or, ces civilisations orales-temporelles restent toujours la proie à des bouleversements externes. Finalement, elles ressemblent énormément à ce que d'autres auteurs appellent la *Gemeinschaft* ou la société traditionnelle.

Les civilisations scripturales-spatiales reposent sur des médias légers, relativement simples et aisément transportables. L'écriture alphabétique sur papyrus est l'exemple même de ce genre de média. Sa légèreté et sa souplesse lui permettent de rejoindre les quatre coins de l'Europe. Elle est, par ailleurs, relativement facile à apprendre et à utiliser. Ces caractéristiques tendent donc à généraliser son utilisation sur des classes de plus en plus nombreuses. En effet, l'utilisation de l'écriture alphabétique à des fins administratives (codification des lois, développement du commerce, récits des conquêtes impériales, etc.) atteste amplement de son caractère séculier et du fait qu'elle prolonge les intérêts du pouvoir politique et temporel de l'État.

En outre, lorsque les médias axés sur l'espace prédominent, comme dans la Rome impériale, on constate le dépérissement relatif de la divinité, désormais incarnée et fragmentée en de nombreux représentants humains (tels les membres de la classe dominante). Les grands rites funéraires disparaissent au profit de spectacles de masse comme le combat des gladiateurs : il ne s'agit plus de conjurer le temps mais simplement de le passer. L'architecture perd son caractère massif et immuable (les pyramides) et devient plus légère et fonctionnelle comme en attestent le temple grec, l'architrave, l'aqueduc et la route romaine. L'écriture se détache aussi des inscriptions tombales et cesse d'interpeler la mort afin de devenir fonctionnelle, de donner des ordres, de codifier le droit et de trouver un support léger et souple (papyrus et papier). Cette forme de civilisation peut rester fortement hiérarchisée mais elle compte aussi beaucoup sur l'accomplissement personnel. Ces civilisations se caractérisent par une certaine mobilité spatiale et sociale et tendent à concentrer leurs énergies intellectuelles vers les relations entre les hommes et les hommes et entre les hommes et les choses. Elles valorisent le séculier, la science et l'administration de grands territoires. Elles ne sont pas la proie des forces externes; elles constituent un danger pour les autres civilisations par leur tendance à assujettir les périphéries.

Ainsi, un monopole du savoir religieux se sert des médias axés sur le temps afin de prolonger sa propre tradition orale qui la met en contact avec la transcendance divine. Cependant, un monopole du savoir étatique se sert des médias axés sur l'espace afin de prolonger sa propre tradition scripturale qui la met en contact avec l'administration sociale. L'émergence des divers monopoles du savoir s'étend sur plusieurs siècles et entraîne toujours des chevauchements et recoupements. D'ailleurs, les médias axés sur le temps peuvent influencer les médias axés sur l'espace et vice versa. Par exemple, lorsque l'écriture se met à reproduire textuellement les paroles sous la forme de dialogues ou lorsque les formes conversationnelles d'argumentation resurgissent dans l'écriture sous la forme d'un raisonnement dialectique, nous sommes devant des phénomènes d'influence des médias temporaux sur les médias spatiaux.

TABLEAU 11.2 **Les conséquences sociales, subjectives et intellectuelles des biais de la communication**

TEMPS	ESPACE
oralité	écriture
écriture sur pierre	voix rapportée par écrit
théocratie	empire
pouvoir religieux	pouvoir politique
faible étendue géographique	forte étendue géographique
relations Hommes/divinité	relations Hommes/société
fixité sociale	relative mobilité sociale
soumission à l'ordre divin	ambition personnelle
savoir religieux : interprétation de la volonté divine (astrologie, astronomie, mathématiques, etc.)	savoir pragmatique : transformation du monde (administration, commerce, guerre, science, etc.)

L'ÉQUILIBRE IDÉAL : LA GRÈCE ANTIQUE

Néanmoins, il est une civilisation qui représente aux yeux de Innis l'idéal de l'équilibre entre les traditions de l'oral et de l'écrit : la Grèce antique. En effet, selon Innis, la civilisation grecque concilie, d'une part, grâce à son droit codifié par Dracon, Solon et Clisthène et, d'autre part, grâce à sa tradition de débat démocratique, son art oratoire et sa rhétorique, une tension idéale entre l'écrit et l'oral, entre le temps et l'espace. L'écriture permet à la civilisation grecque de se développer, de durer, de développer ses arts et même de se mettre à distance. La tradition orale, par contre, permet à l'individu de s'affirmer contre la codification du droit, soutient la vie démocratique, développe le raisonnement dialectique et insuffle une grande souplesse à la civilisation. D'ailleurs, le symbole de ce parfait équilibre est nul autre que le philosophe Platon qui écrivit ses *Dialogues*. Innis reconnaît dans cette heureuse rencontre de l'oral et de l'écrit l'alliance des deux traditions et l'accomplissement des plus grandes réalisations intellectuelles :

> *L'argumentation à l'infini de Platon restera célèbre à travers les âges, mais elle devint impossible à l'ère de l'écriture. On a dit qu'une loi qui s'enseigne est une loi dure; de même, une philosophie qui s'enseigne est une philosophie sévère. C'est parce qu'il a su mêler, dans ses écrits, les traditions orale et écrite que Platon a pu dominer toute l'histoire occidentale. (p. 275)*

En effet, la Grèce antique devient pour Innis, comme pour de nombreux autres théoriciens et philosophes, l'idéal de civilisation vers lequel devrait tendre toute société. L'harmonie établie par la Grèce antique entre les traditions orale et écrite permet de valoriser l'essentiel de chacune d'elle mais aussi d'éviter leurs excès. Ainsi, la préservation de l'oralité favorise le développement de la démocratie et de la conscience individuelle tandis que la préservation de la tradition écrite favorise les progrès intellectuels, scientifiques et le développement d'une conscience historique. La tradition orale seule favoriserait la limitation de la société à un localisme incapable d'atteindre aux réalisations universelles; la tradition écrite seule favoriserait le développement de l'impérialisme et l'écrasement de la démocratie et encore l'impossibilité d'atteindre aux réalisations universelles.

Or, s'il est un principe général que Innis tire de ses observations, c'est bien la nécessité de composer l'oral et l'écrit en empêchant que l'un ne l'emporte sur l'autre. Ainsi, le reproche principal qu'il adresse au monde contemporain, est d'avoir constitué des monopoles du savoir qui rejettent ou ignorent les valeurs humanistes et individualistes de la tradition orale.

Notre civilisation, selon Innis, développe la maîtrise de l'espace et la tradition écrite. Par exemple, la radiophonie, qui est en principe un média oral et devrait maîtriser le temps, permet aussi, à cause de son infrastructure électrique, de constituer les vastes territoires des États-nations. Bref, elle mêle l'oral et l'écrit au profit des structures impériales propres à l'écrit. La tradition écrite développe aussi le rationalisme extrême caractéristique de notre époque qui ne se demande plus ce qu'est une bonne société mais qui se demande seulement comment on peut la faire fonctionner efficacement. La maîtrise de l'espace moderne exige un État de plus en plus puissant et centralisateur, des mécanismes de contrôle et de surveillance de plus en plus perfectionnés, et la réduction de la liberté personnelle afin de ne pas gêner l'efficacité de l'organisation. L'ultime résultat de cette tendance fut, à ses yeux, les totalitarismes modernes que sont le fascisme et le communisme. Bref, comme il conclut lui-même :

> Nous pourrions peut-être conclure en lançant un appel pour que soit pris en considération le rôle fondamental que doit nécessairement jouer la tradition orale dans tout retour au débat et à la démocratie véritables [...] (p. 297)

Or, cette position constitue une critique profonde et profondément éthique des tendances vers le contrôle et la surveillance qui se manifestent de façon si éclatante dans la cybernétique et la théorie de l'information. Remarquons bien : Innis ne prône pas le retour à une société prétechnologique. Il exige seulement le maintien de la réflexion éthique et critique à l'époque moderne.

Et l'oiseau de Minerve n'est rien d'autre que la figure de la réflexion éthique et critique à travers les âges. « L'oiseau de Minerve s'envole toujours au crépuscule... », c'est-à-dire que l'esprit de la création, de la démocratie, de l'éthique s'envole toujours d'une société dès qu'elle atteint son apogée car alors d'autres forces la guettent, la minent et la grèvent. Or, Innis se montre très pessimiste quant à son avenir :

> *Depuis qu'il s'est envolé de Constantinople, l'oiseau de Minerve n'a trouvé en Occident que de brèves occasions de se poser. Il a volé de l'Italie vers la France, les Pays-Bas, l'Allemagne et, après la Révolution française, est revenu en France pour se diriger ensuite vers l'Angleterre et finalement vers les États-Unis. Ces vols incertains et bousculés l'ont laissé épuisé et vulnérable aux attaques de ses nombreux ennemis.* (p. 295-296)

LIMITES ET INTERROGATIONS

La vision innissienne est sans doute séduisante. Le lien entre médias, savoir et pouvoir semble extrêmement cohérent et convaincant. En effet, il ne serait guère souhaitable de le réfuter carrément ou simplement. Pourtant, la théorie soulève un problème majeur.

La distinction entre médias axés sur le temps et sur l'espace, d'apparence nette et claire, porte à confusion. Voici pourquoi : en principe, les médias qui durent mais ne se transportent pas possèdent un biais temporel tandis que les médias qui s'étendent physiquement mais ne durent pas possèdent un biais spatial. Toutefois, quel biais possède l'écriture électronique? Normalement, comme nous venons de le voir, l'écriture persiste mais l'informatique permet de transmettre une écriture évanescente partout dans le monde. Cette écriture n'a pas pour fonction de durer mais d'être transmise et de disparaître aussitôt. L'écriture électronique est-elle donc axée sur le temps ou sur l'espace? Or, si elle possède un biais spatial, comme semblerait l'indiquer son extrême évanescence, est-ce à cause de sa facilité d'apprentissage, sa transportabilité, bref, de caractéristiques qui lui sont propres ou à cause d'un facteur technologique externe : l'électricité?

Ainsi, nous voilà confrontés à un média — l'écriture électronique — qui ne dure pas mais qui possède néanmoins un biais spatial. En outre, nous sommes également confrontés au problème de savoir si son biais spatial est attribuable à ses caractéristiques propres, comme le voudrait la théorie innissienne, ou à son support technologique externe, l'électricité.

Ou encore, quel biais possède la musique enregistrée? Traditionnellement, la musique, comme la parole, n'a qu'une portée très régionale et évanescente. Pourtant, l'enregistrement de la musique lui donne une durée et une portée qui ne concordent nullement avec sa nature. La musique évanescente et locale devient subitement durable et planétaire. En outre, lorsqu'on lui ajoute une technologie telle que le *walkman*, qui devrait en principe la rendre transportable, la musique devient totalement personnelle et permet de reconstituer un petit espace privé asocial.

Bref, il semblerait que la distinction biais temporel-biais spatial soulève un certain nombre de problèmes inattendus et insoupçonnés. D'abord, certains médias semblent pouvoir appartenir aux deux camps simultanément (écriture alphabétique ou électronique) ou en alternance rapide (musique, musique enregistrée, musique enregistrée portative).

On repère la même difficulté dans les exemples mêmes de Innis. Par exemple, l'écriture cunéiforme conjure le temps et l'écriture romaine transforme le monde. Mais est-ce l'élément *écriture* qui explique ces biais ou le contexte de l'écriture? Bref, s'agit-il toujours d'une entité immuable qui s'appellerait écriture et qui ressurgirait dans tous les contextes ou s'agit-il d'un autre ensemble de facteurs que dans divers contextes nous appelons écriture? En d'autres mots, est-ce l'écriture qui se transforme et qui provoque des changements sociaux ou sont-ce les changements sociaux qui imposent une nouvelle fonction à l'écriture?

Parallèlement, l'imprimerie qui permet au livre temporel de conquérir subitement, en le multipliant et le diffusant, un espace immense est-elle un média axé sur le temps ou sur l'espace? Est-ce l'imprimerie ou les possibilités de diffusion et de conservation qui nous intéressent? La route qui fonde l'empire romain est-elle un média ou une construction? Est-ce la route ou la possibilité de transport qui nous intéresse?

Ces ambiguïtés relèvent toutes de la même source : la définition innissienne du média. Le problème est que Innis ne définit pas clairement le média. Ainsi, nous ignorons si un média est une entité immuable — l'écriture réapparaisssant dans toutes les formes sociales — une technologie — la construction appliquée à la route, l'imprimerie appliquée à l'écriture — ou un ensemble de facteurs sociaux et matériels — le roseau, l'argile et les prêtres.

Par exemple, en tant que média, qu'est-ce qui caractérise la radiophonie? Est-ce le fait de diffuser la voix humaine ou est-ce le fait de diffuser *électriquement et instantanément* la voix humaine? Si c'est uniquement le fait de diffuser la voix, on s'attendrait à ce que la radiophonie soit classée parmi les médias axés sur le temps. Pourtant, Innis classe la radiophonie parmi les médias axés sur l'espace. Pourquoi? D'abord, la voix radiophonique ne partage aucun trait avec l'oralité tradition-nelle; elle ne nous met pas en contact avec la transcendance divine. En outre, la portée géographique du support technolo-gique (les réseaux radiophoniques) en fait un média spatial tout comme le télégraphe ou le téléphone.

Toutefois, si nous admettons que la voix humaine seule ne définit pas la radiophonie et, en outre, que sa portée technolo-gique et géographique en fait un média spatial, nous admettons aussi que la radiophonie se caractérise essentiellement par la diffusion *électrique et instantanée* de la voix humaine. En d'autres mots, nous affirmons que l'élément essentiel du média n'est pas la radiophonie elle-même mais l'électricité et les conséquences qu'elle induit.

Or, l'électricité s'applique à la plupart des médias de communica-tion moderne : télévision, radiophonie, téléphone, informatique, etc. Qu'est-ce que cela signifie? Que dans chaque cas il faut distinguer le média à proprement parler de son support technologique ou que dans tous les cas le support technologique ramène tous ces médias à la même fonction? La question n'est pas facile à trancher et son ambiguïté provient de l'absence de définition claire du terme central de la théorie innissienne : le média.

Ainsi, Innis semble confondre les médias avec leurs conditions d'émergence et d'évolution. Par exemple, il confond l'existence de la route avec le phénomène du transport, l'imprimerie avec la diffusion, la radiophonie avec l'électricité. Or, si le média n'est déterminable que par rapport au contexte, pourquoi en faire un élément privilégié de l'analyse? Ne vaudrait-il pas mieux interroger d'abord le contexte et appréhender le média comme son résultat?

Par ailleurs, aucune civilisation n'est réellement soumise à un seul média. On est toujours confronté à des situations mixtes et ambiguës. Donc, encore une fois, pourquoi privilégier les médias? En fait, en analysant les médias si vaguement définis, Innis propose-t-il réellement une théorie de la communication ou une théorie historique dont les médias seraient le point d'intérêt particulier?

En conclusion, disons que la théorie de Innis laisse quelque peu perplexe. Son interrogation directe du pouvoir constitue certes une démarche salutaire. Toutefois, en saisissant le pouvoir à l'échelle de l'histoire de la civilisation occidentale et non dans des contextes sociaux particuliers, immédiats ou actuels, on voit mal comment l'analyste moderne pourrait appliquer ses concepts. Ainsi, que fait-on lorsqu'on a découvert un monopole du savoir moderne? Suffit-il de changer de média? D'ailleurs, d'où viendrait cet autre média et qu'est-ce qui en garantirait la libre utilisation? Ou faut-il plutôt attendre la disparition du monopole sous le choc de facteurs externes? Bref, le pouvoir saisi à une telle échelle n'est tout au plus qu'un principe général d'analyse se résolvant nécessairement par l'appel général à la démocratie. Comment établir un équilibre entre les traditions orale et écrite à l'époque moderne? Innis ne le dit pas même s'il le souhaite.

Ainsi, l'idée que les empires et les civilisations montent ou tombent en fonction de la tension entre les médias biaisés vers le temps ou l'espace n'est, tout au plus, qu'une idée géniale. Elle ne remplacera pas l'étude détaillée des empires et des civilisations elles-mêmes. Par ailleurs, la chute et la montée des empires ou, plus modestement, de certaines castes sociales, sont-elles nécessairement attribuables à la situation médiatique de l'époque? Ne pourrait-on pas les expliquer en termes de luttes de classes, par exemple? En d'autres mots, Innis n'a-t-il pas tendance à transformer des luttes sociales en tensions communicationnelles?

Cependant, lorsque Innis se met à analyser de façon détaillée l'émergence du droit entre le conflit des pouvoirs religieux et étatique ou lorsqu'il analyse de façon serrée la fonction de la rhétorique dans la Grèce antique, nous sentons subitement la présence d'une force intellectuelle critique d'une très grande finesse.

Il est certain que l'insistance innissienne sur les médias permet d'établir des continuités nouvelles et insoupçonnées entre le passé et le présent. L'histoire des tendances centralisatrices de l'écrit depuis l'invention de l'imprimerie jusqu'à la cybernétique mérite certainement notre attention. Mais il faut toujours se demander si Innis analyse les conséquences d'un média ou celles d'une forme d'organisation sociale qui privilégie un média?

Or, la plus grande force de l'approche innissienne est de considérer constamment tous les éléments d'un contexte donné. Sa plus grande faiblesse est de vouloir projeter cet aperçu sur l'ensemble de la civilisation occidentale.

Finalement, notons une filiation étroite entre l'approche de Innis et celle de Carey. Carey fut un disciple de Innis et, comme lui, ne cherche pas les effets psychologiques et sociaux immédiats mais les effets structuraux à très long terme. Bref, il cherche aussi le biais de la communication. D'ailleurs, la restructuration de nos perceptions du temps et de l'espace par le télégraphe ressemble étrangement aux traditions orale et écrite de Innis. En outre, les deux établissent aussi des continuités ou séries historiques. Carey les établit entre les monopoles qui contrôlent les technologies de communication; Innis les établit entre les biais des médias au cours des époques. Ce qui distingue Carey de Innis, toutefois, c'est la volonté de celui-ci de s'en tenir à un seul média, à une seule époque, et sa résistance à la spéculation historique. Ainsi, Carey se garde bien d'offrir des définitions globales des médias et se contente de définir une seule technologie, le télégraphe. Par contre, Innis développe beaucoup plus que Carey l'interrogation des formes de savoir propres à chaque civilisation.

Néanmoins, même s'il existe une filiation évidente entre Carey et Innis, ce n'est pas celle que les historiens retiennent généralement. Au contraire, on tend plutôt à établir des liens entre Marshall McLuhan et Innis, essentiellement parce que celui-ci fut l'étudiant de Innis et se réclame d'une filiation. Nous nous tournerons donc dans le prochain chapitre vers la théorie communicationnelle de Marshall McLuhan.

RAPPEL

1. On peut retracer l'histoire de la civilisation occidentale à travers l'histoire de la communication parce que la communication conditionne la vie des sociétés. Bref, on peut qualifier l'approche de Innis d'histoire sociale de la communication.

2. Or, l'histoire de la communication est en réalité l'histoire des médias de communication.

3. Un média, pour sa part, est un moyen ou une technique, ou un assemblage de moyens de communication : l'argile, le roseau taillé en pointe et l'écriture cunéiforme en sont un exemple.

4. À chaque civilisation correspond un média dominant ou un ensemble de médias.

5. Or, chaque média favorise le temps ou l'espace, l'oral ou l'écrit : c'est le biais de la communication. Ainsi, la tension ou le jeu des médias conditionne profondément la vie des civilisations.

6.   On peut repérer l'influence des médias dans le savoir, c'est-à-dire la vie artistique, culturelle, intellectuelle, religieuse, propre à chaque civilisation.

7.   Dans chaque civilisation, certains intérêts sociaux s'emparent des médias et contrôlent le savoir : il s'agit d'un monopole du savoir. Les monopoles colorent tous les aspects de la vie des civilisations.

8.   La tension entre les médias est finalement le conflit des monopoles du savoir. Certaines civilisations tendent plus vers la maîtrise du temps : théocraties hiérarchisées, fixité sociale, savoir orienté vers la divinité et justificateur, architecture massive, etc. D'autres civilisations tendent vers la maîtrise de l'espace : empires, mobilité spatiale et sociale, savoir orienté vers la pratique et empirique, architecture souple et fonctionnelle, etc. Les deux grandes figures de ces formes de civilisation sont la Mésopotamie et les empires. Il est une civilisation, toutefois, qui établit un parfait équilibre entre ces tensions : la Grèce antique.

9.   Le monde moderne favorise une alliance entre la tradition orale et la conquête de l'espace qui intensifie le rationalisme abstrait et évacue les préoccupations éthiques.

LE MÉDIA EST LE MESSAGE : LA THÉORIE MÉDIATIQUE DE MARSHALL McLUHAN

INTRODUCTION

Nous abordons dans ce chapitre une théorie communicationnelle sans doute des plus populaires mais aussi des plus mésinterprétées : la théorie médiatique de Marshall McLuhan. En effet, dans les années 60, Marshall McLuhan occupait une position extrêmement inhabituelle pour un intellectuel puisqu'il était devenu un véritable gourou international des médias. On l'interviewait à la télévision, on enseignait ses théories dans toutes les universités, son ouvrage le plus connu, *Pour comprendre les médias : les prolongements de l'homme* (1972), fit même l'objet d'un culte intellectuel. Bref, ses idées étaient à la mode.

Toutefois, comme il arrive souvent aux personnalités célèbres, plusieurs se sentirent dégagés de l'obligation d'étudier sérieusement ses écrits. Ce n'était pas la peine puisque tout le monde connaissait déjà ses idées. D'ailleurs, son énoncé le plus célèbre, « Le média est le message », se trouvait sur toutes les lèvres. Or, ce que le savoir populaire peut rapporter d'une oeuvre n'est pas toujours ce que l'oeuvre elle-même contient. Il convient donc d'examiner de façon critique la théorie médiatique de Marshall McLuhan.

SITUATION DE LA THÉORIE MCLUHANIENNE

Marshall McLuhan, qui naquit en 1911 et mourut en 1982, fut comme Harold Innis, professeur à l'Université de Toronto. D'ailleurs, dès ses premières publications en 1951, McLuhan se réclama de la théorie de Innis dont il se prétendit l'héritier et le prolongateur. Or, on retrouve effectivement plusieurs des préoccupations de Innis dans les théories de McLuhan mais leur architecture globale et les conclusions sur lesquelles elles débouchent s'en distinguent nettement.

Cependant, contrairement à Innis, McLuhan n'était pas professeur d'économie politique mais de lettres anglaises et les citations de Shakespeare et des autres classiques de la littérature anglo-américaine abondent dans ses écrits. Néanmoins, ce détail de carrière est significatif en soi non parce qu'il éclaire la substance de la théorie de McLuhan mais parce qu'il éclaire ses conditions d'émergence.

Remarquons ceci. Comme nous l'avons déjà signalé au chapitre 11, l'écrasante majorité des théoriciens américains qui dominent la recherche communicationnelle, sont des sociologues, des psychologues et des technologues. Or, contrairement à eux, les deux chercheurs canadiens les plus en vue, Innis et McLuhan, se trouvent dans des disciplines considérées comme marginales du point de vue des théories dominantes : l'économie politique et les lettres anglaises.

Qu'est-ce que cela signifie? Cela signifie que les lieux institutionnels de l'élaboration de la théorie communicationnelle au Canada diffèrent sensiblement des lieux institutionnels américains. La théorie canadienne n'est pas élaborée par l'entreprise privée, dans les laboratoires ou au nom du complexe militaire industriel. Elle s'élabore dans des disciplines universitaires dont la vocation est traditionnellement humaniste. Par conséquent, cela signifie que cette théorie non américaine se posera des questions, aura des préoccupations, s'infiltrera dans des relations de connaissance et de savoir et visera des finalités autres que celles de la communication américaine.

Mais quelles sont les preuves de ces *autres* préoccupations, questions, relations et finalités? Elles sont multiples et dispersées. Par exemple, les théories mcluhanienne et innissienne embrassent une vue historique extrêmement large : elles prennent pour objet les relations communication-culture tout au long de l'évolution de la civilisation occidentale. Nous nous trouvons ainsi très loin des effets psychologiques immédiats, de la circulation des messages à l'intérieur des micro-groupes ou du perfectionnement des techniques de contrôle et de surveillance. En effet, ni McLuhan ni Innis n'envisagent la communication comme un problème d'impact, d'influence ou de contrôle; la problématique des stimuli, des relations interpersonnelles, des réseaux de circulation, est presque entièrement absente de leur interrogation. Au contraire, ils font de la communication un phénomène de civilisation total dont le propre est de *colorer* ou d'*infléchir* les sociétés, les savoirs et les subjectivités, de contribuer au maintien du pouvoir et de favoriser les formes de culture. Les effets qu'ils repèrent s'appellent plutôt répercussions ou conséquences ou tendances et se découvrent non pas prioritairement au niveau comportemental personnel mais sur une échelle de plusieurs centaines ou de milliers d'années. Il s'agit donc de théories infiniment plus contextuelles et historiques que la plupart de celles que nous avons étudiées jusqu'ici.

Or, si l'on peut dire de la cybernétique et de la théorie de l'information qu'elles sont les théories communicationnelles des ingénieurs; des modèles d'impact qu'ils sont la théorie communicationnelle des psychologues; et des modèles d'interaction personnelle qu'ils sont la théorie communicationnelle des sociologues; il convient peut-être de dire des théories innissienne et mcluhanienne qu'elles sont les théories communicationnelles des culturalistes. Toutefois, une telle affirmation ne devrait pas suffire à nous faire automatiquement préférer ces dernières aux autres. En effet, même ces théories « culturalistes », en dépit de leur origine institutionnelle ou de leurs préoccupations de départ peuvent comporter de graves limites et contradictions. D'ailleurs, la théorie mcluhanienne est à bien des égards exemplaire des dédales de la confusion où peut mener n'importe quelle théorie.

LA THÉORIE DE McLUHAN

On peut utilement aborder la théorie de McLuhan en la situant brièvement par rapport à celle de Innis. McLuhan et Innis partagent un projet presque identique, l'histoire sociale de la communication, mais lui apportent des nuances lourdes de conséquences. Ainsi, Innis met l'accent sur les civilisations tandis que McLuhan se concentre sur les médias. Qu'est-ce que cela veut dire?

Cela veut dire que, de façon globale, la théorie de Innis se préoccupe principalement des civilisations elles-mêmes et de leur succession historique. Sa théorie étudie donc la montée et la chute des empires et regorge de références historiques. Ainsi, Innis fait des médias un seul facteur parmi plusieurs de la transformation des civilisations. McLuhan, par contre, s'intéresse bien plus aux médias eux-mêmes qu'aux civilisations et à leur destin. Ainsi, sa théorie développe beaucoup les caractéristiques propres à chaque média et contient de nombreuses observations quant aux conséquences et au fonctionnement social de médias particuliers. Par conséquent, sa théorie possède une structure historique beaucoup plus relâchée que celle de Innis. D'ailleurs, on lui a souvent reproché ses erreurs et ses contradictions à ce chapitre et on s'accorde généralement pour affirmer que le traitement historique est l'un des aspects les plus faibles de l'oeuvre de McLuhan.

Or, de cette différence d'accent ou de nuance résultent des conséquences considérables. D'abord, Innis et McLuhan ne partagent pas le même découpage historique. Aborder la communication du point de vue des civilisations ou des médias entraîne non seulement des temporalisations distinctes mais signifie aussi un changement radical de perspective. Ainsi, alors que Innis caractérisera les médias de mésopotamiens, de babyloniens ou d'américains, McLuhan caractérisera les civilisations de typographique, de mécanique ou d'électronique. En d'autres mots, Innis attribuera des qualités historiques aux médias tandis que McLuhan attribuera des qualités médiatiques à l'histoire. C'est d'ailleurs la raison pour laquelle l'ouvrage le plus célèbre de McLuhan s'appelle *Pour comprendre les médias* et ne s'adresse pas principalement à la compréhension de l'histoire ou des civilisations. Ainsi, Innis organise sa pensée en fonction de la succession des civilisations et McLuhan organise la sienne en fonction de la succession des médias.

En outre, puisqu'il part des médias, McLuhan en donne une définition beaucoup plus rigoureuse que Innis. Rappelons-nous que chez Innis, le concept était peu défini et un média pouvait être presque n'importe quel moyen ou ensemble de moyens de communication. Chez McLuhan, cependant, un média est très précisément *le prolongement d'une faculté ou capacité humaine*. Or, cette rigueur définitionnelle signifie aussi que, contrairement à Innis, McLuhan ne réduit pas les médias au rôle de simple facteur au sein d'une constellation multicausale. Au contraire, il tend à faire des médias la cause principale sinon unique de la transformation sociale. McLuhan réduit ainsi la multicausalité innissienne à une monocausalité et de la centralité accordée aux médias découle une des plus grandes faiblesses de la théorie mcluhanienne : son déterminisme technologique, sur lequel nous reviendrons en fin de chapitre.

Voici le découpage historique mcluhanien :
1. l'époque orale sans écriture,
2. l'époque de l'écriture fondée sur l'alphabet,
3. l'époque typographique fondée sur l'imprimerie,
4. l'époque électronique.

On voit que ces époques sont beaucoup plus floues que celles de Innis et que leurs lignes de démarcation sont beaucoup moins nettes. En effet, on ne sait presque jamais lorsqu'une époque prend fin et une autre commence. On sait seulement lorsque les médias correspondant aux époques s'annoncent.

On peut aussi globalement caractériser la première époque d'orale, la deuxième de mixte (orale/mécanique), la troisième de mécanique et la quatrième, selon le vocable même de McLuhan, d'électronique.

TABLEAU 12.1 **Les correspondances historiques entre les époques et les médias selon McLuhan**

ÉPOQUE	*MÉDIAS*
1. Époque orale	la voix humaine
2. Époque de l'alphabet	les écritures (hiéroglyphiques, alphabétiques, etc.) et leurs supports (pierre, papyrus, vélin, papier, etc.)
3. Époque typographique	l'imprimerie, le livre, la photographie
4. Époque électronique	le télégraphe, le cinéma, la radio, la télévision, etc.

On constate donc que le portrait des époques et des médias diffère considérablement de la vision innissienne. D'abord, il n'est plus question de médias axés vers le temps ou l'espace, de monopoles du savoir ou de fines distinctions entre, par exemple, les sortes d'alphabet ou le rôle oral et spatial de la radiophonie. Nous sommes visiblement confrontés à une approche nouvelle qui tient essentiellement à la définition mcluhanienne des médias.

LES MÉDIAS MCLUHANIENS : PROLONGEMENTS DE L'HOMME

D'abord, qu'est-ce qu'un média chez McLuhan? Chez McLuhan, *un média est un prolongement de l'homme*. Cela veut dire que les médias prolongent des facultés et des capacités humaines. Par exemple, la roue prolonge le pied parce qu'elle développe la faculté ou capacité du mouvement humain. Ou encore, la radio prolonge la voix humaine et la télévision prolonge la vue humaine. Toutefois, il convient de noter que les médias ne sont pas nécessairement ou exclusivement des médias de communication. Les médias sont *tous les moyens* de prolongement des facultés et capacités humaines. La définition mcluhanienne du média est donc beaucoup plus précise et plus englobante que la définition innissienne. Alors que Innis définissait vaguement les médias comme appartenant au domaine de la communication, McLuhan les définit précisément comme appartenant à tout prolongement humain à l'intérieur comme à l'extérieur de la communication.

Néanmoins, la définition mcluhanienne nous invite à examiner les relations entre les facultés et capacités humaines et les moyens ou technologies qui les prolongent. En effet, dès que l'être humain se met à transformer le monde, à créer des outils, à noter des observations, il commence aussi à se prolonger. Or, les prolongements médiatiques des facultés et capacités humaines se répercutent sur ces capacités et facultés elles-mêmes et sur l'organisation sociale. En d'autres mots, en prolongeant les facultés et capacités humaines, les médias les amplifient jusqu'à les transformer.

Considérons l'exemple suivant. Un comédien répète cent fois devant une salle de psychologues professionnels la simple phrase « Je t'aime » en lui donnant chaque fois une nuance particulière. Les psychologues, pour leur part, notent dans des cahiers le sens de chaque nuance. Qu'est-ce que cet exemple nous enseigne? Si nous l'analysons attentivement, il nous enseignera non seulement la différence entre l'oral et l'écrit et entre médias chauds et froids mais aussi l'impact des médias sur les facultés et capacités humaines.

D'abord, à la fin de l'exercice, les psychologues se retrouvent avec plusieurs centaines de pages alors que le comédien ne se retrouve avec rien : ses paroles ont disparu dans l'acte même de leur énonciation. Toutefois, le comédien a pu évoquer de façon très concentrée et en très peu de mots une vaste gamme d'émotions, de sentiments, de situations. Par contre, les psychologues ont mis longtemps à répéter en plusieurs mots les mêmes propos que le comédien.

L'oralité favorise donc la concentration de la parole, du geste, de l'expression, en un seul moment évanescent. Par ailleurs, la voix humaine est un média qui se confond très aisément et spontanément avec la personne ou la faculté humaine elle-même quoique nous puissions les distinguer analytiquement. Néanmoins, pour cette raison, l'oralité exige aussi de la part de l'interlocuteur, une volonté de participation personnelle intense. Les interlocuteurs doivent se concentrer intensément et personnellement sur la mimique, le ton de voix, les gestes, etc., de chacun d'eux afin de saisir le sens de leurs énoncés toujours évanescents. L'oralité favorise donc une volonté de participation personnelle intense.

L'écrit, cependant, occupe autrement le temps; il n'est ni évanescent ni concentré. Au contraire, l'écrit répète de façon séquentielle et linéaire ce que l'oral concentre en quelques instants. Ainsi, on peut consacrer plusieurs pages à décrire les paroles, la voix, la physionomie, d'un interlocuteur afin de rendre ce que l'interlocuteur lui-même exprime de façon immédiate. L'écriture favorise donc la décomposition et l'extension des éléments de l'oralité. En outre, puisque les écrits restent tandis que les paroles s'envolent, l'écriture favorise une attitude détachée. Effectivement, puisque l'on peut toujours revenir sur l'écrit et le reconsidérer dans de nouveaux contextes, l'écriture n'implique aucune volonté de participation personnelle intense. Elle favorise, au contraire, un détachement analytique rationnel.

D'ailleurs, comparée à l'écriture, l'oralité est très aporétique, c'est-à-dire qu'elle est schématique, elle ne livre son sens que si l'interlocuteur lui prête une attention serrée. D'une certaine manière, c'est l'interlocuteur lui-même qui fournit au comportement de l'autre son sens fin, son interprétation correcte. L'écriture, par contre, expose longuement et linéairement le sens de chacun des éléments du comportement de l'interlocuteur et n'exige pas que l'on fournisse grand-chose. L'écriture n'appelle donc pas de participation personnelle. En ce sens, donc, l'oralité est schématique et l'écriture pleine. C'est le schématisme même de l'oralité qui appelle la participation personnelle intense et la plénitude de l'écriture qui nous en dispense.

L'écrit et l'oral permettent d'exprimer les mêmes contenus et les mêmes sens mais ils favorisent des attitudes et des degrés de participation diamétralement opposés. L'oral favorise une participation personnelle intense tandis que l'écrit favorise un détachement analytique rationnel. Or, voilà précisément en quoi les médias prolongent et transforment les facultés et capacités humaines.

L'écriture est un prolongement de la voix mais elle lui donne une cadence et une durée qu'elle n'avait pas auparavant. L'écriture détache la parole de celui ou de celle qui la dit et la consigne à la mémoire collective permanente. Ce faisant, elle l'arrache à son contexte et à son immédiateté. La voix humaine devient donc un objet durable et reproductible à l'infini par voie d'écriture, un objet qui perd sa spontanéité et son haut degré de participation personnelle, un objet qui peut désormais intégrer n'importe quel contexte. Elle devient objective, stable, analysable et réglable. On peut, désormais, la soumettre à des règles de grammaire; on peut discuter du sens de ses propos; on peut comparer les énoncés; bref, on peut adopter une attitude personnelle et unique vis-à-vis des paroles de l'autre. L'écriture favorise donc l'émergence de l'individu propriétaire de sa propre parole et détaché de celle des autres. Par ailleurs, cette nouvelle objectivité se répercute sur la parole elle-même :

les interlocuteurs se mettent à mesurer leurs paroles, à réserver leurs commentaires, à parler comme les livres.

En d'autres mots, l'écriture fige l'oralité, brise la spontanéité de sa cadence, lui donne une durée tout à fait imprévue et incontournable. L'écriture arrache donc la voix humaine à la participation personnelle intense et l'intègre au détachement analytique rationnel; la transcription de la voix sous forme d'écriture devient une méthode d'analyse rationnelle. L'écriture favorise donc l'attitude analytique et rationnelle du professionnel, de celui qui ne s'implique pas mais qui décortique froidement. Il n'est donc guère surprenant que dans l'exemple, ce soient les psychologues professionnels qui écrivent et le comédien voué à l'expression immédiate de l'émotion qui parle.

Mais voilà précisément comment les médias transforment en prolongeant les facultés et capacités humaines. Les médias transforment les facultés et capacités humaines en leur donnant une durée, une portée, une vitesse et une amplitude inédites. Ainsi, McLuhan dira que les médias introduisent une *variation d'échelle dans les affaires humaines.*

En effet, en modifiant la durée, la portée, la spontanéité, de l'oralité, l'écriture modifie aussi la faculté humaine de la parole puisque les humains se mettent à parler différemment, à s'appliquer des règles, à analyser leurs propres énoncés d'un point de vue général plutôt que local. En outre, l'écriture transforme les facultés et capacités humaines puisqu'elle favorise aussi l'émergence d'une attitude détachée, analytique et rationnelle qui se reconnaît, par exemple, dans le professionnalisme. C'est cette transformation d'attitude, des possibilités qu'elle ouvre et qu'elle ferme, qui constitue la variation d'échelle des affaires humaines.

On saisit mieux maintenant pourquoi l'énoncé le plus célèbre de McLuhan fut : « Le média est le message ». McLuhan ne s'intéressait pas au contenu d'un message ou à la forme du message mais bel et bien à l'existence même des possibilités du message. C'était le média qui, en prolongeant les facultés et capacités humaines, les transformait et induisait une variation d'échelle des affaires humaines. Voilà aussi pourquoi McLuhan proposait souvent comme exemple préféré d'un média l'ampoule électrique. En effet, l'ampoule n'avait aucun contenu et ne portait aucun message. On pouvait s'en servir indifféremment pour éclairer n'importe quoi. Ainsi, n'ayant aucun contenu et aucun usage évidents ou prédéterminés, elle nous obligeait à considérer les possibilités qu'elle ouvrait et les transformations qu'elle apportait aux interactions humaines. Ainsi, selon l'expression même de McLuhan, que l'ampoule électrique éclaire un match de baseball ou une intervention chirurgicale importe peu. L'important, c'est qu'elle rende ces activités possibles, qu'elle modifie nos habitudes de vie, qu'elle nous habitue à vivre avec elle, en fonction d'elle, en conséquence d'elle, bref, à vivre d'une nouvelle façon. Ainsi, l'ampoule électrique, indépendamment de son contenu ou de son contexte amène une variation d'échelle des affaires humaines. Elle est l'exemple parfait du média.

LES MÉDIAS CHAUDS ET LES MÉDIAS FROIDS

L'exemple, cependant, nous permet aussi de distinguer les médias chauds des médias froids. Toutefois, il faut faire attention aux termes chaud et froid (*hot* et *cool*) car McLuhan ne les utilise pas dans le sens habituel. Normalement, on dit « chaud » pour désigner une expérience personnelle intense et « froid » pour désigner son contraire, c'est-à-dire une expérience objective et distante. Les expressions « Cela me laisse froid » et « J'ai eu chaud » indiquent assez clairement le sens habituel. Toutefois, McLuhan donne à ces termes, et non sans raison, le sens exactement contraire.

Dans le vocabulaire mcluhanien, un média froid est celui qui appelle une forte participation personnelle et un média chaud est celui qui n'appelle qu'une faible participation personnelle. Pourquoi? Comme nous venons de le voir, un média chaud comme l'écriture favorise plutôt le détachement rationnel. Bref, l'écriture n'engage pas l'affectivité du lecteur et se prête aisément à des exposés dépassionnés. L'oralité, par contre, appelle une très forte participation personnelle car les interlocuteurs doivent constamment concentrer leurs énergies sur les moindres aspects du comportement afin de déchiffrer le sens de leur échange dans le contexte immédiat. Ainsi, chaud et froid ne désignent pas des réactions émotives comme on serait porté à prime abord de le croire mais des modalités de participation.

Parmi les médias chauds, McLuhan classe aussi la radiophonie, la typographie, l'alphabet phonétique, le cinéma. Parmi les médias froids, il classe le téléphone, la caricature, le dialogue, l'écriture hiéroglyphique et idéogramatique, le cubisme, l'électricité, la télévision. Ainsi, la radiophonie diffuse des sons riches et pleins, accompagnés de bruitages et de musique; même si la physionomie des interlocuteurs n'est jamais visible, la radiophonie s'efforce de fournir un maximum d'éléments. Le téléphone, par contre, ne fournit que des sons minimaux et sans accompagnement. Ainsi, prendre contact avec un étranger au téléphone et l'écouter à la radio n'impliquent pas la même réaction personnelle ni la même préparation psychologique. L'un est donc froid et l'autre chaud.

Les médias, qu'ils soient chauds ou froids, peuvent évidemment exister à n'importe quelle époque; l'oralité, média froid par excellence, a toujours existé. Néanmoins, les quatre grandes époques de McLuhan se caractérisent assez nettement par la prédominance de l'un ou l'autre type de média.

Par exemple, l'époque orale se caractérise évidemment par la prédominance du média froid qu'est la voix humaine. La forme sociale typique qui lui correspond est la tribu ou autre peuplade restreinte. Les sociétés orales, comme nous le savons déjà, n'ont ni papier, ni papyrus, ni écriture, ni livres, ni bibliothèques. Leur seule mémoire est celle que rapportent les mythes. Leur savoir provient des légendes et contes par lesquels il est aussi transmis. Bref, elles ne disposent d'aucun moyen de mise à distance d'elles-mêmes, c'est-à-dire d'aucun moyen de consigner et d'objectiver leurs pensées, coutumes, pratiques, etc. C'est donc une période de très forte participation personnelle.

L'époque de l'alphabet est une période mixte se caractérisant par la coexistence des médias chauds et froids; l'écriture chaude (alphabets phonétiques) et ses supports chauds (papyrus, papier, etc.) commence à s'imposer au média froid de la voix humaine. La forme sociale typique qui correspond au mélange des médias est l'empire fondé sur la maîtrise de l'écriture efficace mais qui laisse aussi perdurer un grand nombre de petites communautés isolées. Encore une fois, comme chez Innis (voir chapitre 11) l'exemple de la Grèce antique où se mêlent la démocratie de la voix et la réflexion philosophique de l'écriture, ressort comme la forme idéale de la coexistence des deux types de médias.

L'époque typographique correspond à la prédominance des médias chauds : l'imprimerie, le livre, la photographie, etc. La forme sociale typique correspondant à cette prédominance est l'État-nation. En effet, la maîtrise de l'écriture induit le détachement, la distance analytique et le rationalisme qui se reconnaissent dans la nouvelle forme sociale par l'émergence de l'individu autonome doué de droits et de responsabilités, la codification rationnelle des lois, la mise à distance des coutumes et le débat interminable sur l'organisation de la société elle-même, les interventions économiques et étatiques de plus en plus rationalisées[1]. D'ailleurs, l'événement symbolique le plus important à cet égard aux yeux de McLuhan fut l'établissement de la religion protestante par Luther au 16e siècle. Le protestantisme marque la naissance de l'idée que chaque croyant peut désormais entretenir une relation personnelle avec la divinité. En d'autres mots, Luther se détache de l'idéologie dominante et adopte un point de vue individuel. Le même point de vue individuel se reconnaît dans l'émergence des États-nations modernes. Les États-nations défendent, en principe, la spécificité linguistique, culturelle, religieuse et politique, de leurs citoyens et transposent, par là-même, le concept d'individualisme au plan des enjeux politiques. Le détachement analytique rationnel de l'écriture est tellement puissant qu'il s'attaque à la religion et à l'organisation sociale et triomphe également d'elles. C'est une période de participation faible.

L'époque électronique moderne se caractérise par la nouvelle prédominance des médias froids : télévision, électricité, informatique. La forme sociale typique qui lui correspond ne s'est

---

1. La problématique de la société moderne est traitée plus longuement dans les chapitres 1, 2 et 3.

pas encore réalisée mais McLuhan en trouve des signes avant-coureurs dans l'émergence des mouvements contestataires ou alternatifs, les Nations Unies, la Communauté économique européenne, et les autres tentatives d'association internationale. En d'autres mots, les États-nations sont en train de craquer sous l'exigence d'une participation personnelle intense renouvelée mais à l'échelle mondiale.

Néanmoins, le propre des médias est de prolonger les facultés et capacités humaines en leur donnant une durée, une portée, une amplitude et une vitesse inédites et, ce faisant, de les transformer. Or, si l'on transforme les facultés et capacités humaines, on transforme aussi et surtout les subjectivités humaines. On peut même distinguer des grands types de subjectivité humaine sur la base des transformations médiatiques, bref, des subjectivités correspondant aux grandes modalités des médias froids et chauds.

LES SUBJECTIVITÉS HUMAINES

Toute l'histoire des médias a été l'histoire des prolongements des facultés et capacités humaines. Nous venons de constater les répercussions sociales de ces prolongements. Tournons-nous maintenant vers les répercussions psychologiques. À chaque type de média correspond un type de subjectivité humaine. On retrouvera donc un recoupement entre la prédominance de certains types de médias, la forme sociale typique leur correspondant et les formes de subjectivité humaine. Il existe trois grands types de subjectivité humaine : le sujet tribal, le sujet détaché et le sujet électronique.

À l'époque orale, les médias se confondaient largement avec les sens eux-mêmes. La voix humaine racontant le récit était certes un média mais elle n'était aussi qu'elle-même. Elle ne permettait aucun détachement de soi parce qu'elle se confondait immédiatement avec l'interlocuteur. Il en était de même de la mémoire humaine, du mythe, du conte, de la légende, etc. Ils étaient tellement proches de la voix qui les parlait, ils se confondaient si aisément et spontanément avec celui ou celle qui les utilisait, que la mise à distance de soi et de la société était impossible.

De cette condition naquit la première subjectivité humaine repérée par McLuhan : le sujet *tribal*. Or, l'absence de mise à distance de soi ou de la société appelait, comme nous le savons déjà, de la part du sujet tribal une participation personnelle intense aux interactions humaines et sociales. Ainsi, le sujet tribal se sentait très fortement impliqué dans la communication puisque toutes les relations sociales étaient personnelles et immédiates. Les mots, les gestes, les actes avaient une importance personnelle et directe qui concernait immédiatement tous les sujets tribaux. Le sujet tribal menait donc une vie marquée des traits de l'intimisme et de la convivialité. L'image que l'on se fait communément de la vie tribale — liens de parenté omniprésents, vie commune et communautaire, partage égal des tâches, haut degré de ritualisation, proximité sociale et affective, fêtes collectives — correspond assez bien au sens de la subjectivité tribale chez McLuhan.

Toutefois, avec l'émergence de l'écriture à l'époque de l'alphabet, mais surtout de l'imprimerie à l'époque typographique, les médias se détachèrent petit à petit de ceux qui les utilisaient. La durée, la portée, l'amplitude et la vitesse nouvelles que donnaient les médias alphabétiques et typographiques à la parole encouragèrent les humains à adopter une attitude froide et distante de détachement analytique. Ainsi naquirent non seulement les religions protestantes, mais aussi la science moderne, le rationalisme, etc. Bref, le savoir et les coutumes, les pratiques, étaient désormais arrachés à leurs contextes, et rendus discutables, analysables et modifiables. La participation personnelle intense disparut donc sous le choc des nouveaux médias qui favorisaient au contraire le détachement rationnel. Les humains se détachèrent aussi d'eux-mêmes et se mirent à se considérer comme des objets de savoir; leurs propres facultés et capacités devinrent objets d'étude. Le monde et les êtres humains furent dépassionnés; la raison, le calme, la distance l'emportèrent. Les humains se mirent à croire que leurs propres idées et gestes n'entraînaient aucune conséquence personnelle ou sociale particulière. Il devint donc possible d'accomplir les tâches et les actes les plus dangereux, les plus difficiles ou les plus répugnants avec une parfaite équanimité.

De cette condition naquit le sujet *détaché*, c'est-à-dire l'individu moderne capable de se prendre pour objet et de dissocier ses fonctions sociales et psychologiques. Les conséquences de ce détachement furent nombreuses et parfois contradictoires. D'un côté, avec l'émergence d'un individu détaché, on découvrit la valeur de l'opinion et de l'action individuelles, mais on découvrit aussi les dangers du nationalisme et des guerres meurtrières. En effet, le détachement médiatique permit à l'individu de se dégager de la structure sociale et donc d'affirmer son autonomie. Cependant, le détachement médiatique créa aussi les conditions permettant d'inculquer à plusieurs individus les mêmes valeurs, les mêmes goûts, les mêmes traits. Ainsi, les États-nations naquirent sur cette base puisque les nouveaux médias rendaient possible la généralisation du même savoir à de vastes pans de la population. Or, lorsque, ces groupes d'individus entrèrent en conflit, leurs facultés prolongées et détachées s'avérèrent extrêmement efficaces : ils purent s'attaquer et s'entre-tuer sans ressentir la moindre conséquence personnelle.

Toutefois, depuis la généralisation de l'électricité à l'époque moderne, les médias semblent avoir adopté un nouveau régime de fonctionnement. En effet, l'électricité n'est pas simplement un nouveau média comparable à tous les autres en ce sens qu'elle prolongerait comme eux des facultés et capacités humaines. Non, l'électricité est désormais ce qui caractérise et actionne tous les autres médias et ce, du télégraphe jusqu'à l'informatique. Ainsi, si les autres médias varient l'échelle des affaires humaines, l'électricité pour sa part varie l'échelle des médias; elle prolonge les autres médias, leur confère une durée, une vitesse, une amplitude et une portée inédites. En ce sens, l'électricité est l'ultime variation d'échelle des affaires humaines. Or, sous le règne de l'électricité qui abolit le temps et l'espace, le savoir devient tout à coup universellement et instantanément accessible à tous. Le moindre geste ne met plus des mois, des jours ou des heures à atteindre son destinateur : ses répercussions se font sentir immédiatement.

Ainsi, se produit un étrange revirement. La distance sociale et personnelle caractéristique des médias de l'époque typographique tend à diminuer. En effet, alors que l'écriture rendait les idées objectives et manipulables, l'électricité les rend spontanées et intensives. Elles ne sont plus des objets externes que l'on peut considérer longuement, elles sont désormais des conséquences que l'on subit immédiatement. En cela, l'électricité semble nous rapprocher du sujet tribal. En effet, la communication électronique semble nous renvoyer aux conditions de participation personnelle intense propre à l'époque orale et au sujet tribal.

De cette condition naît le sujet électronique moderne. Ce sujet n'est plus l'individu rationnel et détaché de l'époque typographique. Il ressemble davantage au sujet tribal et se caractérise, comme le sujet tribal, par une soif d'interaction personnelle profonde avec les autres et avec l'environnement. Le sujet électronique recherche la participation personnelle intense. Comme à l'époque orale du sujet tribal, le monde extérieur du sujet électronique moderne semble de plus en plus acquérir des caractéristiques humaines : l'environnement est un bien à protéger, les animaux sont des égaux à respecter, les droits personnels sont à défendre dans un nombre croissant de circonstances. Contrairement au sujet tribal, cependant, le sujet électronique moderne ne se conçoit pas comme simple partie intégrante du monde, comme simple expression du cosmos. Il n'a pas l'impression d'être gouverné par une transcendance divine. Le sujet électronique moderne met sa propre raison au service de la participation personnelle intense. Ainsi, sa participation personnelle intense ne provient pas de l'aspect magique des mots, mais de l'explosion généralisée du savoir qui permet bien souvent de connaître les conséquences d'un acte avant même de l'accomplir. La participation personnelle intense du sujet électronique provient donc d'un sentiment de responsabilité personnelle en vertu des conséquences des actes, des idées et des paroles.

On trouve un exemple de la résurgence de la participation personnelle à l'époque électronique dans l'art cubiste de Picasso. Il est évident que cet art abolit toute notion de perspective, c'est-à-dire de point de vue rationnel et détaché. En effet, la peinture cubiste ne représente plus les objets à partir d'un point unique et extérieur à la scène, comme le faisait la peinture perspectiviste de la Renaissance, mais de tous les points de vue simultanément. Le cubisme aplanit la perception et la rabat sur un espace purement bidimensionnel. Ainsi, le cubisme exige du spectateur une participation personnelle accrue. Il exige du spectateur qu'il fournisse lui-même les éléments manquants de perspective, de profondeur, de mise en scène, etc. Le cubisme serait donc un des signes avant-coureurs de la nouvelle subjectivité électronique. La disparition du point de vue unique et perspectiviste propre à l'époque typographique présagerait la disparition du sujet détaché et rationnel et l'émergence du sujet électronique, assoiffé d'interaction profonde.

Mais le cubisme n'est pas seul à opérer ce bouleversement. La voiture, l'avion et l'automobile accomplissent la même transformation. En effet, le cinéma est un fabricateur d'images en perpétuelle mutation. Les déplacements de la caméra, les changements d'angles de prise de vue, les travellings, les fondus enchaînés, etc., sont autant de moyens proprement cinématographiques pour opérer la disparition du point de vue perspectiviste unique en extériorité et instituer un mode relationnel participatif, et cela malgré le fait que le support photographique du cinéma soit un média chaud. Mais l'avion et l'automobile opèrent aussi le déplacement constant de perspective : le paysage qui défile sans arrêt devant le pare-brise ou le hublot est l'analogue parfait de l'évanescence de la perspective. Bref, ces premières technologies de l'époque électronique moderne annoncent déjà le nouveau sujet électronique. D'ailleurs, nous pourrions ajouter à la liste mcluhanienne des médias froids, schématiques et non perspectivistes les jeux vidéos et les simulations de toutes sortes. Leur but est de créer un environnement total qui stimule de toutes parts, qui fasse perdre la notion d'extériorité, qui appelle et intensifie la participation personnelle intense.

Il semblerait donc que, tout comme le sujet tribal de la société orale le céda au sujet détaché de la société typographique, celui-ci à son tour le cède à un nouveau sujet électronique marqué par une soif d'interaction profonde. Ainsi, puisque la nouvelle subjectivité électronique tend à privilégier, tout comme la subjectivité tribale, l'immédiateté des contacts personnels, McLuhan conclut que la société moderne est en train de se *retribaliser* mais cette fois, non pas à une échelle locale mais à une échelle globale, non pas sous le signe de la magie mais sous le signe de la sensibilité personnelle. C'est ce que McLuhan appelle le village global, c'est-à-dire un retour moderne à une forme semblable à la petite communauté restreinte, bref, au village. Toutefois, la possibilité de contacts instantanés à l'échelle planétaire font de cette communauté un village global.

Or, nous voilà confrontés à une vision relativement optimiste du rôle social et psychologique des médias électroniques. Ils seraient porteurs d'une participation personnelle profonde qui sensibiliserait le monde entier aux besoins des autres. De toute évidence, un tel optimisme ne rejoint nullement le pessimisme acerbe de Innis. D'ailleurs, tandis que Innis expose les conditions d'un retour nécessaire à la démocratie afin de sauver l'avenir, McLuhan semble se contenter de l'électricité. En d'autres mots, le programme social de McLuhan est remarquablement faible et se limite au repérage de certaines tendances, par ailleurs fort discutables, des technologies modernes.

LE DÉTERMINISME TECHNOLOGIQUE

Sur ce, nous arrivons à l'aspect le plus inquiétant de la théorie mcluhanienne : son déterminisme technologique. Par déterminisme technologique, on entend l'attitude intellectuelle qui consiste à croire que la technologie détermine essentiellement ou premièrement l'organisation sociale et le comportement humain. Or, comme nous l'avons déjà vu à maintes reprises au cours des théories, il faut toujours se rappeler que les technologies sont d'abord porteuses d'intérêts sociaux qui les précèdent et les appellent. Voilà, d'ailleurs, la leçon du texte de Carey : les technologies ne sont pas premières par rapport aux sociétés qu'elles domineraient mais en sont le résultat.

La question importante à poser n'est pas « Comment les technologies affectent-elles les sociétés? » mais « Comment les intérêts sociaux affectent-ils les sociétés à travers les technologies? ». Toute technologie naît toujours au sein d'une société, de projets, d'intentions, d'intérêts, etc. Le jeu entre ces éléments est certes parfois complexe et difficile à décrire mais le contexte d'émergence et d'évolution reste toujours premier par rapport à la technologie.

Le déterminisme technologique, cependant, consiste à affirmer le contraire : que la technologie est première par rapport à son contexte. Or, n'est-ce pas précisément le sens de la théorie mcluhanienne lorsqu'elle affirme que les médias transforment les facultés et capacités humaines en les prolongeant et induisent une variation d'échelle dans les affaires humaines? En outre, en affirmant le primat des médias sur les facultés et les affaires humaines, McLuhan néglige grossièrement, et contrairement à Innis et à Carey, l'ensemble des facteurs contextuels qui contribuent aussi à la définition de l'organisation sociale et qui appellent l'existence de technologies appropriées. Ces facteurs contextuels, comme l'illustre l'exemple du télégraphe ou les considérations de Innis, infléchissent les technologies selon des voies très particulières.

Or, McLuhan se montre étonnamment peu loquace quant à l'origine ou la constellation contextuelle des médias. Il affirme simplement que les médias existent et transforment les affaires humaines. En ce sens, il commet la même erreur que le fonctionnalisme qui ne prend pas en compte la spécificité du contexte étudié. Ainsi, selon McLuhan, le lancement de la télévision dans n'importe quelle société induit une variation d'échelle dans les affaires humaines. C'est donc le média et non son contenu ou son contexte qui compte. Par conséquent, McLuhan n'analyse jamais le contenu de la télévision, ni sa structure économique, ni son utilisation pour l'éducation, la distraction, la propagande, etc., ni les intérêts qui la dominent ou la possèdent. Toutefois, il est évident qu'en fonction de tels facteurs, les effets de la télévision varieront énormément de contexte en contexte. Donc, si la télévision possède un impact, ce n'est certainement pas à cause de ses caractéristiques purement et simplement technologiques mais à cause de la constellation de facteurs contextuels qui l'entourent.

D'ailleurs, revenons encore une fois à la définition des médias comme prolongements des facultés et capacités humaines. Qu'est-ce sinon l'attribution de qualités humaines à des technologies et, par extension, de qualités technologiques à des humains? À la limite, ce n'est même pas une définition des médias mais une définition, fort discutable par ailleurs, de l'être humain. Or, le but de cette définition, de l'équivalence entre qualités humaines et technologiques, est bien de prouver que nous ne pouvons échapper au pouvoir des médias. Nous ne saurions leur résister parce qu'ils nous incarnent.

Toutefois, rappelons-nous que nous avons déjà rencontré une théorie qui prônait l'impact irrésistible des médias : la théorie du stimulus-réponse. Or, il semblerait bien que McLuhan soit en train de répéter les prémisses de cette théorie sous de nouvelles formules. Affirmer que les médias nous prolongent et nous transforment, c'est affirmer, en stricte conformité avec la théorie S R, que les médias produisent un impact uniforme et universel. La seule distinction se trouve sur le plan de l'évaluation intellectuelle : tandis que les behavioristes décrient le danger manipulateur de l'impact médiatique, McLuhan y voit la retribalisation de la société, la redécouverte de la participation profonde au tout social. Bref, McLuhan est un déterministe heureux.

LIMITES ET INTERROGATIONS

La position finale de McLuhan est remarquablement curieuse. En partant de la même préoccupation que Innis, il parvient à ignorer, tout comme les fonctionnalistes, l'origine et le contexte des médias; il parvient à affirmer, tout comme les behavioristes (modèle S-R), le pouvoir universel et uniforme des médias; il parvient à déclarer, tout comme les cybernéticiens, sa profonde satisfaction du pouvoir médiatique.

Or, non seulement McLuhan adopte-t-il une position de déterminisme technologique; il convient aussi de repérer certaines autres difficultés de sa théorie. Rappelons-nous que McLuhan se prétendait l'héritier et le prolongateur de Innis. Pourtant, Innis et McLuhan adoptent des positions tout à fait dissimilaires sur la question des médias et de leurs conséquences sociales.

Par exemple, on se souviendra que Innis décelait dans les diverses civilisations des monopoles du savoir; c'est-à-dire qu'il y repérait la façon dont divers médias (oralité, écriture cunéiforme, etc.) contribuaient au pouvoir de certains groupes sociaux. McLuhan, cependant, n'adopte nullement ce point de vue. Il ne repère pas les monopoles du savoir mais les modalités de la participation personnelle. Or, la participation personnelle n'est nullement l'équivalent conceptuel des monopoles du savoir. Au contraire, le concept de participation personnelle est entièrement dénué du sens aigu et critique qui caractérise le concept de monopole du savoir. Tandis que le monopole du savoir présuppose des relations de force et des inégalités sociales, celui de participation personnelle présuppose une égalité partagée et l'évacuation des relations de force. Bref, au lieu de déceler des relations de pouvoir ou des inégalités sociales, McLuhan découvre une possibilité de convivialité.

Or, ce partage entre Innis et McLuhan est capital. Tous deux conviennent que dans les sociétés tribales, l'absence de mise à distance confère au monde concret un aspect magique. Les paroles sont en contact direct avec le monde et le monde à son tour se met à parler : il est plein de signes et de présages, les animaux ont des esprits qui peuvent habiter les hommes, la nature récompense ou punit les actions humaines. En d'autres mots, l'être humain est relié au cosmos. Chaque geste, chaque mot, chaque pensée comporte des implications infiniment multipliables.

Toutefois, Innis affirme que le contact des humains avec le cosmos s'effectue en fonction des hiérarchies sociales et des relations de pouvoir, bref, en fonction des monopoles du savoir. C'est d'ailleurs ainsi que Innis interprète la religion dont la fonction serait de modaliser le contact des humains avec la divinité *conformément à certains intérêts sociaux*. Innis aborde donc le média du point de vue de sa fabrication, de sa complexité, de son coût et de sa circulation. McLuhan, cependant, l'aborde du point de vue de son intensité psychologique. Il évacue donc toute considération sociale, économique ou politique. Ainsi, si la route romaine chez Innis prolonge indubitablement jusqu'aux quatre coins d'Europe la voix de la Cité impériale, c'est à cause d'un monopole du savoir précis et repérable qui colore après coup le stockage et la transmission du savoir. Cependant, la même route romaine chez McLuhan n'est que le prolongement du pied de tous les êtres humains.

Les médias chez Innis transforment donc la société parce qu'ils sont inextricablement liés aux intérêts sociaux particuliers : les monopoles du savoir. Ils transforment la société chez McLuhan parce qu'ils transforment une faculté ou capacité humaine universelle. L'approche socio-historique d'économie politique confronte ainsi l'approche socio-psychologique des lettres anglaises. Ainsi, alors que Innis se demande « Quels intérêts soutiennent le contact avec la divinité? », McLuhan se demande « Quelles possibilités de participation personnelle résultent? ». Innis pose la question du point de vue des intérêts sociaux; McLuhan la pose du point de vue de la psychologie personnelle.

Néanmoins, l'idée mcluhanienne que les médias provoquent une variation d'échelle des affaires humaines provient certainement du concept innissien des conséquences sociales globales des médias. Toutefois, Innis ne fait jamais des médias le prolongement des facultés humaines; ils sont, au contraire, le prolongement des intérêts sociaux.

En outre, il convient de noter que McLuhan n'explicite jamais comment on peut déterminer la température d'un média, c'est-à-dire comment on peut savoir si un média est chaud ou froid. Par exemple, pourquoi la radio est-elle chaude et la télévision froide? Les deux sont mues par l'électricité et, en outre, l'auditeur radiophonique est obligé d'imaginer les corps de ceux qui parlent tandis que le spectateur télévisuel voit tout, voix et image, immédiatement? Ne croirait-on pas que c'est l'auditeur qui participe et le spectateur qui observe? Il semblerait que la température des médias dépende tout autant de leur contexte que de leurs caractéristiques technologiques. Pourtant, McLuhan se montre particulièrement réticent à analyser les contextes médiatiques au-delà de quelques vagues généralisations. Il s'agit d'une réelle faiblesse de son approche car quelle est l'utilité d'un concept (médias chauds et froids) si l'on n'élabore pas les conditions de son appréhension?

Par ailleurs, la distinction médias chauds-médias froids porte à confusion. Par exemple, comment faut-il réagir devant la télévision « froide » qui est en train de devenir une télévision dite de haute définition. La télévision à haute définition de qualité visuelle comparable au cinéma exige moins de participation personnelle que l'ancienne télévision. Le média froid serait-il donc en train de devenir chaud par simple modification de ses caractéristiques technologiques? Pareillement, le cinéma professionnel de 35mm est-il le même média que le cinéma d'amateur de 8mm dont la définition visuelle est infiniment moindre? L'un est-il plus chaud que l'autre? Lorsque l'électricité, média froid, est appliquée à l'imprimerie, média chaud, l'imprimerie refroidit-elle ou se réchauffe-t-elle?

Il semblerait donc que la définition du concept de média, malgré sa simplicité, repose sur des caractéristiques purement technologiques variables et suspectes. Il s'agirait, tout au plus, d'une définition purement descriptive à faible capacité explicative. Par ailleurs, si un média est un prolongement des facultés ou capacités humaines, alors logiquement presque tout peut devenir un média. Qu'est-ce qui nous empêche d'affirmer que la fourchette prolonge le goûter, que le maquillage prolonge la peau et donc le toucher, que le parfum prolonge l'odorat? Si tout est média, alors le concept n'a plus de raison d'exister. Bref, la définition est claire mais est-elle bonne, utile, fonctionnelle? Il semblerait y avoir une nette amplification métaphorique du concept et, comme nous venons de le constater, la détermination de la température des médias semblerait dépendre du point de vue de l'analyste.

Or, peut-être trouvons-nous dans le cheminement particulier de la théorie mcluhanienne, qui va de l'affirmation d'un lien entre médias et sociétés à l'affirmation du déterminisme technologique, la raison profonde de sa célébrité. Cette théorie parvient à réanimer dans un jargon à la mode mêlant la participation personnelle au village global tous les vieux clichés concernant les médias sans jamais pourtant mettre en question leur fonctionnement social. En effet, le point de vue final de McLuhan est que les médias, de par leurs caractéristiques technologiques mêmes, influencent directement la personne et la société, ce qu'il appelle l'environnement psychique global. Ce n'était peut-être que la théorie qui convenait le plus à une recherche américaine orientée vers les impacts médiatiques et le contrôle social qui ne souhaitait pas qu'on la mît en question mais qui ne dédaignait pas qu'on la mît à jour.

RAPPEL

1. McLuhan et Innis partagent un projet commun : l'histoire sociale des communications. Toutefois, McLuhan met l'accent sur les médias et non sur les civilisations. Cette légère nuance est pourtant lourde de conséquences.

2. D'abord, McLuhan définit les époques historiques en fonction des caractéristiques médiatiques et ne partage donc pas le découpage historique de Innis. Aux changements médiatiques correspondent des changements socio-culturels.

3. Mais aussi, McLuhan donne une définition beaucoup plus élaborée et stable des médias : les médias sont le prolongement des facultés et capacités humaines. En nous prolongeant, ils nous transforment et introduisent une variation d'échelle dans les affaires humaines.

4. Sur cette base, McLuhan distingue les médias chauds et les médias froids. Les médias froids sont ceux qui appellent une forte participation personnelle et les médias chauds sont ceux qui n'appellent qu'une faible participation personnelle.

5. On peut d'ailleurs caractériser les époques historiques en fonction de la prédominance d'un média ou d'un type de média. Ainsi, à l'époque orale les médias se confondaient aisément avec leurs utilisateurs. Le média froid de la voix humaine dominait évidemment et favorisait une forte participation personnelle. La forme sociale correspondant à la prédominance d'un média froid était la tribu ou autre communauté restreinte et hiérarchisée.

6. L'époque alphabétique correspondait à un mélange de médias froids (la voix) et chauds (alphabet) et trouvait son pendant social dans l'empire. L'époque typographique se caractérisait par la prédominance de médias chauds (alphabet, écriture, imprimerie) qui se traduisaient socialement par l'émergence des États-nations. L'époque électronique moderne marque un retour à la

prédominance de médias froids (télévision, informatique) et se traduit sur le plan social par l'émergence d'un village global qui se réalise encore.

7. En outre, la prédominance de types de médias amène aussi l'établissement de types de subjectivité humaine. À la prédominance de médias froids de l'époque orale correspond un subjet tribal. À la prédominance de médias chauds débutant à l'époque alphabétique mais s'affirmant à l'époque typographique correspond un sujet détaché. À la prédominance de médias froids de l'époque électronique correspond un sujet électronique.

8. Les médias électroniques froids seraient donc en train de retribaliser l'être humain et de créer le village global.

9. Toutefois, la distinction médias chauds-médias froids laisse entrevoir certaines difficultés de la théorie. Certains médias changent de température ou actionnent des médias de température opposée. Le critère de distinction n'est pas clairement établi. Par ailleurs, la définition des médias comme prolongements des facultés et capacités humaines laisse définir presque n'importe quoi comme média.

10. Mais plus gravement, la définition mcluhanienne des médias pose le primat des médias sur la société et revient à l'hypothèse du déterminisme technologique. McLuhan réduit la multicausalité innissienne à une monocausalité médiatique.

11. La théorie mcluhanienne ne serait finalement que la reconduction sous une nouvelle forme d'un mélange des théories du stimulus-réponse, du fonctionnalisme et de la cybernétique.

CONCLUSION GÉNÉRALE

Nous arrivons dans ce chapitre au terme de notre investiga-tion des principales théories communicationnelles. Nous ne présenterons pas de nouvelles théories ou propositions théori-ques mais nous procéderons à une réflexion systématique quant à la démarche intellectuelle utilisée. En effet, une con-clusion générale est l'occasion de répondre à la question : « Qu'avons-nous fait? »

L'intérêt d'un tel exercice est double. D'abord, la réflexion sys-tématique à notre propre démarche intellectuelle nous permet d'établir le cadre explicatif global de l'ensemble des théories étudiées. Ainsi, en nous situant au-delà de la minutie de chaque théorie, nous saisissons le plan d'ensemble de leurs interrelations. Or, le plan d'ensemble des interrelations théori-ques nous permet de déduire logiquement le contenu de chacune des théories : nous passons du général au particulier. Évidemment, le contraire — le passage du particulier augéné-ral — n'est pas aussi aisé. Nous ne pouvons pas néces-sairement déduire, à partir du contenu d'une seule théorie, l'ensemble des relations qui la lient aux autres théories. Aussi, même s'il est fort louable de connaître par le détail le contenu de chaque théorie communicationnelle, il est tout aussi souhai-table, voire plus efficace et utile, de savoir comment et pourquoi ces théories se situent les unes par rapport aux autres.

Ensuite, la réflexion systématique à notre propre démarche intellectuelle, nous permet aussi de dégager certains principes de cohérence fondamentaux. Or, ces principes fondamentaux nous arment d'une méthode ou d'une stratégie qui nous permettra d'affronter d'autres théories ou propositions théori-ques. Nous ne faisons donc pas que jeter un regard rétrospectif sur nos accomplissements, mais surtout, nous nous orientons vers l'avenir.

Notre conclusion générale constitue donc une réflexion systé-matique sur notre propre démarche intellectuelle. Elle fera ressortir les principes fondamentaux qui nous ont guidés jusqu'ici et qui pourront encore nous guider dans l'avenir. Tournons-nous donc vers cette réflexion systématique.

LA DÉMARCHE INTELLECTUELLE

Notre démarche intellectuelle s'est toujours déroulée sur deux dimensions : une dimension de contenu et une dimension de contexte. La première dimension consistait à exposer le contenu des principales théories communicationnelles. La seconde dimension consistait à lier ces contenus à leurs contextes d'émergence et d'évolution. Soulignons, cependant, qu'il s'agissait de deux dimensions *logiques* et non chronologiques. En d'autres mots, nous n'avons pas toujours chronologiquement exposé la première dimension puis la seconde. Parfois, la seconde précède la première. Leur coexistence est donc logique et non chronologique.

Néanmoins, en exposant le contenu des diverses théories communicationnelles, nous avons montré comment elles conceptualisaient l'organisation sociale, la subjectivité humaine, l'histoire et le pouvoir. En outre, nous savons que les théories n'évoluent et ne s'élaborent pas dans le vide mais qu'elles s'inscrivent dans des contextes très précis : des époques, des disciplines, des institutions, des problématiques. De leurs contextes, les théories empruntent toujours certains éléments — présupposés, attitudes, thèmes — qui se retrouvent, précisément, au niveau de leur contenu. La liaison entre contenus et contextes s'impose donc comme exigence logique.

Comment donc chacune des théories étudiées se situe-t-elle par rapport aux dimensions du contenu et du contexte?

LE MODÈLE STIMULUS-RÉPONSE (LA THÉORIE BEHAVIORISTE)

Le modèle stimulus-réponse (S-R) naît aux alentours de 1920 dans une ambiance de crainte et d'inquiétude à l'égard des transformations qu'opèrent apparemment les nouveaux médias de communication que sont la radiodiffusion, le cinéma, la publicité, la propagande, etc. Sa discipline d'origine est la psychologie et sa stratégie privilégiée est le test en laboratoire des effets médiatiques. Son lieu institutionnel est l'université mais ce sont plus particulièrement les gouvernements, les agences réglementaires et les groupes conservateurs qui recourent à ses méthodes, stratégies et conclusions.

TABLEAU 13.1 **Le modèle stimulus-réponse**

CONTEXTE	
Époque	1920 — crainte des nouveaux médias
Discipline	psychologie
Institution	universités, gouvernements, agences réglementaires, groupes conservateurs
Problématique	que font les médias aux gens?
CONTENU	
Organisation sociale	masse atomisée
Subjectivité humaine	individu soumis et aliéné
Médias	puissants et manipulateurs
Pouvoir	saisi au niveau de l'impact direct des médias
Stratégie	test en laboratoire
Concept clé	impact direct

Le modèle affirme que la société moderne consiste en une masse atomisée composée d'individus faibles, soumis et aliénés. Cette condition résulte de l'action des médias puissants qui influencent directement la subjectivité humaine. Ce modèle étudie donc de façon privilégiée la propagande et la publicité qui sont les deux grands discours persuasifs de la société moderne. Il situe donc le pouvoir entièrement du côté des médias et tend à ignorer les raisons économiques, sociales, idéologiques ou autres qui les rendent si puissants. Il croit donc que le pouvoir réside à l'intérieur des médias eux-mêmes et non dans le contexte qui les entoure et les fait. Néanmoins, le modèle stimulus-réponse constitue une tentative de réponse à la question suivante : « Que font les médias aux gens? ». Il continue d'influencer la théorie communicationnelle comme en atteste l'interrogation sur l'impact de la violence télévisée, de la pornographie, etc.

LE FONCTIONNALISME

Le fonctionnalisme naît vers 1940 dans un contexte de réjouissance et d'optimisme à l'égard des bienfaits des médias modernes. Sa discipline d'origine est la sociologie et sa stratégie privilégiée est le sondage sur le terrain. Son lieu institutionnel est l'université mais ce sont surtout les entreprises médiatiques et publicitaires qui recourent à ses méthodes, stratégies et conclusions.

TABLEAU 13.2 **Le fonctionnalisme**

CONTEXTE	
Époque	1940 — réjouissance devant les bienfaits médiatiques
Discipline	sociologie
Institution	universités, entreprises médiatiques et publicitaires
Problématique	que font les gens des médias?
CONTENU	
Organisation sociale	société pluraliste
Subjectivité humaine	individu libre, autonome et rationnel
Médias	soumis aux besoins humains et de faible impact
Pouvoir	saisi au niveau de l'impact indirect des médias
Stratégie	sondage
Concepts clés	groupes d'appartenance, contacts personnels, leader d'opinion

Le fonctionnalisme affirme que la société américaine est ouverte, démocratique et pluraliste et qu'elle est composée d'individus libres, rationnels et autonomes. Cette condition résulte de l'existence de groupes d'appartenance puissants caractérisés par la présence de leaders d'opinion qui, ensemble, infléchissent et modalisent les messages médiatiques à faible impact. D'ailleurs, le leader d'opinion constitue la figure même de l'individu libre, rationnel et autonome. La théorie étudie donc de façon privilégiée l'opinion personnelle car elle constitue la preuve même de l'inefficacité des médias et de leur inhabileté à imposer un comportement ou des croyances uniformes à l'ensemble de la population. Ainsi, la fonction des médias est de répondre aux besoins humains. Par là, le fonctionnalisme parvient à situer le pouvoir social entièrement du côté des contacts personnels. Toutefois, ce faisant, il ignore le contexte d'émergence et d'évolution des médias eux-mêmes, écarte le concept des intérêts sociaux et propose une explication anti-historique de leur fonctionnement. Néanmoins, le fonctionnalisme constitue une tentative de réponse à la question suivante : « Que font les gens des médias? ». Il continue d'influencer la théorie communicationnelle comme en attestent la multiplication des sondages et la popularisation de l'idée que les médias ne font que répondre aux besoins personnels.

LA CYBERNÉTIQUE ET LA THÉORIE DE L'INFORMATION

La cybernétique et la théorie de l'information naissent entre 1940 et 1950 environ dans un climat d'euphorie technologique : les machines efficaces, puissantes, rapide libéreront les humains des tâches les plus ardues, dangereuses et ennuyeuses. Bref, les nouvelles technologies amélioreront la qualité générale de vie en planifiant et en simulant les fonctions et perceptions humaines. Leurs disciplines d'origine sont la mathématique et l'électrotechnique. Leur stratégie privilégiée est la construction de simulateurs des fonctions et perceptions humaines comme, par exemple, les simulateurs de vol ou les programmes d'intelligence artificielle. Leur lieu institutionnel est l'université et plus particulièrement le MIT (Massachussetts Institute of Technology) mais ce sont principalement les grandes entreprises et les forces armées qui recourent à leurs méthodes, stratégies et conclusions.

La cybernétique et la théorie de l'information affirment qu'il convient d'envisager la société comme un système homéostatique composé d'individus également homéostatiques. Puisque les uns et les autres recherchent constamment l'équilibre, on peut supposer l'existence de règles ou de normes de comportement qui garantissent l'équilibre ou homéostasie. La recherche d'un équilibre autoréglé résulte de la nature même de la communication humaine qui est elle-même un système homéostatique. Ces théories étudient donc de façon privilégiée des mécanismes comme le thermostat ou des dysfonctions humaines comme l'insomnie, l'alcoolisme, la schizophrénie, etc., parce qu'on y voit clairement l'effet de l'action ou de l'inaction des règles.

La fonction des médias est de contribuer à l'homéostasie personnelle et sociale. Il s'agit bien de la projection du concept fonctionnaliste de « besoin humain » au statut de règle ou de norme incontournable; c'est-à-dire que ce que le fonctionnalisme appelle *besoin humain*, la cybernétique et la théorie de l'information transforment en exemple même de la norme homéostatique. Il serait donc normal et fonctionnel pour une société de se doter de plusieurs médias de type américain, pour la population de concentrer son intérêt sur la consommation personnelle, etc. Ainsi, ces théories situent le pouvoir social du côté des technologies mais contrairement au modèle stimulus-réponse, ce pouvoir n'est plus menaçant. En effet, la vision optimiste des technologies se traduit par un pouvoir bénéfique orienté vers le délestage des fardeaux de la vie humaine. Ce faisant, toutefois, ces théories méconnaissent entièrement le contexte d'émergence et d'évolution des technologies, écartent la notion d'intérêts sociaux portés par les technologies et constituent des techniques de contrôle et de surveillance hautement perfectionnées. D'ailleurs, la cybernétique et la théorie de l'information constituent une tentative de réponse à la question suivante : « Comment simule-t-on l'esprit humain? » Elles continuent d'influencer la théorie communicationnelle comme en attestent la progression de l'intelligence artificielle et de l'informatique et la traduction généralisée des problèmes éthico-politiques en questions d'efficacité et de gestion.

TABLEAU 13.3 **La cybernétique**

CONTEXTE	
Époque	1940- 1950 — euphorie technologique
Disciplines	mathématiques, électrotechnique
Institution	universités (MIT), grandes entreprises, forces armées
Problématique	comment simuler l'esprit humain?
CONTENU	
Organisation sociale	masse homéostatique
Subjectivité humaine	individu atomisé mais homéostatique
Médias	puissants et bénéfiques
Pouvoir	saisi au niveau de la simulation bénéfique
Stratégie	construction de simulations
Concept clé	homéostasie

L'APPROCHE HISTORIQUE DE JAMES CAREY

Quoique le texte de Carey date de 1982, l'approche historique elle-même est beaucoup plus ancienne. À vrai dire, l'approche historique dérive de l'intérêt moderne porté aux interrelations entre technologies, sociétés et subjectivités. Toutefois, ses applications dans le domaine de la communication sont rares et elle n'a pas connu la grande popularité de certaines autres théories. D'ailleurs, comme nous venons de le voir, les grandes théories américaines se soucient relativement peu des contextes d'émergence et d'évolution des phénomènes qu'elles étudient et ne s'intéressent donc que faiblement à la question historique. Néanmoins, l'approche historique de Carey naît d'une volonté de refus des explications fonctionnalistes et de leur ignorance des questions contextuelles et historiques. Son but est de compliquer l'explication communicationnelle afin de produire une vision plus complexe, plus sophistiquée et plus puissante des relations médias-sociétés-subjectivités. Ses disciplines d'origine sont l'histoire et la sociologie et sa stratégie privilégiée est l'enquête historique à partir des sources premières. Son lieu institutionnel est l'université et ce sont les autres universitaires, surtout de tendance critique, qui recourent à ses méthodes, stratégies et conclusions.

TABLEAU 13.4 **L'approche historique**

CONTEXTE	
Époque	émergence des sociétés modernes — refus du fonctionnalisme et de son ignorance des facteurs contextuels et historiques
Disciplines	histoire, sociologie
Institution	universités
Problématique	pourquoi la communication est-elle comme elle est?
CONTENU	
Organisation sociale	constellation d'intérêts personnels et sociaux
Subjectivité humaine	individus socialement intégrés
Médias	porteurs d'intérêts sociaux
Pouvoir	phénomène social global et diffus dominé par les intérêts les plus puissants
Stratégie	enquête historique à même les documents originaux
Concept clé	intérêts sociaux

L'approche historique affirme que la société n'est ni une masse atomisée ni un rassemblement pluraliste d'individus libres mais une constellation d'intérêts sociaux et personnels. Pareillement, les sujets humains qui la composent ne sont ni les victimes aliénées ni les maîtres absolus des médias. Au contraire, ils se trouvent intégrés à la société, quoique de façon inégalitaire, et en partagent les valeurs, croyances, aspirations, etc. Or, que ce soit du côté de la société ou de la subjectivité, l'important consiste à saisir la constellation d'intérêts qui motive autant les sociétés que les sujets. Carey tire son exemple privilégié du développement du télégraphe aux États-Unis et de l'ensemble de facteurs contextuels contribuant à sa découverte, à son lancement, à sa commercialisation et à ses applications sociales. En effet, Carey déduit la structure de la société moderne à partir des jeux d'intérêts. Il s'agit d'une société dans laquelle s'affirment des intérêts dominants tout en ménageant l'accueil et les sensibilités du public. Cette société est partiellement démocratique mais aussi partiellement soumise aux intérêts économiques et idéologiques. Les technologies sont donc porteuses d'intérêts sociaux.

Ainsi, l'approche historique fait du pouvoir non pas l'apanage des technologies ou des groupes d'appartenance, mais des intérêts sociaux qui sont à la fois multiples et complexes. Le pouvoir n'est ancré ni dans les contacts personnels ni dans les technologies mais dans l'ensemble des relations sociales. Bref, le pouvoir n'est plus une entité qui se possède ou s'exerce aisément, mais un enjeu social global et diffus. Ainsi, l'approche historique se distingue par sa volonté de cerner le contexte économique, politique, idéologique, social, religieux, etc., de l'époque étudiée. En outre, dans l'optique de l'approche historique, la communication cesse d'être envisagée comme la circulation ou l'impact de messages et devient un conflit d'intérêts sociaux. Les effets de la communication ne sont donc plus ni directs ni indirects, ni psychologiques ni sociaux. Au contraire, les technologies affectent désormais d'autres institutions et induisent des effets structuraux à très long terme. Le pouvoir des médias est d'infléchir notre perception du temps et de l'espace. L'approche historique constitue une tentative de réponse à la question suivante ? « Pourquoi la communication moderne est-elle comme elle est? » Elle continue d'influencer la théorie communicationnelle dans la mesure où ces appréhensions critiques s'imposent comme nécessité.

L'APPROCHE DU SÉLECTIONNEUR (LE « GATE-KEEPER »)

L'approche du sélectionneur naît dans l'immédiat après-guerre. Deux sentiments l'animent : l'inquiétude pour la démocratie qui vient d'échapper à un grave péril et la crainte que les médias peuvent abuser de leur pouvoir. En effet, on se demande même si les médias américains sont réellement plus objectifs et plus dignes de confiance que ceux des autres pays. Sa discipline d'origine est la sociologie et sa stratégie privilégiée est l'enquête empirique sur le terrain. L'approche du sélectionneur combine donc une attitude critique semblable à celle de l'approche historique avec une stratégie d'enquête semblable à celle du fonctionnalisme. Son lieu institutionnel est l'université et ce sont les autres universitaires, surtout de tendance critique, qui recourent à ses méthodes, stratégies et conclusions.

TABLEAU 13.5 **L'approche du sélectionneur**

CONTEXTE	
Époque	1950 — inquiétude pour la démocratie et crainte du pouvoir abusif des médias
Discipline	sociologie
Institution	universités
Problématique	comment défendre la démocratie?
CONTENU	
Organisation sociale	société démocratique en proie au pouvoir abusif des médias
Subjectivité humaine	individu socialement intégré
Médias	filtres d'information relativement puissants
Pouvoir	saisi au niveau de l'activité de filtrage des individus
Stratégie	enquête empirique sur le terrain
Concept clé	le sélectionneur

L'approche du sélectionneur affirme que la société américaine est essentiellement ouverte et démocratique mais que les médias peuvent y exercer un pouvoir abusif. En d'autres mots, les médias risquent de menacer la démocratie dans la mesure où leur pouvoir est inconnu, insoupçonné et sans surveillance. Les individus composant cette société sont, comme dans l'approche historique, socialement intégrés et en partagent essentiellement les valeurs. Le sélectionneur lui-même figure bien le degré d'intégration sociale. Cette théorie étudie de façon privilégiée les personnages comme les rédacteurs en chef et les chefs de pupitre, car on y observe clairement l'activité de filtrage et de sélection qui constituent le pouvoir même des médias.

Or, cette approche adopte une position tout à fait particulière vis-à-vis du pouvoir. D'abord, elle n'envisage les médias ni comme des transmetteurs neutres ni comme des manipulateurs tout-puissants mais comme des filtres qui sélectionnent et trient les informations de sorte que leurs consommateurs ne reçoivent que les informations choisies et retransmises. Voilà donc le réel pouvoir des médias : celui de colorer imperceptiblement nos opinions, croyances, attitudes. Toutefois, ce pouvoir est exercé non par le média lui-même mais par les individus en son sein : les sélectionneurs. Il s'agit donc d'un pouvoir médiatique *personnel*. On voit donc en quoi l'approche du sélectionneur se situe à mi-chemin entre le fonctionnalisme et la théorie S-R : le pouvoir est direct mais relatif, médiatique mais personnel.

Ainsi, tout en soulevant la question du pouvoir, l'approche tend à la réduire à la dimension d'un phénomène purement personnel et psychologique. L'approche interroge le sélectionneur lui-même et non pas les structures organisationnelles. Elle tend donc à méconnaître les facteurs économiques, idéologiques ou autres qui affectent aussi la transmission de l'information. Néanmoins, l'approche du sélectionneur constitue une tentative de réponse à la question suivante : « Comment défendre la démocratie? » L'influence de cette approche est grande et plusieurs chercheurs continuent de s'en inspirer. En outre, dès les années 50, on tenta de remédier à ses lacunes en concentrant l'attention des chercheurs davantage sur les structures organisationnelles et moins sur la personnalité des individus. La théorie dite de l'*agenda setting* (la détermination de l'ordre du jour) descend directement de cette approche et interroge les structures au lieu des personnes.

LA THÉORIE DE INNIS

La théorie de Innis fut élaborée au cours des années 40 et 50 mais on n'en reconnut réellement l'intérêt qu'au début des années 70. Elle naquit du pessimisme de son auteur et de son époque. En effet, dans la période de la Deuxième Guerre mondiale et après, on se demandait si les sociétés modernes étaient capables de supporter des formes démocratiques. Ainsi, Innis voit dans toutes les sociétés modernes une tendance totalitaire qu'il souhaite combattre et dont il impute la responsabilité aux médias. Sa discipline d'origine est l'économie politique et sa stratégie privilégiée est l'enquête économique et historique à partir des sources premières. Son lieu institutionnel est l'université et ce sont les autres universitaires, surtout de tendance critique, qui recourent à ses méthodes, stratégies et conclusions.

La théorie innissienne ne définit pas directement la société ou la subjectivité modernes. Elle s'intéresse davantage aux conditions de leur appréhension dans tout contexte. Ainsi, elle interroge d'abord l'évolution des civilisations occidentales à travers l'évolution des médias de communication. En effet, elle affirme qu'il existe deux grands types de médias, axés sur la maîtrise du temps et de l'espace, favorisant soit la tradition orale soit la tradition écrite, et contribuant à l'émergence de monopoles du savoir.

La société moderne se caractérise donc, comme toutes les sociétés précédentes, par des luttes de pouvoir, l'existence de monopoles du savoir et la prédominance de certains types de médias. Les médias sont vaguement définis comme des assemblages de moyens de communication qui favorisent et portent certains intérêts sociaux. Or, les monopoles du savoir qui dépendent des médias favorisent à leur tour l'émergence de certaines formes sociales. Par exemple, certains monopoles favorisent la démocratie ou la théocratie, auxquelles correspondent des types de subjectivité comme l'individualisme rationnel ou l'être soumis et hiérarchique. L'exemple privilégié de Innis est la Grèce antique où coexistaient les deux types de médias, les traditions de l'oral et de l'écrit ainsi que les plus grandes réalisations de l'esprit humain. La société et la subjectivité modernes sont à envisager en fonction des modalités des médias axés sur le temps et l'espace.

Évidemment, la théorie innissienne est extrêmement sensible aux facteurs contextuels qui influencent l'évolution des sociétés. En outre, cette théorie adopte une position tout à fait particulière vis-à-vis du pouvoir car elle institue une délicate dialectique entre pouvoir, savoir et médias. D'abord, les médias ne sont pas de simples conduits mais des forces actives : ils favorisent la constitution de monopoles du savoir. Ceux-ci, à leur tour colorent tous les aspects de la culture d'une civilisation. Cette coloration, pour sa part, renforce le pouvoir de la caste sociale qui maîtrise les médias. Ainsi, le pouvoir n'est pas un élément secondaire mais un principe organisateur de la société. Entre les médias et le pouvoir existe donc une détermination réciproque. Le pouvoir se fonde sur les médias comme les médias fondent le pouvoir.

Les effets de la communication, comme dans le cas de l'approche historique, touchent d'abord les institutions sociales elles-mêmes et se révèlent à très long terme. Le pouvoir des médias est d'infléchir la nature même de notre savoir et de favoriser certains intérêts sociaux. La théorie innissienne constitue donc une tentative de réponse à la question suivante : « Pourquoi la communication moderne est-elle comme elle est? ». Elle continue d'influencer la théorie communicationnelle dans la mesure où ses appréhensions critiques s'imposent comme nécessités.

TABLEAU 13.6 **La théorie de Innis**

CONTEXTE	
Époque	1950 — inquiétude quant à la survie de la démocratie
Discipline	économie politique
Institution	universités
Problématique	comment défendre la démocratie?
CONTENU	
Organisation sociale	toutes les formes sociales sont soumises à l'influence des médias et aux luttes de pouvoir
Subjectivité humaine	les médias appellent les subjectivités correspondant aux formes sociales
Médias	moyens de communication axés sur la maîtrise du temps et de l'espace
Pouvoir	principe organisateur de la société
Stratégie	enquête économico-historique à partir des documents d'origine
Concept clé	monopole du savoir

Toutefois, l'imprécision de la définition du concept de média porte à croire que Innis confond parfois luttes de classes et problèmes communicationnels.

LA THÉORIE DE McLUHAN

La théorie mcluhanienne naît aux alentours de 1960 dans un climat d'euphorie à l'égard de la société de consommation et des médias modernes. Sa discipline d'origine est la littérature anglaise et sa stratégie privilégiée est la spéculation sociale à partir de phénomènes historiques largement observés. Cette stratégie se traduit par le commentaire social et culturel. Son lieu institutionnel est l'université et ce sont typiquement les autres universitaires et technophiles qui recourent à ses méthodes, stratégies et conclusions.

La position mcluhanienne sur les questions de l'organisation sociale et de la subjectivité humaine ressemble beaucoup à la position innissienne : elle ne les définit pas dans le contexte moderne immédiat mais s'intéresse d'abord à l'évolution historique des médias afin d'expliquer l'évolution des sociétés et des subjectivités. Pour McLuhan, il existe deux grands types de médias, les médias chauds et froids, qui caractérisent toutes les sociétés humaines. À la prédominance de l'un ou l'autre type de média correspondent des formes sociales et des types de subjectivité. Il faut donc comprendre la société moderne en fonction de la *température* de ses médias dominants. D'ailleurs, McLuhan affirme que la société moderne se distingue par la prédominance des médias froids et donc d'une exigence renouvelée de participation personnelle intense à l'ensemble des structures sociales. La forme sociale correspondante s'appelle le village global et la forme subjective correspondante s'appelle le sujet électronique.

Or, malgré son point de départ proche de celui de Innis, McLuhan se trouve essentiellement à réitérer le point de vue behavioriste (stimulus-réponse). Il situe le pouvoir social entièrement du côté des médias puisque ce sont eux qui affectent l'organisation sociale et la subjectivité humaine. Comme la théorie du stimulus-réponse, il ignore le contexte économique, social, idéologique ou autre qui explique l'émergence et le fonctionnement des médias. Il ignore l'histoire des médias et, comme les cybernéticiens, se montre fort satisfait de la « performativité » des médias. En effet, McLuhan est un techno-déterministe heureux qui semble croire que les médias modernes sont en train de recréer une société d'harmonie universelle. Néanmoins, la théorie mcluhanienne constitue une tentative de réponse à la question suivante : « Que devient le monde contemporain? ». McLuhan ne partage ni le pessimisme ni l'inquiétude de Innis devant l'avenir de la démocratie mais semble croire, au contraire, que les médias électroniques modernes créeront seuls un monde meilleur. Cette théorie continue d'influencer la théorie communicationnelle dans la mesure où McLuhan lui-même fut une vedette médiatique et que ses énoncés restent très populaires.

TABLEAU 13.7 **La théorie de McLuhan**

CONTEXTE	
Époque	1960 — euphorie de la consommation et des médias
Disciplines	lettres anglaises, psychologie populaire
Institution	universités
Problématique	que devient le monde contemporain?
CONTENU	
Organisation sociale	tribu, État-nation, village global
Subjectivité humaine	sujet tribal, détaché, électronique
Médias	chauds et froids
Pouvoir	saisi au niveau de l'impact culturel global des médias
Stratégie	spéculation littéraire et psychologique
Concept clé	le média est le message

LES QUESTIONS PRINCIPALES

Ainsi, dans chaque théorie étudiée, nous avons examiné le *contenu* de la théorie et le *contexte* de la théorie. Le contenu se décompose en questions portant sur :
– la définition de l'organisation sociale,

– la définition de la subjectivité humaine,
– la définition des médias,
– les stratégies mobilisées par la théorie (sa logique, ses preuves, etc.),
– le statut accordé au pouvoir.

Le contexte se décompose en questions portant sur :

– l'époque d'émergence de la théorie et les idéologies, croyances, théories parallèles, préoccupations sociales, régnantes;
– la discipline d'origine et la façon dont ses stratégies, concepts et présupposés marquent la théorie;
– le lieu institutionnel de la théorie et la façon dont les liens avec le pouvoir ou certaines préoccupations sociales, idéologiques, économiques ou autres infléchissent le raisonnement, la démarche ou les conclusions de la théorie;
– la problématique de la théorie, c'est-à-dire la grande question à laquelle elle tente de répondre et pourquoi cette question lui semble pertinente.

On peut poser ces questions, qui sont en réalité des principes organisateurs, à n'importe quelle théorie communicationnelle et elles peuvent nous aider à déduire logiquement le contenu de la théorie. Il est effectivement beaucoup plus efficace et utile de comprendre l'émergence et l'évolution des théories en fonction de leurs assises sociales que simplement en fonction de leur contenu. Le contenu risque toujours de se présenter de façon fragmentaire et détachée; on ne saisit pas toujours l'intérêt d'un contenu ou les liens entre une théorie et une autre. L'interrogation du contexte d'émergence et d'évolution des théories, cependant, établit une grille de cohérence globale et utile.

En outre, en posant ces questions, on s'aperçoit que toute théorie communicationnelle comporte nécessairement une théorie préalable de l'organisation sociale et une théorie préalable de la subjectivité humaine. Certaines théories insistent davantage sur l'une ou sur l'autre, mais toute théorie de la communication tente d'établir une relation entre elles.

D'ailleurs, cette observation nous ramène au dernier élément de révision mais au premier élément de notre réflexion théorique : pourquoi étudions-nous la communication? Si les théories communicationnelles tentent d'établir une relation entre société et subjectivité, pourquoi le font-elles?

POURQUOI ÉTUDIER LA COMMUNICATION?

Nous étudions la communication parce qu'elle constitue l'assise même des sociétés modernes. Rappelons-nous que la communication, c'est-à-dire l'étude des médias, des messages, des formes sociales et subjectives, est une préoccupation relativement nouvelle. En effet, toutes les sociétés ne se sont pas senties préoccupées par l'étude de la communication. Qu'est-ce qui distingue donc la société moderne préoccupée par la communication des sociétés antérieures que la communication ne fascinait pas? Quelle spécificité commande chez elle l'étude de la communication?

Le trait distinctif qui sépare la société moderne de toutes les sociétés antérieures est la disparition de la transcendance divine et son remplacement par la raison. En effet, les sociétés modernes ne croient plus, contrairement aux sociétés antérieures, que l'ordre social et humain soit gouverné par une volonté divine. Cette ancienne croyance soutenait une société dite traditionnelle fortement hiérarchisée et caractérisée par la fixité des rôles, des croyances et des comportements. Dans ces sociétés traditionnelles, les conflits ou questionnements étaient réglés par référence à la transcendance.

Mais à quoi la société moderne se réfère-t-elle? Comment y détermine-t-on l'organisation sociale, les rôles, comportements et croyances? Ne pouvant recourir à la transcendance divine, la société moderne se trouve rejetée sur l'accord commun de tous ses membres. Le droit, les lois, les convenances sociales ne s'imposent plus par la volonté de Dieu mais parce que les hommes et les femmes d'une société jugent selon leurs lumières, c'est-à-dire de façon rationnelle, qu'il convient de les adopter. Or, l'accord commun, c'est-à-dire le consensus social, ne peut s'établir que si tous les hommes et toutes les femmes sont libres de communiquer. Voilà l'origine de l'importance moderne de la communication. Les sociétés modernes dépendent pour leur organisation, leur fonctionnement et leur survie des modalités, conditions et possibilités de communication.

On peut distinguer les sociétés traditionnelles des sociétés modernes de plusieurs façons. En ce qui concerne l'organisation sociale, la fixité hiérarchique de la société traditionnelle disparaît au profit de la souplesse démocratique de la société moderne : le parlement remplace le roi de droit divin, la loi trouve sa source dans le débat public et non plus dans la transcendance divine. En ce qui concerne la subjectivité humaine, le sujet local, convivial et intégré de la société traditionnelle est remplacé par l'individu rationnel et autonome de la société moderne. En effet, l'émergence de l'individualisme caractérise plus que tout autre trait la société moderne. L'individualisme signifie que la rationalité de chacun sera désormais valorisée, que chacun sera désormais appelé à exposer ses raisons et raisonnements et à les défendre contre autrui. L'individualisme signifie que la société devra désormais s'organiser en fonction de la libre expression de chacun, c'est-à-dire en fonction du suffrage universel, du débat parlementaire, de l'enquête scientifique, de la volonté populaire. Cela signifie que la bonne société sera désormais celle qui respecte l'individu.

Mais nous revoilà confrontés aux assises de toute théorie communicationnelle : une théorie de l'organisation sociale et une théorie de la subjectivité humaine. Comment la société moderne peut-elle s'organiser en fonction d'une subjectivité individualiste? En fin de compte, voilà la question primordiale à laquelle tente de répondre toute théorie communicationnelle. Elles tentent toutes de décrire, de décortiquer, d'analyser, de comprendre la société moderne en fonction d'une subjectivité qu'elles jugent tantôt soumise tantôt dominante.

Bien entendu, toutes les théories communicationnelles n'ont pas accordé le même poids à l'organisation sociale et à la subjectivité humaine, ne les ont pas appréhendées ou théorisées de la même façon. En effet, les premiers théoriciens se trouvèrent confrontés à des comportements humains et des phénomènes sociaux inédits. Par exemple, la société moderne était industrielle, urbaine, spécialisée, massifiée et contractuelle. Des comportements nouveaux et apparemment inquiétants — les organisations syndicales, la culture populaire — semblaient en résulter. Ils tentèrent donc de les expliquer en se référant aux concepts de la masse ou de l'organisation sociale, des médias et de la subjectivité humaine.

D'autres théoriciens, confrontés aux mêmes phénomènes exactement, avancèrent d'autres positions et théories. La communication constitue donc une préoccupation proprement moderne. Bref, l'étude de la communication consiste à savoir comment et pourquoi les théories de la communication ont abordé ces phénomènes complexes et réfractaires que sont la société et l'humain.

BIBLIOGRAPHIE

BATESON, GREGORY. 1977. *Vers une écologie de l'esprit*, tomes 1 et 2, Paris, Seuil.

CAREY, JAMES W. 1983. « Technology and Ideology : The Case of the Telegraph » dans *Prospects, an Annual of American Culture Studies* par Jack Salzman, Cambridge University Press, p. 303-325.

DOMENACH, JEAN-MARIE. 1973. *La propagande politique*, Paris, P.U.F., coll. « Que sais-je ».

DREYFUS, HUBERT. 1979. *What Computers Can't Do : The Limits of Artificial Intelligence*, Rev. ed. New York, Harper & Row.

EWEN, STUART. 1983. *Consciences sous influence*, Paris, Aubier-Montaigne, (traduction française de l'oeuvre originale *Captains of Consciousness*, 1977).

GITLIN, TODD. 1978. « Media Sociology : The Dominant Paradigm », *Theory and Society*, vol. 6, septembre, p. 205-253.

INNIS, HAROLD A. 1983. « L'oiseau de Minerve », *Communication Information*, vol. 5, nos 2 et 3, Québec, Université Laval, p. 267-297, (traduction française de l'oeuvre originale « Minerva's Owl », *The Bias of Communication*, 1951).

KATZ, ELIHU ET PAUL F. LAZARSFELD. 1956. *Personal Influence*, New York, The Free Press.

LAZARSFELD, PAUL F., BERNARD BERELSON ET HAZEL GAUDET. 1968. *The People's Choice*, Columbia Press, (reprod. de l'éd. de 1944).

LE BON, GUSTAVE. 1975. *La psychologie des foules*, Paris, Rezt-C.E.P.L., Les classiques des sciences sociales, (reprod. de l'éd. de 1895).

MANNING WHITE, DAVID. 1973. « Le sélectionneur : étude sur la sélection des nouvelles », dans *Sociologie de l'information* par Francis Balle et Jean G. Padioleau, 1973, Paris, Larousse, p. 203-214.

McLUHAN, MARSHALL. 1972. *Pour comprendre les médias : les prolongements de l'homme.* 2ᵉ éd., Montréal, Éditions Hurtubise HMH.

RAPPAPORT, ROY A. 1968. *Pigs for the Ancestors : Ritual in the Ecology of a New Guinea People,* New Heaven, Yale University Press.

WATZLAWICK, PAUL, JANET HELMICK BEAVIN ET DON D. JACKSON. 1972. *Pour une logique de la communication,* Paris, Seuil.

WIENER, NORBERT. 1962. *Cybernétique et société,* Paris, 10/18, (traduction française de l'oeuvre originale *Cybernetics,* 1948).

La couverture est imprimée sur du Tango couvert et l'intérieur, sur du papier Enviro 100 % postconsommation traité sans chlore, accrédité Éco-Logo et fait à partir de biogaz.

Achevé d'imprimer en septembre 2019
sur les presses des Copies de la Capitale
à Québec